JN321986

国際経済の論点

馬田啓一・木村福成 編著

文眞堂

はしがき

国際経済における不確実性とリスクが，さまざまな形で高まっている。グローバル化の進展と相互依存の深化に伴い，日本経済もその影響から逃れることはなかなか難しい状況だ。果たして日本は次々と押し寄せる荒波をうまく乗り切ることができるだろうか。

世界経済は，米国のサブプライムローン問題に端を発した世界金融危機からようやく立ち直ろうとしていた矢先，今度は南欧諸国におけるソブリンリスクの顕在化による欧州債務危機に直面している。危機収束のためユーロ圏諸国はあらゆる必要な措置を取るとしているが，一枚岩からは程遠く，先行きはきわめて不透明である。この欧州の混乱が世界経済の足を引っ張り，景気減速をもたらしている。日本にとっても対岸の火事では済まされない。

自由化とルールづくりを目指した10年に及ぶドーハ・ラウンドが，事実上頓挫した。深刻なのは，先進国と新興国の対立から，交渉立て直しの展望が描けないことだ。参加国の合意への熱意も薄れている。WTOによる自由貿易への取り組みが足踏みしている一方で，保護主義的な政策が新興国を中心に増えている。このままでは自由貿易への機運が衰え，自由貿易体制そのものが形骸化しまうのではないかといった懸念も出ている。自由貿易の推進こそが日本の生命線である。保護主義の歯止めに向けて，日本の果たすべき役割と責任は重い。

そうしたなか，WTO交渉への失望と嫌気からFTAへの流れが加速している。WTOを補う新しい通商ルールが二国間FTAや広域FTAによって築かれつつある。いまやFTA競争の遅れは通商上の不利益につながりかねない。日本もTPPをはじめ日中韓FTA，RCEP（ASEAN++FTA）などの交渉に積極的に取り組んでいく必要がある。少子高齢化が進み，国内市場が縮小していくなかで，FTAの推進でアジア太平洋地域の活力を取り込むことが，日本の成長戦略に必須である。日本のFTA戦略は正念場を迎えようとしている。

環境と成長の両立を目指す「グリーン経済」の構築は，世界全体の課題である。問題は，グリーン経済にどういう方法で移行していくかである。今年6月，20年ぶりにリオで「国連持続可能な開発会議」（リオ＋20）が開催された。だが，最大の焦点だったグリーン経済に移行するための具体的な工程表は策定できず先送りとなり，地球環境問題に先進国と途上国が一致協力することの難しさを際立たせる結果となった。

地球温暖化対策の交渉も同じだ。昨年12月のCOP17では，温室効果ガス削減の新たな国際的枠組みを2015年までに採択し2020年に発効させることなどを明記した「ダーバン合意」が採択されたが，今年5月の作業部会は紛糾，今後の交渉は難航が予想される。日本は福島原発の事故を受けて，温室効果ガス削減目標について見直しを進めている。いずれにせよ，責任と負担をめぐる先進国と途上国の二分法にとらわれた対立をいかにして乗り越えるか，それが問題解決の大きなカギといえる。

逆風が続く「貿易立国」日本。第2次石油危機の1980年以来，31年ぶりに貿易赤字に転落した。東日本大震災の影響だけではない。超円高，高い法人税率，CO_2排出削減，電力供給の制約など日本企業が直面する「6重苦」を和らげる取り組みが必要である。だが，輸出依存型の日本の成長モデルが曲がり角にきているのも事実である。アジア新興国の台頭を背景に日本企業は生産拠点を海外に移し，日本への逆輸入を本格化している。産業空洞化の懸念が高まるなか，日本経済は，投資収益で経常黒字を維持する「投資立国」にうまく脱皮できるのだろうか。

本書は，以上のような問題意識にもとづいて，気鋭の研究者たちが，国際経済における目下焦眉の諸問題を論点に取り上げ，その現状や問題点，課題などについて考察したものである。5部16章から構成される本書の内容は以下のとおりである。

第I部（第1章～第3章）は，グローバリズムとリージョナリズムの観点から，WTO体制における経済連携の現状と課題について取り上げている。WTO交渉の合意形成が難しくなる一方，FTAなどによる経済連携の動きが強まっている。WTOはいかにすればその存在意義を失わずにすむのだろうか。第1章では，WTOとFTAの棲み分け，WTOの新たな役割について論じている。

米主導のTPP拡大を警戒する中国は，非TPPの枠組みとして東アジア経済統合の実現を急ぐ動きを見せている。米中の角逐が懸念されるなかで，日本はどう対応すべきなのか。第2章では，アジア太平洋地域における経済連携の潮流と日本のFTA戦略について考えている。

新しい国際分業には新たな国際経済秩序が必要となる。東アジアでは関税の撤廃だけでなく「第2のアンバンドリング」が重要度を増している。第3章では，アジア太平洋と東アジアにおける新たな秩序づくりの主役となりつつある広域FTAsについて，その果たしうる役割と意義を明らかにしている。

第Ⅱ部（第4章～第7章）は，日本企業のグローバル化によって生じている貿易と直接投資の構造的問題について取り上げている。日本企業による東アジアへの生産拠点のシフトに伴い，日本と東アジア諸国の間で工程間分業が定着している。第4章では，工程間分業の特徴を，垂直的産業内貿易，貿易構造の多角化，産業集積という3つの観点から分析している。

世界経済危機や東日本大震災，タイの大洪水などのショックに対して，東アジアの生産ネットワークは人々の予想を上回る安定性と回復力を示している。それは一体なぜであろうか。第5章では，日本の輸出を中心に東アジアにおける生産ネットワークの性質を考察している。

企業の海外進出は国内の生産・雇用，技術進歩にマイナスの影響を及ぼすのではないかとの産業空洞化懸念が高まっているが，最近の実証研究の潮流は必ずしもそうではない。第6章は，これまでの産業空洞化論を整理し，最新の学術研究を紹介しつつ，直接投資が国内経済に及ぼす影響をレビューしている。

日本は2011年に貿易赤字となったが，貿易黒字幅の減少という大きなトレンドはすでに観察されていた。今回の貿易赤字は，それに東日本大震災という強いショックが加わった結果である。第7章は，日本の貿易収支と所得収支，経常収支の変化を，日本の直接投資の残高や収益率などから検討している。

第Ⅲ部（第8章～第10章）は，自由貿易と不公正な競争という観点から，企業行動のメカニズムを分析している。自由貿易を推進すべきか否かをめぐり表明される有権者の選好は，いかなる要因に依存して形成されるのか。第8章は，2003年時点のマイクロ・データを用いて，日本の有権者の貿易自由化に対する選好の決定要因を実証的に分析するとともに，決定要因に関する国際比較を行っている。

アンチダンピング（AD）措置は，セーフガードや補助金相殺関税と並んで，WTO が自由貿易の例外として認める貿易救済措置である。貿易自由化を推進する際に保護主義的な圧力団体を説得する重要な交渉カードともなる。第9章では，日本が AD 措置を積極的に活用することの戦略的意義を説いている。

多国籍企業においては，移転価格が，一般的に知られている租税回避を目的とした利益シフト手段としてだけでなく，戦略的手段（例えば，子会社の競争条件を有利にする）としても用いられる可能性がある。第10章では，多国籍企業にとっての移転価格の役割について理論的に分析している。

第Ⅳ部（第11章～第13章）は，目下，世界経済の大きな不安要素となっている通貨と金融危機について取り上げている。ユーロ導入から10年以上が経った。1970年のウェルナー報告で通貨統合案が示されたとき，通貨統合が先か経済の収斂が先かの議論があった。ユーロ導入は欧州経済の収斂を促したのか。第11章では，ユーロ導入の効果を検証し，この論争に結論を下している。

欧州債務危機には，ギリシャなど一部の南欧諸国の財政規律の問題だけではなく，共通通貨の導入に伴う根本的な問題が存在する。ユーロ圏は最適通貨圏としての要件を満たしておらず，財政の統合が不可欠であろう。第12章では，欧州債務危機の根底にある原理的問題を説いている。

グローバル化の進展により貿易の多角化が進む東アジア諸国に対して，米ドルなど単一通貨への固定相場制を採用することの危険性が盛んに指摘されている。それにも関わらず，なぜこうした為替政策が続けられているのだろうか。第13章では，その背景とそれがもたらす深刻な問題について明らかにしている。

第Ⅴ部（第14章～第16章）は，成長の著しい新興国が現在直面している開発と環境，技術開発の問題を取り上げている。新興国について近年，「中所得国の罠」（中所得国が高所得国に移行することの難しさ）に陥る可能性が指摘されている。最大の新興国である中国は，この中所得国の罠を回避できるだろうか。第14章では，中所得国の罠を中心に，新興国における成長の持続可能性を検討している。

ポスト京都議定書とも呼ばれる，地球温暖化防止に関する新たな国際的枠組みの構築に向けた交渉は難航している。温室効果ガスの排出削減義務について，先進国と新興国・途上国との対立は深まるばかりだ。第15章では，地球温暖化対策に関する現在の流れを整理するとともに，今後の課題と展望を述べている。

東アジアの競争が激化するなか，日中韓3国における技術革新が今後どうなるのかはきわめて重要な課題である。中国は技術水準でどこまで日韓にキャッチアップしているのか。三国で技術特化のパターンが類似化する傾向にあるのか。第16章では，日中韓の技術革新について展望と政策提言を行っている。

以上のように，本書は，具体的な論点として，失速したドーハ・ラウンド，強まる保護主義とWTOの役割，TPPと東アジアの経済連携の動き，日本企業による生産ネットワークの拡がり，高まる日本の産業空洞化懸念，出口の見えない欧州債務危機，揺らぐユーロの病根，新興国が直面する成長の罠，難航する地球温暖化防止の枠組みづくり，日中韓の技術開発競争の行方など，国際経済における最新かつ重要な問題を数多く取り上げた。国際経済が現在どのような課題に直面しているのか，問題点はどこにあるのか，読者が認識を深める上で，本書がいささかなりとも寄与することができれば幸甚である。

最後に，本書の刊行を快諾し，編集の労をとっていただいた文眞堂の前野弘氏と前野隆氏に，執筆者一同心からお礼を申し上げたい。

平成24年8月

編著者

目　次

第Ⅲ部　自由貿易と企業行動

第Ⅳ部　通貨と金融危機

第Ⅴ部　新興国と開発

第 I 部

WTO と経済連携

第1章
WTOの失速：その存在意義

はじめに

2011年12月，スイスのジュネーブで開催された世界貿易機関（World Trade Organization: WTO）閣僚会議は，ドーハ・ラウンドの早期合意を断念するという議長声明を出して閉幕した。その後，WTOのパスカル・ラミー事務局長は，貿易交渉は中断させないで，分野別交渉を進める意向を表明したし，2012年1月には，主要国が非公式会合を開催し，交渉前進で合意した。本章執筆時点で，ドーハ・ラウンドの多角的貿易交渉は停止している。

世界貿易において，グローバリズムとマルチラテラリズムの象徴としてのWTOが後退し，リージョナリズムを具現する自由貿易協定（Free Trade Agreement: FTA）や関税同盟の役割が増すことになろう。それが世界全体の経済厚生を高めるのか，また，世界経済のアクターを先進国，新興国，途上国などと分けた場合，それぞれの経済厚生を高めうるのか，検討が必要である。

FTAや関税同盟といった地域貿易協定が貿易自由化のみならず経済連携を主導することになれば，WTOはその存在意義を失うだろうか。もし，存在意義があるとしたら，WTOがなすべきことは何か。

本章では，第1節で，ドーハ・ラウンドの経緯と多角的貿易交渉の歴史を振り返り，合意断念に至った背景を明らかにする。ドーハ・ラウンド交渉が難航したことによって，各国はリージョナリズムに向けて舵を切った。そのことが一層合意を困難にした。第2節では，マルチラテラリズムの象徴としてのWTOとリージョナリズムを具現するFTAの関係を明らかにする。第3節では，リージョナリズムが主導する世界経済において，WTOは従来の無差別原則をかたくなに守るべきか，そのあるべき姿について考える。

第1節　貿易交渉史の中のドーハ・ラウンド

1. ドーハへの道のり

WTOは，関税及び貿易に関する一般協定（General Agreement on Tariffs and Trade: GATT）を基礎として，1995年に発足した国際機関である。GATT発効前の1947年の国際貿易会議で関税交渉を行った。通常，これを第1回目の多角的貿易交渉と位置付ける。

半世紀を超える交渉の歴史を振り返ると，さまざまな局面を経験したことが分かる。当初，交渉分野は関税の引き下げに限定されていた。したがって，1948年に妥結した第1回目の交渉は関税引き下げ交渉と呼ばれる。この交渉に参加したのは23カ国であった。

一般に，多角的貿易交渉を「ラウンド」というが，この用語が用いられるようになったのは，第5回目のディロン・ラウンドからのようである。これは1961年に始まり，翌年には妥結した。ディロン・ラウンドまで，交渉はリクエスト・アンド・オファー方式で行われた。これは，参加国それぞれが，他の参加国に対して関税引き下げを求めるリクエスト行い，リクエストされた国は，それをどの程度受けるかのオファーをする方式である。リクエストとオファーは双方向に行われるので，双方が納得したところで交渉が成立するのである。

ディロン・ラウンドでは，1958年に創設された欧州経済共同体（European Economic Community: EEC）が主要な関心事となった。EEC創設の根拠となったローマ条約は，12年間の準備期間を経て，1970年にはEECが関税同盟となり，さらに共同市場となることを謳っている。現代では考えられないかもしれないが，関税同盟のような域外差別的な経済統合が進むのを放置できなかったのである。ディロン・ラウンドでは，EECをラウンドに取り込み，域外国に対する関税譲許を行わせることに成功した。

ディロン・ラウンドに参加したのは26カ国にすぎなかった。貿易と開発の関係が広く認識されていたわけではないが，途上国から先進国に対する関税譲許の訴えが盛んに行われた。そのような声を受けて，ケネディ・ラウンドを始めることが決まったのである。

ケネディ・ラウンドは1964年に始まり，1967年に妥結した。62カ国が参加した。ディロン・ラウンドまでに，先進国の関税率は相当に引き下げられた。そこで，リクエスト・アンド・オファー方式に代わって，一括引き下げ方式が採用された。交渉の出発点は，現行関税率の50％という水準であった。ただし，農産品については，リクエスト・アンド・オファー方式が適用された。

ディロン・ラウンド後，先進国の通商政策手段は関税から非関税障壁にウェイトを移した。この事態の変化を受けて，非関税障壁が取り上げられた。また，反ダンピング措置も議論された。これらは，ケネディ・ラウンドでは結論に至らず，続く東京ラウンドに持ち越された。

1973年，東京ラウンドが始まった。参加国は102カ国。妥結まで6年を要する長丁場となった。1973年，欧州共同体（European Community: EC）にイギリスが加盟し，欧州でブロック化が進行しているとの認識が持たれた。米国は1971年に貿易赤字を記録，ニクソン・ショックは世界経済の構造変化の予兆を与えた。同年，第1次石油危機が発生し，保護主義の機運が高まった中でのラウンドであった。

関税引き下げはもはや期待できず，東京ラウンドの主要な交渉分野は非関税障壁となった。その準備として，ケネディ・ラウンドが妥結した1967年に，貿易の阻害要因となる非関税障壁を通報しあった。それらを，政府調達と補助金，通関手続き，基準，輸入数量制限，輸入課徴金の5つに分類し，交渉のたたき台とした。非関税障壁の削減交渉は，リクエスト・アンド・オファー方式で行われた。

その結果は，非関税障壁に関わる9つの国際協定に結実した。⑴反ダンピング，⑵補助金及び相殺関税，⑶政府調達，⑷関税評価，⑸基準・認証（スタンダード），⑹輸入ライセンシング，⑺国際酪農品，⑻牛肉，⑼民間航空機に関する協定である。これらを東京ラウンド・コードと呼んでいる。東京ラウンド・コードはそれぞれに独立した協定であり，それを履行する義務はそれぞれの協定の受諾国にしか生じない。その結果，複雑に利害が錯綜することになった。

1986 年，ウルグアイ・ラウンドが始まった。4 年間の予定で始まったこの 7 回目のラウンドには，妥結まで 7 年の歳月を要した。交渉に参加したのは 123 カ国にのぼり，参加国数の多さが交渉妥結を阻む一因となったことはだれの目にも明らかであった。主要な交渉分野は，農業や政府調達などから，知的財産権とサービス貿易に及んだ。交渉分野が広範にわたったこともまた交渉妥結を難しくした。

そこで，交渉方式も工夫された。シングル・アンダーテイキングと呼ばれる一括受諾方式が導入されたのである。個別分野ごとに採択していくと，長大な時間がかかることが明らかになり，ダンケル事務局長が合意案をまとめ，交渉参加国がそれを受諾するか否か，一括して判断することになったのである。

新しい分野の成果としては，サービス貿易協定（General Agreement on Trade in Services: GATS）と TRIPS 協定（Trade-Related Aspects of Intellectual Property Rights 協定：TRIPS 協定）が締結されたことがある。東京ラウンドから引き継いだ農産品貿易の自由化も進展した。

2. WTO の設立

ウルグアイ・ラウンド妥結と同時に，WTO が設立された。それまで，ラウンドのベースになっていたのは GATT という協定であり，組織・機関は存在しなかった。ラウンド参加国は，したがって締約国と呼ばれていた。しかし，1995 年に WTO という国際機関が設立され，参加国は加盟国と呼ばれるようになった。

WTO の最高議決機関は少なくとも 2 年に 1 度開催することを定められている閣僚会議である。その第 1 回は 1996 年にシンガポールで開催された。続いて，1998 年にジュネーブで，1999 年には米国のシアトルで開催された。そこで，WTO は新たなラウンドを立ち上げる予定であったが，失敗した。

シアトル閣僚会議の失敗の原因として，渡邊は，米国のクリントン大統領のリーダーシップの欠如，途上国の反発，グローバル化に対する非政府組織（Non-Governmental Organization: NGO）の反対の 3 つを挙げている。そして，新ラウンドは 2001 年 11 月 9 日から 14 日にかけて，カタールのドーハで開催された第4回閣僚会議で始まった。新ラウンド開始の原動力となったのは，それに先立って開催されたアジア太平洋経済協力（Asia-Pacific Economic Cooperation: APEC）の閣僚会議と首脳会議とアジア欧州会合（Asia Europe Meeting: ASEM）であったと，渡邊は評価している。同年9月11日に発生した同時多発テロを受けて，加盟国の求心力が高まったのである[1)]。

3. ドーハ開発アジェンダ

ドーハ・ラウンドは，正式にはドーハ開発アジェンダ（Doha Development Agenda: DDA）と呼ばれる。ラウンドという伝統的な呼称がふさわしくないという参加国が変更を訴えたのである。しかし，ジャーナリズムはドーハ・ラウンドを用いているので，ここではそれに従うことにする。また，ウルグアイ・ラウンドまでの交渉は貿易自由化交渉と呼ばれるが，ドーハ・ラウンドでは，貿易自由化以外の交渉分野のウェイトが高まったことから，たんに貿易交渉とのみ呼んでいる。自由化のみならず，調和や統一も重要な議題となったのである。

ドーハ・ラウンドの開始を宣言した閣僚宣言では，交渉はシングル・アンダーテイキング方式で，2004年までに採択されることが明記されていた。しかし，先に書いたように，2011年12月17日，ジュネーブで開催された閣僚会議の議長声明では，その早期妥結を断念することが表明された。

2003年9月にメキシコのカンクンで開催された閣僚会議では，当初の妥結予定期限が迫っている中，投資などの新分野で交渉が決裂した。その後，いわば伝統的分野といえる農産品・鉱産品・工業製品の分野で合意に向かったが，主要国の対立が表面化し，2006年7月に交渉が中断した。翌年，交渉が再開したが，2008年7月の閣僚会議で再び交渉が決裂した。

2009年12月の閣僚会議で，交渉妥結目標を2010年とすることに合意したが，これも実現しなかった。2011年に入って，シングル・アンダーテイキング方式にかえて，交渉分野ごとの部分合意の可能性を探ったが，もはや転換は不可能であった。

ドーハ・ラウンドが曲折した原因は，何よりもFTAなどの地域貿易協定の増加によって，WTO加盟国にマルチラテラルな貿易交渉を妥結させる誘因が低下したことにある。交渉参加国が増えたことと，交渉分野が広がったことが妥結を困難にしていることは，ウルグアイ・ラウンドの場合と同様である。ドーハ・ラウンドの参加国は 148 カ国にのぼった。

今後，ドーハ・ラウンドが再開されるのかどうか，予断を許さないが，交渉のモメントが残っていることは確かである。しかし，2012 年は各国で政権交代がスケジュールにのっており，通商当局は FTA などの地域貿易協定の締結に力を尽くしていることを考えると，短期的に交渉が始まる可能性は低いように考えられる。

ドーハ・ラウンド妥結が困難であるがゆえに，FTA などの地域貿易協定が増殖しているのであり，同時に，地域貿易協定の増加がドーハ・ラウンドへの求心力を減じているのである。両者は，皮肉なことに 1 枚の硬貨の裏表をなす現象である。ドーハ・ラウンドと FTA は，代替可能な面もあれば，場合によっては補完性もあり，また，共存しえない側面もあれば，両立する場合もある。次の節では，WTO に視点をおいて，それを取り巻く環境の変化として，FTA などの地域貿易協定の増殖を捉えよう。

第 2 節　リージョナリズム台頭の中での WTO

1. GATT と地域貿易協定

WTO は世界貿易の拡大を目的とする機関である。1930 年代の保護主義の台頭が第二次世界大戦の経済的な原因となったことを考えれば，この目的は，世界平和の実現につながるといってよい。その目的を実現するために，GATT の時代には，貿易障壁低減と無差別原則を必要としていた。WTO は，これらに加えて，環境への配慮と途上国への配慮が求められると明言している。

WTO は，その目的を遂行するために，具体的に 4 つの基本原則を掲げた。第 1 は，最恵国待遇である。これは，加盟国のいずれかの国に与える最も有利な貿易条件を，他のすべての加盟国に与えるというものである。第 2 は，内国民待遇である。これは，貿易される財に対する国内外無差別を規定する原則であり，輸入品に与える待遇が国産品に与える待遇より不利であってはならないというものである。第3は，数量制限の一般的禁止である。貿易制限を関税に統一することによって，交渉コストを低減するのである。第4は，譲許関税率を超える関税賦課と譲許関税率の引き上げの禁止である。これを反対側からとらえると，加盟国は，国内産業保護のため，譲許関税率を上限とした関税賦課が可能である。

地域貿易協定は，それに加盟する国どうしは貿易を自由化するが，域外国を差別的に処遇する協定であり，4つの基本原則の例外措置と位置付けられている。現代のGATTのもとで地域貿易協定が認められる条件は，第1に，域内における関税その他の貿易障壁をすべて撤廃すること，第2に，域外国に対する関税その他の貿易障壁を引き上げないこと，第3に，合理的な期間内に合理的な手順に従って貿易を自由化することの3つである[2)]。

しかし，これら3つの条件はさらに具体的に解釈されている。第1の条件は，域内貿易の90%以上の品目の関税率を5%以下にすることと解されている。ここで，90%以上の品目というのは，貿易商品数で90%以上なのか，貿易額で90%以上なのか，輸出入の総額なのか，輸入額なのか，明文化された規定はない。第3の条件は，WTOへの地域貿易協定締結通報から10年以内に自由化措置を実現するものと解されている。

このように，3つの条件が解釈されているというのは，WTO加盟国の貿易の態様がまちまちであり，その結果地域貿易協定の内容にも共通性がないことを反映している。したがって，WTOはGATTなどの条文で細かい規定を示すのではなく，地域貿易協定がWTOに通報された段階で，それを認めるか否かの判断を下す。その判断から類推されたのが上記の解釈である。

さらに，授権条項の存在が，GATTと地域貿易協定の関係に影を投げかけている。途上国が積極的に貿易自由化に取り組む誘因を与えるという目的で，WTOは授権条項を規定した。これは，途上国であれば，上記の3つの条件を満たさなくとも，地域貿易協定の締結を認めるというものである。たとえば，東南アジア諸国連合（Association of Southeast Asian Nations: ASEAN）が締結したASEAN自由貿易地域（ASEAN Free Trade Area: AFTA）は授権条項を適用されている。1992年にASEAN加盟国がGATT事務局に通報した時点では，自由貿易地域の完成を2008年に予定していた。第3の条件を満たさないのである。しかし，GATT事務局及びWTOはAFTAの形成が最終的には世界貿易の拡大に資すると判断したのであろう。

2. 地域貿易協定の特質

2012年1月15日時点で，WTOに通報された地域貿易協定数は231にのぼる。そのうち，193がFTAであり，22が関税同盟である。それら以外は，特恵貿易協定や経済統合協定（Economic Integration Agreement: EIA）である。WTOの地域貿易協定分類において，特恵貿易協定は，部分的協定（Partial Scope Agreement: PSA）に分類されている。本来のEIAは，市場統合を実現する野心的なものであるが，WTOの分類では，財およびサービス以外の投資や経済制度にかかわる取り決めを含む地域貿易協定を指している。

ASEANと中国が締結した中国ASEAN包括的経済協力協定（China-ASEAN Comprehensive Economic Cooperation Agreement）は，通常FTAと呼んでいるが，WTOへはPSAとして通報している。授権条項が適用されており，自由化の対象となる品目も限られているためである。

22の関税同盟のうち，欧州連合（European Union: EU）関係が10存在する。この10の関税同盟のうちの6は，欧州共同体（European Community: EC）が加盟国を増やすたびに通報したものである。したがって，WTOに通報された関税同盟の数は，実質的には16となる。関税同盟を地域的にみると，欧州にはEU関係が4つ，アフリカに6，ラテン・アメリカに4，中央アジアと中東にそれぞれ1つとなっている。

関税同盟が先進国での締結が少なく，途上国に多い理由の1つは，経済構造の特質にある。関税同盟締結にあたっては，域外共通関税を設定しなければならない。農業を保護したい工業国と工業を保護したい農業国は，関税構造が異なるため，締結が困難であろう。しかし，一次産品や鉱産品の輸出に特化し，工業化が進んでいない途上国は，関税構造が似通っているため，経済統合も進めやすいし，域外共通関税も設定しやすい。途上国の産業構造は地理的条件に左右されやすく，近隣諸国と関税同盟を形成しやすいのである。反対に先進国の経済構造は多様であり，域外共通関税の設定が困難である[3)]。

3. 地域貿易協定と経済厚生

リージョナリズムの昂揚とも言うべき地域貿易協定の締結ブームが，経済厚生をどう変えるかというのは重要な問題である。

FTAが網の目のように張り巡らされると，マルチラテラリズムによる世界大の貿易自由化と同等の効果があるかどうかという問題がある。答えは否である。これは，3カ国からなる世界経済を考えると分かりやすい。3カ国がそれぞれ2カ国ずつ3つのFTAを締結するものとしよう。それぞれの域内貿易が完全に自由化されても，原産地規則が残ればマルチラテラリズムによる貿易自由化ほどの効果は出ない。原産地規則が3つのFTAでともに40%であったとしよう。A国産品を50%投入して生産したB国産の部品は，B国とC国がFTAを締結していたとしても，C国の輸入に際して関税譲許の対象とならない。

関税同盟を締結すれば，原産地規則は不要である。3カ国がそれぞれに3つの関税同盟を形成したとすると，域外共通関税率が仮に数100%であったとしても，世界大の貿易自由化と同等の効果が出る。関税同盟が2つにとどまり，たとえば，A国とB国の関税同盟が存在しない場合でも，世界大の貿易自由化と同等の効果が出る。

理論的には，リージョナリズムもマルチラテラリズムに迫る効果が出る。しかし，現実に締結されているのは，関税同盟ではなくFTAであり，しかも，WTOが認めるFTAは，理論上の自由貿易地域ではなく，授権条項を考えるまでもなく，極めて緩やかな要件を満たすものである。その不完全性は，日本とブルネイ，日本とシンガポール，日本とマレーシア，日本とベトナムがそれぞれ二国間のFTAを締結した上で，ブルネイ，シンガポール，マレーシア，ベトナムが加盟するASEANと日本がFTAを締結し，さらに，環太平洋経済連携協定（Trans-Pacific Economic Partnership Agreement: TPP）を締結しようとしていることからも理解できよう。日本の首相は，TPP参加の理由の1つに，アジアの成長を取り込むことを挙げたが，すでに二重のFTAを締結していながら，その成長を取り込めなかったとしたら，それを三重にしても，おそらく無理であろう。

FTAは，二重，三重に張り巡らされたとしても，マルチラテラリズムに基づく世界大の貿易自由化と同等の効果は出ない。それを有効なものにするには，FTAを関税同盟に転化させたり，FTAの譲許率を高めたりする必要がある。それらを進めるために，WTOは有効に機能しうる。

第3節　WTOの新たな役割

1. WTOに期待されるもの

WTOに期待されるものは世界経済の変容とともに変わってきた。WTOのそもそもの目的は，GATTの目的を引き継ぎ，世界貿易の拡大にあることはすでに記したとおりである。そのために，当初は関税交渉を行い，それが貿易自由化交渉と名称を変えた。そして，ドーハ・ラウンドでは，たんに貿易交渉と呼ばれるようになった。

その間，WTOに期待されるものが変わってきたことは明らかである。関税率の引き下げに注力すると，加盟国は非関税障壁を設けるようになった。それを交渉の対象として引き下げようとすると，反ダンピング措置を取るようになった。それもまた自由化交渉の対象にすると，政府調達，環境基準，労働基準等を用いて保護的措置の手段とした。このような経験をもとにWTOでの貿易交渉が進められなければならない分野を考えると以下のようになろう。

第1に，投資ルールがある。投資については，その適用対象を直接投資に限定するか，証券投資，すなわち間接投資をも含めるかで，議論がある。貿易に関連するという意味では，証券投資も適用対象とすべきだが，証券投資の中には貿易と関連がないものも多い。また，直接投資と証券投資の区分は，制度的な線引きにすぎず，投資活動の実態を反映したものではない。そのような現実を考えると，1つの対応策は，WTOが証券投資まで含め，あらゆる投資を所掌することである。また，別の対応策は，貿易に関連した投資活動のみをWTOの規制対象とすることである。貿易との関連を考えず，直接投資のみを規制対象とすることも制度上可能である。

投資ルールについても，リージョナリズムの問題がある。二国間投資協定が多角的投資協定に先行して締結されており，自由化の限界がすでに規定されているのである。二国間投資協定は，外国資産の接収などの危険を解消する目的で締結されることが一般的であり，投資自由化や内国民待遇の付与は副次的な目的でしかない場合が多い。それらにWTOがいかに対処していくか，さまざまな可能性があるが，世界貿易の拡大というWTOの本来の目的と関連がある以上何らかの対処は必要であろう。

現在のところ，WTOの投資への対処は，GATSにおけるサービスの国際的な供給の規定を援用する形でなされているが，それでは非サービス業については適用対象外となってしまう。WTOは，貿易と投資に関する作業部会を設けて検討しているので，今後より踏み込んだ規定に合意される可能性がある。

第2に，政府調達問題があろう。WTOはすでに政府調達協定を締結している。しかし，それは東京ラウンド・コードの1つにすぎず，加盟国すべてが批准しているわけではない。日本に関連したケースでは，メキシコとFTAを締結した背景に政府調達の問題があった。FTA締結前，メキシコの発電所建設プロジェクトがあったが，メキシコの政府調達は，メキシコがWTOの政府調達協定に加盟していないため，FTAを締結した国にのみ開放されており，日本企業は入札できなかった。これは，相当額の逸失利益を日本企業に生ぜしめた[4)]。

政府調達協定自体，改善が求められている。日本のJRの調達は，国鉄時代のまま，公的企業による調達とみなされ，政府調達協定の自由化対象となっている。一方で，中国やベトナムといった国有企業の比重の高い国の政府調達が開放されていないという問題もある。

そもそも，政府調達を民間企業の輸入，言い換えると民間調達と別建てで規制すべきかという論点もある。

第3に，環境問題と貿易のかかわりがある。GATT時代にすでに貿易政策を用いて環境問題の解決に接近できる可能性が示唆されてきたが，WTO設立協定では，環境への配慮を前提として世界貿易の拡大を目指すことが明文化された。WTO設立後の1997年に京都議定書が採択され，2005年に発効した。京都議定書は，二酸化炭素（CO2）排出量の多い中国とインドを特別扱いしていることや，米国が批准していないことなど，課題が指摘されている。その後の気候変動に関する国際連合枠組み条約締約国会議（Conference of Parties:

COP）では，地球環境問題への知策が検討されている。

WTOの世界貿易拡大のための取り組みと，地球環境問題への取り組みの整合性が取られなければ，相互の努力が水泡に帰す可能性もある。それを避けるために，WTOでは，国境税措置が考えられている。これは，CO2排出量削減に取り組まない国の産品の貿易に課税し，その生産を抑制させる措置である。これまでの環境への配慮が足りない国の特定の産品に課税することがあった。もっとも有名なケースは，米国がキハダマグロ及びその加工品のメキシコからの輸入を禁じたケースであろう。これは，メキシコのキハダマグロ漁でイルカが網にかかってしまうため，イルカの生態を乱すというのである。WTOはこのケースに対する裁定は，現行のGATTの規定は，産品そのものに対する措置を対象としたものであり，漁労の手法を対象としたものではないため，米国のとった課税は不当であるというものであった。

WTOは環境に配慮するとはいうものの，それを最優先の課題としているわけではない。このようなケースでは，国連環境計画その他の国際機関と規制措置の整合性を取るべきであろう。環境に関してWTOが取りうる措置については，エコラベルや環境に配慮した技術の認定などがあるが，いずれもWTOの規定との整合性を図る必要がある[5)]。

ここでは，投資ルール，政府調達，環境の3つだけを取り上げたが，WTOに期待される従来からの課題，加盟国間の関税引き下げ，非関税障壁の除去，反ダンピング措置なども依然として存在する。新しい課題の多くはWTOのみでの解決が困難であり，関連する諸国際機関との連携が必要である。その意味で，WTOにはコーディネーターとしての役割が期待されよう。

2. コーディネーターとしてのWTO

FTAをはじめとする地域貿易協定の増加とともに強化されつつあるリージョナリズムの動きに対してもWTOがコーディネーターとして活躍できる可能性がある。地域貿易協定増加の最大の課題は，それが差別の論理を超越して世界大の貿易自由化，貿易拡大に結びつくかというものである。それを結びつけるために，WTOが果たすべき役割があろう。

APECは，アジア太平洋自由貿易地域（Free Trade Area Asia Pacific:

FTAAP）の創設を目指している。しかし，域内には，米韓FTAや日本タイFTAなど，幾多のFTAが存在している。それらの中には，すでに指摘したようにASEAN中国FTAのように，WTOにはFTAとして通報していない規律の低い取り組みも存在する。また，域内のFTAの範囲も，投資やヒトの移動までカヴァーするものや財貿易の自由化が中心のものなど，まちまちである。

APECは，それらの整合性を高め，今後締結されるであろうFTAの見本ともなるFTAベストプラクティスを発表した。現在，APEC加盟メンバーに必ずしも尊重されているとはいえないが，TPP交渉が進む現在，その意義は見直されるべきである。

APECを先例として，WTOも世界貿易の拡大を阻害しないFTAベストプラクティスを示すこともできよう。網の目のように構築されつつあるFTAを，WTO整合的なものとするように，調整する役割が，現在のWTOには期待されている。

（吉野　文雄）

注

1）　渡邊（2003）pp. 7-10を参照せよ。

2）　WTOが設立された際に締結・発効したマラケシュ協定は，以前から存在していたGATTを財貿易を規定する協定として付属書1Aに位置づけた。サービス貿易や知的所有権などを規定するその他の協定もまた付属書に加えられている。

3）　政策決定過程が分権的か集権的かという違いもあろう。民主的な政権は多様な産業からの支持を取り付けようとするため，他の加盟国との間での関税の調整が困難である。

4）「経済関係強化のための日墨共同研究会報告書」2002年7月より。

5）　環境と貿易の問題に対するWTOの取り組みについては，たとえば，森田（2010）の「第5章　貿易と環境問題」に詳しい。

参考文献

青木健・馬田啓一編著（1998）『WTOとアジアの経済発展』東洋経済新報社。

馬田啓一・浦田秀次郎・木村福成編著（2005）『日本の新通商戦略―WTOとFTAへの対応』文眞堂。

木村福成（2005）「ドーハ開発アジェンダとWTO体制の危機」馬田啓一・浦田秀次郎・木村福成編著『日本の新通商戦略―WTOとFTAへの対応』文眞堂。

ヒュデック ロバート・E.（小森光夫編訳）（1992）『ガットと途上国』信山社。

松下満雄・清水章雄・中川淳司編（2009年）『ケースブックWTO法』有斐閣。

森田清隆（2010）『WTO体制下の国際経済法』国際書院。

吉野文雄「WTO と FTA の関係：悲観と楽観」馬田啓一・浦田秀次郎・木村福成編著『日本通商政策論―自由貿易体制と日本の通商課題―』文眞堂，2011 年，120-137 ページ。

渡邊頼純（2003）「WTO 新ラウンドの意義と課題」渡邊頼純編著『WTO ハンドブック：新ラウンドの課題と展望』ジェトロ。

渡邊頼純（2011）「WTO と東アジアにおける経済統合―目指せ　地域主義の多国間化―」『海外事情』第 59 巻第 9 号，105-120 ページ。

Scott, J. and Wilkinson, R. (2011), "The Poverty of the Doha Round and the Least Developed Countries," *Third World Quarterly*, Vol. 32, No. 4, pp. 611-627.

Dam, K. (1970), *The GATT: Law and International Economic Organization*, Chicago, University of Chicago Press.

Martin, W. and Mattoo, A., eds. (2011), *Unfinished Business? The WTO's Doha Agenda*, Washington DC, The International Bank for Reconstruction and Development.

Robson, P. (1987), *The Economics of International Integration*, Third Edition, London, Allen & Unwin.

第2章
経済連携の潮流：TPPと東アジア経済統合

はじめに

世界経済の重心はアジア太平洋地域に移りつつある。米国はTPP（環太平洋経済連携協定）を高度で包括的な21世紀のFTAと位置づけ，アジア太平洋の新たな地域統合として，FTAAP（アジア太平洋自由貿易圏）につなげたいと考えている。今後も成長が見込まれるアジアとの経済連携の強化が米国にとり不可欠だからだ。

こうしたなか，日本のTPP協議入り表明（正確には，「TPP参加に向けて関係国との協議に入る」との表明）がアジア太平洋地域の力学を変えようとしている。日本に追随してカナダとメキシコも参加表明，TPP参加国はさらに増えそうだ。米主導のTPP拡大を警戒する中国は，非TPPの枠組みとして東アジア経済統合（日中韓FTAやASEAN++のFTAなど）の実現を急ぐ動きを見せている。米中の陣取り合戦の様相を呈してきた。

TPPと東アジア経済統合をめぐる米中の角逐が懸念されるなかで，日本は経済連携の潮流をどう読み，どう対応すべきなのか。本章では，以上の点を踏まえて，日本のとるべき新たなアジア太平洋戦略の方向性を探ることにする。

第1節　TPPと日本の選択

1. 日本のTPP協議入り表明：変わるアジア太平洋の力学

日本のTPP参加問題は，2010年10月に菅首相（当時）がTPP参加の検討を表明して以来，国論を二分する激しい論争を巻き起こしたが，2011年11月のAPECハワイ会合で，野田首相がTPP交渉参加に向けて協議入りを表明したことでひとまず決着がついた（と言っても，いまだTPP反対論の勢いは収まっていない）。

この日本の協議入り表明をきっかけにして，アジア太平洋の力学が大きく変わろうとしている。日本が呼び水となる形で，各国の外交が新たな動きを見せはじめたからだ。日本に追随してカナダ，メキシコもTPP参加の意欲を表明。さらに，ASEANの一部も強い関心を示しており，今後，参加国が増える可能性があり，ドミノ効果も生じるかもしれない。

TPPに参加している9カ国の経済規模は名目GDPで世界の27%，日本，カナダ，メキシコが参加すれば，39%と大幅に拡大する。米国と小国の集まりのような印象が強かったTPPであるが，日本を含めた3カ国の参加によってTPPの魅力は倍加，強力な広域FTAの枠組みに生まれ変わる。

第2-1表　広域FTA構想の世界経済に占める位置付け（2010年）

（単位：%）

	日中韓	ASEAN	ASEAN+3	ASEAN+6	TPP	FTAAP
世界人口に占める構成比	22.3	8.7	31.0	49.2	7.4	40.1
世界経済に占める構成比	19.6	2.9	22.6	27.2	27.0	56.1
域内貿易比率	22.4	25.6	39.6	45.0	12.8	66.9
日本との貿易額（往復）	26.9	14.6	41.5	47.0	24.6	71.7
日本からの直接投資残高	9.8	10.9	20.7	27.4	40.8	61.4

（資料）　ジェトロ。

他方，膠着状態に陥っていた東アジア経済統合にも変化の兆しがみられる。TPPに対する対抗意識から，中国が柔軟姿勢に転じ，懸案となっていた日中韓FTAとASEAN++FTAの政府間交渉がいよいよ開始される見通しとなった。アジア太平洋地域の経済連携をめぐり，米中の主導権争いが一段と激しくなりそうだ。

なお，日本がTPP交渉に参加するには参加9カ国すべての同意が必要であるが，まだ米国，豪州，ニュージーフンドの同意を得ていない（2012年8月末時点）。承認手続きは国ごとに異なる。大半は閣議決定など政府の判断で済むが，米国の場合は議会の承認が必要である[1)]。TPP交渉に新規参加国が加わる場合，米政府は2007年に失効した貿易促進法で定められた手続きを踏襲し，交渉を開始する少なくとも 90 日前までに議会への通知等を行うとしている。

日米の事前協議では現在，米国の関心事項である牛肉，保険，自動車の 3 分野で集中協議を進めている。牛肉と保険は日本の規制緩和などで妥協の可能性がでてきたが，自動車については隔たりが大きく，事前協議は長期化の様相を呈している[2)]。したがって，日本が実際に TPP 交渉に参加できるのは，当初の予想よりもだいぶ遅れ，2012 年 9 月のロシア APEC の首脳会議で日本政府が交渉参加入りを正式に表明したとしても，12 月にずれ込む見通しである。

2. 米国のアジア回帰

米国は，21 世紀における世界経済の重心はアジア太平洋地域だと考えている。2012 年 11 月の米大統領選で再選を目指すオバマ大統領にとって，米国の成長と雇用創出は至上命題だ。TPP は輸出倍増計画の切り札である。2010 年の米輸出の約 6 割が APEC 向けであり，今後アジア太平洋地域にどれだけ輸出を増やすことができるかが，米成長と雇用を左右するといってよい。

米国がアジア回帰を強めるのは，「失われた 10 年」を取り戻すためでもある。2001 年の同時テロ以降，イラクやアフガニスタンなどで対テロ戦争に忙殺されている隙に，アジアにおける中国の影響力拡大を許してしまった[3)]。中国がアジアの覇権を握ればアジアから米国が締め出されるとの懸念が急速に高まり，米国としても黙って手をこまねいているわけにはいかなくなった。

米国はアジアで影響力を膨張させる中国に対抗し，米国抜きの東アジア経済統合（ASEAN+3，ASEAN+6 構想）に向けた動きを牽制するため，TPP をテコに米国主導の FTAAP（アジア太平洋自由貿易圏）の実現を目指している。米国が巻き返しに出たといえる。

米国は TPP を通じて，アジア太平洋地域における新たな貿易ルールづくりを主導しようとしている。TPP に盛り込まれるルールが米国産業の競争力にとって大きな意味を持つからだ。TPP による「中国包囲網」を形成し，最終的には投資や知的財産権，政府調達などで問題の多い中国にルール順守を迫る狙いがある[4)]。

第2-1図　アジア太平洋地域における経済連携の重層関係

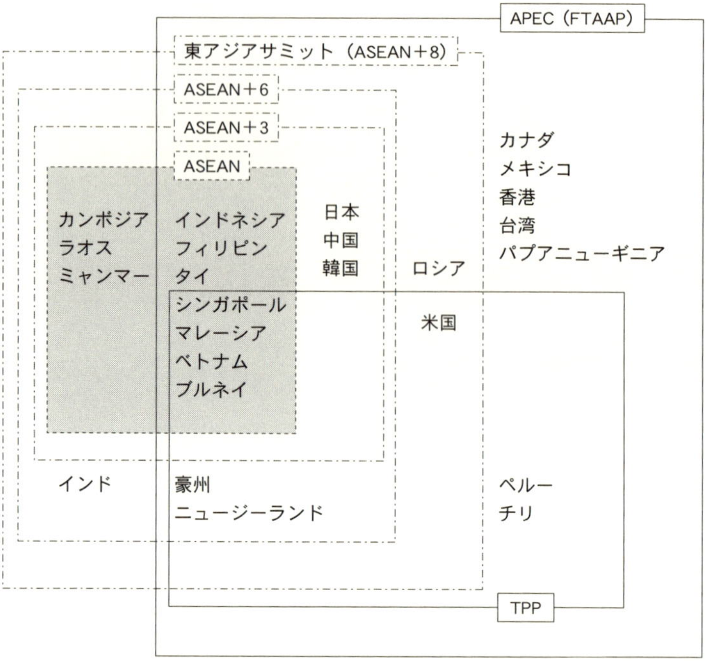

（資料）　経済産業省。

3. TPP拡大を警戒する中国

中国はTPP交渉が始まっても当初は平静を装い，これと距離を置いてきた。しかし，日本の協議入り表明をきっかけに，TPPが一気に拡大する可能性も出てきたため，中国は米国主導のTPP交渉の動きに焦りと警戒を強めている。このため，中国は対抗策として，米国を介在させずに中国独自の経済統合を進めようと，ASEANや日韓への働きかけを強めている。ASEAN+3のFTAに固執してきた中国が，当初は否定的だったASEAN+6の構想にも柔軟になった。米中による「陣取り合戦」の様相を呈している。

中国には，TPPの高いハードルを参加国は本当に受け入れることができるのか，といった懐疑的な見方も少なくない。TPP拡大が行き詰まれば，アジア太平洋地域における貿易の主導権は中国の手に転がり込んでくる。日米の

TPP事前協議が決裂すれば，一番喜ぶのは中国だ。

しかし，日本などの参加によってTPPの規模が大きくなった場合の出遅れを警戒する中国の論調もある。2011年11月7日付の環球時報は，「中国がTPP交渉に参加しないと米主導の協定ができ，中国が参加するときのハードルが高くなり，高い代償を払うことになるかもしれない」と論じている。

第2節　TPP交渉とAPECハワイ会合

1. TPP交渉の大枠合意と今後の見通し

TPPは「21世紀のFTAモデル」と位置づけられ，高度で包括的なFTAを目指している。例外なき自由化のほか，「WTO+」のルールづくりを目指し，政府調達，知的財産権，競争政策，投資，環境，労働のほか，これまでのFTAでは検討されなかった分野横断的事項（cross-cutting issues）も含まれる。

2010年3月に開始された参加9カ国によるTPP交渉は，センシティブな問題をめぐり調整は難航している。このため，2012年秋の大統領選挙を睨んで，2011年11月のAPECハワイ会合までにTPP交渉の「最終合意を目指す」としていたオバマ政権のシナリオは崩れ，「大まかな輪郭（broad outline）を固める」という形にとどまった。

第2-2表　TPP交渉の21分野

⑴ 物品市場アクセス（工業，繊維・衣料品，農業）	⑾ サービス（商用関係者の移動）
⑵ 原産地規則	⑿ サービス（金融）
⑶ 貿易円滑化	⒀ サービス（電気通信）
⑷ SPS（衛生植物検疫）	⒁ 電子商取引
⑸ TBT（貿易の技術的障害）	⒂ 投資
⑹ 貿易救済（セーフガード等）	⒃ 環境
⑺ 政府調達	⒄ 労働
⑻ 知的財産権	⒅ 制度的事項
⑼ 競争政策	⒆ 紛争解決
⑽ サービス（越境）	⒇ 協力
	㉑ 分野横断的事項

（出所）　経済産業省，外務省資料。

9カ国首脳によるTPPの大枠合意は，TPPの基本的な方針とこれまでの交渉結果などを簡単にまとめたものである[5)]。TPPが従来のFTAよりも高度で包括的なものを目指す方針を打ち出す一方，サービスや政府調達の分野などでは限定的に例外を認めている。物品の関税撤廃については，すべての物品（およそ1万1,000関税品目）を対象とするとの表現にとどめており，例外を認めるかどうか明確な方針は示されていない。

協定文書については，一部の分野ではほとんど完成しているが，特定の問題について決着が必要な分野もあるとしている。TPP交渉への参加が遅くなるほど，日本の考えが反映される余地も少なくなる。

TPP交渉における厄介な問題は先送りされたが，交渉参加国は2012年中の妥結を目指す。しかし，2012年は米国の大統領選挙の影響で，交渉の実質的な進展はほとんど期待できない。TPP協定の署名は2013年以降にずれ込む公算が強い。2012年中の妥結が難しくなれば，TPPの協定づくりにおいて日本にとって有利なルールを盛り込む余地が広がることになる。途中参加の日本にもまだチャンスが残されている。

いずれにしても，TPPのハードルを高くしすぎると参加国の間の軋轢を招いてTPP交渉が失速してしまう恐れがある。ハードルの高さをどう設定するかが今後の交渉の大きなカギとなる。

第2-3表　TPP交渉の今後の流れ

年　月	事　項
2011年11月	・APEC首脳会議（ハワイ） 日加墨がTPP交渉参加に向けて協議入り表明 TPP交渉参加の9カ国が大枠合意
12月	・第10回TPP交渉参加国会合（マレーシア）
2012年2月	・日米間の事前協議を開始，難航
3月	・第11回TPP交渉参加国会合（豪州）
5月	・第12回TPP交渉参加国会合（米国）
6月	・G20サミット，9カ国が加墨の交渉参加を承認
9月	・APEC及びTPPの首脳会議（露・ウラジオストック） 日本，TPP交渉参加入りを正式表明？
11月	・米大統領選挙
12月	・日本，TPP交渉に参加？
2013年以降	・TPP協定の署名

（資料）　経済産業省。

2. APEC「横浜ビジョン」：FTAAPへの道筋

2010年11月，日本はAPEC（アジア太平洋経済協力会議）の議長国として「横浜ビジョン」をまとめた。この「横浜ビジョン」では，APECのポスト・ボゴール目標と位置づけられるFTAAP実現のための道筋として，APEC加盟国が参加するASEAN+3，ASEAN+6，TPPの発展を通じた3つのルートを提示している。

なぜAPECの場での協議を通じて，直接FTAAPの実現を目指さないのか。中国など一部の加盟国が，① 非拘束原則に固執，② 米国主導を嫌う，③ 東アジアの経済統合を優先，といった理由から，FTAAPに慎重な国もあり，長期戦は必至と見られているからだ。無理して短期の実現を目指せば，全会一致が原則のAPECでの協議は，FTAAPを骨抜きにしてしまいかねない。このため，FTAAPの実現は「他力本願」のような形となった。

APECには2001年に採択された「パスファインダー（pathfinder）・アプローチ」という方式がある。加盟国の全部が参加しなくても一部だけでプロジェクトを先行実施し，他国は後から参加するやり方だ。TPPにはAPECの先遣隊としての役割が期待されている。

3つのルートのうち，現時点でTPPがすでに具体的な政府交渉に入っており，実現可能性の点から最も有力視されている。TPPはFTAAPに向けた重要なステップと位置づけられていることから，ハワイでTPP交渉9カ国が大枠合意し，2012年末までの最終合意を目指すことになった意義は大きい。

3. APECハワイ会合の成果

21カ国・地域が参加したハワイ・ホノルルでのAPEC首脳会議は，「ホノルル宣言―継ぎ目のない地域経済を目指して―」を採択して，閉幕した。TPP交渉を主導する米国がAPEC議長国であったことから，ビジネス環境の改善に向けたルールづくりに関して，今回のAPECハワイ会合とTPP交渉の間に共通点も少なからず見られる。APECハワイ会議の主な成果は3つある。

第1に，地域経済統合の強化と貿易の拡大である。TPPを含むFTAAPに向けた貿易協定において，今後ルール作りを目指す新分野（次世代貿易・投資課題）を特定化するとともに，市場主導型のイノベーション政策に関する域内の共通原則[6]を初めて合意するなど，具体的な取り組みを促進させる。

第2に，グリーン成長の促進である。将来の成長を環境問題（省エネ，CO_2排出削減，クリーンエネルギー，再生可能エネルギーなど）と結び付けて考えることが必要である。このため，APEC域内の環境物品に対する関税を2015年までに5%以下に削減，環境物品・サービスの非関税障壁の撤廃（ローカルコンテント要求の撤廃など），エネルギー効率を2035年までに45%改善（2005年を基点）など，グリーン成長に向けた取り組みを強化する。

第3は，規制の収斂・規制協力である。不必要な貿易上の障壁が発生しないように，規制の透明性，実効性，効率性を向上させるため，各国において「良き規制慣行」の導入を目指す。スマート・グリッド等の新技術における国際整合性確保のための規制協力も推進する。

4. APECハワイ会合と米中の角逐

APECハワイ会合では米中が激しく対立した。中国は，米国が提示した首脳宣言のアジェンダが「過度に野心的」と反発し，とくにイノベーション政策に関する共通原則や環境物品・サービスに対する関税および非関税障壁の削減などについては強く抵抗した。中国は，TPPなど自由貿易体制の問題を新しい戦線と見なし，新興国・途上国の立場から米国に対抗していく姿勢を示した。今後のAPEC会合（2012年はロシア，2013年はインドネシア）において米中の対決色が強まりそうだ。

「TPPは米国による中国包囲網だ」と中国は被害者意識を強めている。APECハワイ会合の折の米中首脳会談で，中国の胡錦濤主席はオバマ大統領に対し，米国がアジア太平洋での中国の正当な利益を尊重するよう要求した。国有企業が多く貿易障壁の撤廃も難しい中国がすぐにハードルの高いTPPに参加する可能性は，現時点でほとんどない。米国はこうした事情を承知の上でTPP戦略を進めていると，中国側には映る。中国は，「どの国も除外されるべきでない」と不満を表した。これに対し，米国は，TPPについて，中国も含めAPEC加盟国すべてを含むアジア太平洋地域の自由貿易圏（FTAAP）を構築するためのものだと反論している。

米国は中国の「国家資本主義」に頭を悩ませている。中国で事業を展開する見返りに技術移転を強要する中国政府のやり方は，米企業から非難を浴びている。知的財産権の保護，労働基準，不公正な競争なども問題となっている。オバマ大統領は，APEC首脳会議閉幕後の記者会見で，中国の為替管理政策や中国による知的財産権の侵害など，国際ルールを尊重しようとしない中国に対する不満と懸念を表明した。

オバマ大統領が中国に対し批判と要求を強めるようになったのは，就任当初に中国を国際社会での「責任ある利害共有者」（responsible stakeholder）と位置づけ，米中が世界を主導するというG2論にもとづく米国の対中政策を目指したことが，明白な失敗だったと悟ったためだ[7)]。2012年の大統領選での再選に向け，アジア太平洋地域での貿易拡大をテコに米景気・雇用回復の実現を急ぎたい大統領は，TPP推進に加え，経済・貿易分野で対中要求を一層強めている。

第3節　日中韓FTAの意義と思惑

1. FTA締結の空白地帯

東アジアにおいてFTAのネットワークが拡がるなかで，いまだに大きな空白地帯となっているのが，日本，中国，韓国の間のFTAである。日中韓のどの二国間でもFTAは締結されていない。日中韓の経済規模（GDP）をみても，東アジアにおけるその存在感は大きい。今後，日中韓が軸となって東アジアの広域FTAを構築していくためには，日中韓の間でFTAが締結されることが必要である。

日本がFTAに関する共同研究を最初に行った相手は韓国である。2003年から日韓でFTA締結に向けての交渉が始まったが，日本が中国産海苔の輸入を解禁したことに韓国が反発し，2004年末から中断したままだ。2008年から交渉再開に向けて実務者協議が行われているが，韓国側は対日貿易赤字の拡大や，日韓FTAを実現してもマクロ経済的には日本に比べ韓国の利益の方が小さいことなどを問題にしている。

中韓のFTAは2007年から産官学の共同研究が始まり，2012年5月に交渉開始で合意している。日中のFTAが最も遅れており，民間による共同研究も始まる気配はない。

一方，日中韓三国間のFTAに関する民間研究は2003年から始まったが，当初3年程度の予定が7年にも及んだ。日本政府・与党（自民党）に慎重論が強かったからだ。その理由としては，①靖国問題などの政治的対立，②東アジア広域FTAの主導権をめぐる日中の確執，③中国と質の高いFTAを締結することの困難性などがあげられる。

日本の民主党政権誕生によってそれまで冷え込んでいた日中，日韓の関係改善が進み，日中韓FTAへの取り組みにも変化の兆しが見られた。2009年の日中韓サミットの議論を受けて，2010年から産官学の共同研究に格上げされた。さらに，当初2012年までに報告を出す予定であったが，2011年5月の同サミットで1年前倒しして2011年中に終えることで合意した。同年11月，日中韓の首脳はインドネシアのバリ島で会談，2012年中の日中韓FTAの交渉開始を目指す方針で一致した[8)]。

日本にとってはいまだ見通しの立たない日韓，日中の二国間FTAの締結を目指すよりも，日中韓三国間のFTA締結の早期実現を優先した方が得策である。FTA競争で韓国の後塵を拝し，中韓FTAの動きにも焦りを感じている日本は，日中韓FTA締結で一気に挽回を図ることができる。

2. ロードマップ前倒しの思惑

注目すべきは，中国の温家宝首相が日中韓FTAの早期締結を提案し，FTA締結のロードマップまで示した点だ。中国が日中韓FTA交渉の前倒しを提案したのは，米国のTPP戦略に対する対抗意識からだ。下手をすれば中国はTPPから締め出され，アジア太平洋地域で孤立しかねない。

中国は，日本や韓国が目指すような高度で包括的なEPA（経済連携協定）については実施の準備が十分ではない。投資・サービスの自由化，知的財産権，政府調達，競争政策などを含むことは難しく，貿易自由化も例外や期限猶予付きの関税引き下げとしたいのが本音だ。

それにもかかわらず，中国が関税面で有利といえない日韓との三国間FTAを急ぐ背景には，TPPへの対抗策として，日中韓FTAをテコに

ASEAN++FTAの実現を加速させたいとの思惑があるからだ。日中韓ともにASEANとはFTAをすでに締結済みであり，日中韓FTAが締結すれば，ASEAN++FTAの実現に弾みがつく。日中韓FTAを締結できるかどうかは，東アジア経済統合を実現する上での試金石であるといえる。

日中韓は2011年12月，三国間FTAの締結に向けた産学官による共同研究の7回目の会合を韓国で開催し，最終日に発表した報告書で早期の交渉入りを提言した[9)]。これを受けて日中韓の3カ国政府は，実務レベルで交渉の体制づくりやスケジュールの検討を開始，2012年5月に北京で開催された日中韓首脳会談で3カ国によるFTAの年内交渉入りを正式に合意した。11月の東アジアサミットでの交渉入りを目指す。

3. 日中韓FTA交渉の課題

日本政府が当初描いていた5月交渉入りのシナリオは崩れた。韓国が，日本の頭越しに中韓FTAの交渉を先行させる構えであるからだ[10)]。三国間に温度差があり，日中韓FTAの締結には曲折が予想される。

日中韓FTAの締結によって3カ国の中で最も利益を受けるのは日本である。日中韓の貿易では，三国間の関税比率が非対称となっている。中国と韓国の輸入における日本の輸出品の関税比率はいずれも高い。逆に，日本の輸入における中韓の輸出品の関税比率はすでに低くなっている。日本の工業製品は大半が関税ゼロだからだ。このため，中韓が日本とFTAを締結しても，日本が農産物などのセンシティブ品目の関税撤廃を行わない限り，FTAの効果は非常に小さい。

したがって，日中韓FTAの締結にとって農産物が大きな障害となっている。日本政府は，農産物の自由化を極力回避しつつ，サービス・投資の自由化と知的財産権保護の強化を中韓から引き出したいと考えている。日本が農産物である程度譲歩する覚悟がない限り，日中韓FTAの締結は容易ではない。

第 4 節　ASEAN++FTA の交渉開始へ

1. ASEAN+3 と ASEAN+6 をめぐる確執

東アジアの広域 FTA には，これまで中国が主導してきた ASEAN+3（日中韓）による EAFTA（East Asia Free Trade Area，東アジア自由貿易地域）構想と日本が提唱している ASEAN+6（印，豪，NZ が加わる）による CEPEA（Comprehensive Economic Partnership in East Asia，東アジア包括的経済連携）構想がある。中国と日本が牽制し合い，デュアルトラックで研究作業が行われ，政府間交渉の開始は先延ばしにされてきた[11)]。

第 2-4 表　東アジア経済統合（EAFTA・CEPEA）の動き

年　月	事　項
2001 年 12 月	・第 5 回 ASEAN+3 首脳会議に提出された報告書「東アジア共同体に向けて」の中で，EAFTA 構想の提言
2005 年　4 月	・EAFTA の共同研究開始（中国の提案）
12 月	・第 1 回東アジアサミット（ASEAN+6 首脳会議）開催
2006 年　8 月	・二階経産相が日 ASEAN 経済相会合で CEPEA 構想表明
2007 年　1 月	・CEPEA の共同研究開始（日本の提案）
2009 年　8 月	・ASEAN+3 及び +6 双方の経済相会合で，4 分野（原産地規則，関税分類，税関手続，経済協力）について政府間の検討開始を合意
2010 年 10 月	・東アジアサミットにおいて，地域経済統合の作業に関し，具体的な目標・検討の工程を設定するよう，首脳から指示。
2011 年　8 月	・ASEAN+3 及び +6 双方の経済相会合で，日中が共同で EAFTA・CEPEA ともに貿易・投資自由化を議論する作業部会（物品貿易，サービス貿易，投資）の設置を提案
11 月	・ASEAN+3 首脳会議・東アジアサミットで，日中共同で提案した ASEAN++ の 3 つの作業部会設置に合意

（資料）　経済産業省。

EAFTA は関税撤廃など貿易自由化が中心のレベルの低い FTA で，徐々に対象範囲も拡げ，レベルを引き上げていくといった段階論的なアプローチを目指す。一方，CEPEA は関税撤廃のみならず，ビジネス環境の改善を目指し，サービスや投資の自由化，知的財産権の保護，政府調達，競争政策，環境や労働などルールに関する取り決めも含む，高レベルで包括的な EPA である。

ASEAN 諸国はこうした東アジアの広域 FTA 構想の推進についてあまり熱

心ではなかった。①踏み絵をふまされるような形で2つの構想のいずれか1つを選択するのが難しいことに加え，②周辺6カ国とすでに「ASEAN+1」のFTAネットワークが構築されていること，③2015年のASEAN経済共同体の実現が最優先の課題であること，などがその背景にある。

2. 日中共同提案の意義

そうしたなか，日本と中国が，膠着状態に陥った東アジア広域FTA構想について危機感を共有し，その打開策として共同提案を行ったことは注目される。2011年8月のASEAN+3とASEAN+6双方の経済相会合に提出された「EAFTA及びCEPEA構築を加速させるためのイニシアティブ」という日中共同提案は，EAFTAとCEPEAの2構想を足して割るような形で，日中双方とも痛み分けの折衷案となっている。

これまで揉めていた+3か+6かの構成メンバーの問題は，「ASEAN++」という形で棚上げし，貿易自由化を中心とするFTAか包括的なEPAかの問題は，折衷的にFTAとEPAの間をとって物品貿易，サービス貿易，投資の3分野の自由化について検討するとしている。さらに，ASEANの中心性を尊重することに配慮して，「ASEAN++FTAのテンプレートについて，ASEAN内で11月までに報告書をまとめる。その際，日中共同提案を考慮する」旨の共同声明が発表されている。

第2-5表　日中共同提案の骨子

①メンバーシップ（+3か+6か）にこだわらず，「ASEAN++」という形で項目ごとに議論
②物品貿易，サービス，投資の3分野での自由化のあり方を検討するための作業部会を創設
③ASEANから議長を選出するなど，ASEAN中心性を最大限に尊重

（資料）　経済産業省。

日中共同提案は，「運転席に座る（＝東アジア経済統合を主導）」というASEANの意識を刺激した。共同提案に対して当初，ASEANは態度を明確にせず，煮え切らなかった。しかし，TPP交渉の進展によって状況が一変し，日中韓FTA締結に向けた動きに警戒，東アジア経済統合化の運転席を日中韓に奪われるのではないか懸念が生まれた。さらに，TPP交渉に参加する国と参加しない国とにASEANが二分され，これがASEANの分裂につながりかねない恐れが出てきた。

ASEANの求心力を維持するために，ASEANを中心とする広域FTAの実現に向けた動きを加速する必要性が生じてきたわけで，その重い腰を上げざるを得ない状況に追い込まれた。

3. 東アジアサミットの合意：同床異夢

日中共同提案を受けて，ASEANは2011年11月のASEAN首脳会議で，RCEP（Regional Comprehensive Economic Partnership，域内包括的経済連携）について合意した。RCEPは，日中共同提案を踏まえつつ東アジア経済統合のあり方の一般原則を定めたものである。参加・不参加は域外国の自由，+3か+6かの枠組みに縛られない。TPPのような包括的なEPAではなく，3分野の自由化を優先した低レベルのFTAである。ASEANは，6カ国との「ASEAN+1」FTAの一本化を目指すことで，ASEAN主導を狙っている。

米国主導でTPPが進むのを警戒する中国の本音としては，ASEAN+3を軸に米国を外した「非TPP」の枠組みづくりを急ぎたいところだ。中国が貿易面で競合するインドも入るASEAN+6の枠組みには消極的である。

それでも，中国は今回の一連の会議で，ASEANの中心性を十分に尊重し，ASEANが目指すASEAN+6に柔軟な姿勢をみせた。米国が安全保障と経済の両面でアジア太平洋地域への関与を強めるなか，米国に対抗するにはASEANを自陣営につなぎ留めておくことが欠かせないからだ。

2011年11月，インドネシア・バリ島で開かれたASEAN+3首脳会議と東アジアサミットでは，RCEPをベースに，東アジア経済統合の枠組みづくりをめざして政府交渉が開始される見通しとなった。しかし，ASEANと日中韓は同床異夢，ASEAN++FTAの交渉はまだまだ紆余曲折がありそうだ。

4. ASEAN+8：期待と反発

東アジアの連携には複数のフレームワーク（ASEAN+3，ASEAN+6，ASEAN+8）が併存・重複している。いずれも東アジアの連携と地域統合の促進を目的としたもので，択一的とみていない。ASEAN+3とASEAN+6は東アジアの経済連携推進の枠組み，ASEAN+8は東アジアの安全保障問題への取り組みの枠組みとして，ASEAN は差別化している。

今回から東アジアサミットに米国とロシアが参加したのは，成長センターであるアジアとの関係強化を望む両国と，中国を牽制することでアジアのパワーバランスを平衡させようとする ASEAN の思惑が一致したからである。

東アジアサミットにオバマ米大統領が参加したことの意義と影響は大きい。米中によるアジアをめぐる覇権争いが本格化したことを意味するからだ。米国にとって東アジアサミットへの参加は，アジア回帰戦略の 1 つの重要な要素である。米国は東アジアサミットを通じて新たな盟友をつくり，これにより中国を牽制しようとしている。ASEAN が米国のアジア回帰を歓迎するのは，中国の勢力が急激に強まりつつある現状を踏まえたもので，中国のプレゼンス拡大が ASEAN など周辺国の不安を招いているからだ。

ベトナム，フィリピンなど ASEAN の一部の国は，南シナ海の領有権をめぐって中国と対立している。ASEAN は一連の会合で，東アジアサミット初参加の米国を後ろ盾に虎の威を借りながら，海洋安全保障の分野で中国に圧力をかけた。中国と均衡を保つ目的で，米国を東アジアサミットに引き込んだ効果は，ASEAN の期待を超えていた。

東アジアサミットでは，参加 18 カ国のうち中国から多額の援助を受けるカンボジアとミャンマーの 2 カ国を除き，他の国は海洋安全保障問題に言及。サミットの場で南シナ海の領有権問題を取り上げることを拒んでいた中国は，同問題で中国への圧力を強める米国に反発，中国と領有権を争う国との直接協議で問題を解決すべきだと主張した[12)]。

しかし，米国は，南シナ海の領有権をめぐる中国と ASEAN 諸国の紛争にも介入する姿勢だ。ASEAN 諸国は経済面では対中依存度が高まっているが，安保面では米国の役割を期待している。このため，米中の対立は益々強まっている。

第 5 節　米中の角逐と日本の役割

最後に，TPP と東アジア経済統合をめぐる米中の角逐が激しくなる中で，日本はどのように対応すべきかを考えてみたい。日本のとるべき新たなアジア太平洋戦略の基本的な方向性は，次の4つである。

1. 横浜ビジョンの理念に立ち戻れ

日本は，議長国としてまとめたAPEC「横浜ビジョン」を日本の新たな戦略の原点とすべきである。TPPのみがFTAAPへの道筋ではない。ASEAN++FTAもFTAAPを実現する手段の1つである。TPPと東アジア経済統合の動きが，最終的にはFTAAPに向かって1つの大きな流れに合流するというシナリオの実現を目指すべきではないか。

日本は，アジア太平洋地域において重層的な経済連携を展開すればよい。TPPに参加する一方で，日中韓FTAやASEAN++FTAにおいても主導的な役割を担うべきである。東アジア経済統合で中国が主導権を握れば，低いレベルの自由化にとどまる恐れがある。TPPをテコに，ASEAN++FTAを徐々に高いレベルに引き上げていくためには，日本のイニシアティブが必要である。

2. TPPとASEAN++FTAの融合

TPP交渉の進展に伴い，アジア太平洋地域における米中の覇権争いが激しさを増している。2011年11月のAPECハワイ会合から東アジアサミットに至る一連の会議は，米中のつばぜり合いの場となった。

米中の角逐によるアジア太平洋の分断を回避しなければならない[13)]。TPPに参加し対米重視路線を維持するか，それとも東アジア経済統合の実現を優先し中国と友好的関係を築くか，の二者択一は間違いだ。日本は地政学的に米中の間に位置している。日本が結節点になり，TPPと東アジア経済統合を融合させることが，日本の役割である。TPPと東アジア経済統合が融合すれば，アジア太平洋地域に新たな成長力が生まれる。日本に求められているのは，米中の覇権争いを防ぎ，アジア太平洋地域における新たな通商秩序の構築に向けてイニシアティブを発揮することである。

TPPと東アジアの結節点として日本が果たすべき役割は重要だ。米中の狭間で埋没しかねない日本の存在感をアジア太平洋地域で高める好機である。

3. つなぎ役にAPECを活用

米中の角逐が激しさを増すなか，アジア太平洋地域にそれぞれが主導する形で2つの経済圏ができるとしても，最終的には米中両国を含む1つの経済圏に収斂させなければならない。APEC「横浜ビジョン」に沿って，TPPの拡大と並行して，ASEAN++FTAも，最終的にFTAAPにつなげていくように，米中の間で日本が調整役を果たすべきだ。

TPPと東アジア経済統合のつなぎ役として，米中がともに参加するAPECを活用するのが最も現実的であろう。具体的には，非拘束原則を残したAPECにおける新自由化プロセスを媒介にしてそれを実現する。東アジアのAPEC加盟国における自由化のレベルを向上させ，TPPのレベルに近づけることによって，FTAAPへの収斂を容易にすることを目指すべきだ。

TPP，ASEAN++FTAと並んで，APEC自体もFTAAPを推進しなければならない。「TPPとASEAN++はアジア太平洋を上から引っ張るが，APECはそれを下から押し上げる」（山澤，2012）。そうした方向に今後APECが向かうよう，APECの場においても日本の強いイニシアティブが求められる。

4. FTA戦略の足かせを外せ

これまで日本のFTA交渉では，できるだけ多くの農産物を自由化の例外品目にすることを，交渉の最重要課題としてきた。その結果，日本のFTAの自由化率（10年以内に関税撤廃を行う品目が全品目に占める割合）は，品目ベースで大半が90%以下にとどまっており，他の主要国と比べて著しく見劣りがする。

しかし，自由化率が低いままでのFTA交渉はもはや限界に達している。農産物の例外を認めない国・地域とのFTA交渉に踏み込まねばならないからだ。日本は高いレベルの包括的なFTAを締結するために，農産物の自由化を避けるわけにはいかなくなっている。

今後，日本が新たなアジア太平洋戦略を積極果敢に展開しようとするならば，日本のFTA戦略の大きな足かせになってきた農業問題に終止符を打つことが，喫緊の課題だ。TPPはもちろんのこと，日中韓FTA，ASEAN++FTA，APECなどの場でも，日本が強い交渉力でもって主導性を十分発揮していくためには，農産物について大胆な対応を示すことが大前提となろう。

農業保護のあり方が問われねばならない。農産物を高い関税で守り続けても，日本農業は「ジリ貧」である。関税から所得補償への切り替えは，農産物の自由化と農業保護を両立させるための有効な手段である。農産物の自由化に向けて，思い切った農政の転換と農業再生の向けた構造改革が必要である[14)]。

結び

正念場を迎えた日本のFTA戦略。日本のTPP交渉参加のほか，日中韓FTA，ASEAN++のFTA（RCEP）の交渉開始が目下焦眉の課題である。昨年11月，日本政府が「TPP交渉参加に向けて関係国との協議に入る」と表明したとき，経済連携交渉の流れは日本に有利に働くかに見えた。米国主導のTPP交渉に日本が参加すると見て，中国は日本との経済連携を急いだからである。しかし，国内調整の遅れからTPP交渉の事前協議が進まず，TPP交渉参加のメドは立っていない。一方，今年6月にメキシコとカナダのTPP交渉参加が決まり，日本だけが置き去りにされる格好になった。憂慮すべき事態である。

この日本の足踏みが，日本のFTA戦略のシナリオを大きく狂わせ始めている。日中韓FTAについては今年5月の3国首脳会談で年内の交渉開始を合意したものの，余裕を取り戻した中国は中韓FTAの交渉を先行させるなど，交渉の先行きには不透明感が漂う。昨年8月の日中共同提案をきっかけにASEAN主導の形で動き始めたRCEPも，各国の思惑のずれから今後の展開については決して楽観視できない。

TPPの浮上で再び注目が集まっているAPECでは，昨年のハワイ会合で米中の角逐が表面化した。TPPと東アジア経済統合をめぐる米中対立が懸念されるなか，FTAAPの実現を視野に入れつつアジア太平洋地域の新たな貿易・投資ルールの確立に向けて，APECにおいて日本の果たすべき役割は重要だ。しかし，このままでは日本の主導性も不発に終わりその存在感を示せず，米中の狭間で日本は埋没しかねない。

日本の FTA 戦略の積極的な展開が，日本経済の成長にとって不可欠であることは言うまでもない。そのために，FTA 戦略の足かせとなっている農業問題も先送りせず，早急に農業再生に向けた農政改革に道筋を付けるべきだ。日本の FTA 戦略を立て直し，後れを挽回しなければ，世界の経済連携の動きから日本だけが取り残され，日本の通商利益は大きく損なわれてしまう。

(馬田　啓一)

注

＊本章は，馬田（2012）を一部加筆修正したものである。

1）　米国以外の国内手続きについては，豪州，チリ，ペルー，マレーシアの場合，閣議での決定あるいは了解等が必要であるが，シンガポールは基本的に貿易産業省の判断事項，ブルネイ，ベトナム，NZ は特段の手続きは不要となっている。経済産業省（2011）。

2）　米国は，BSE（牛海綿状脳症）を理由に日本が米国産牛肉にかけている輸入制限の撤廃を迫っている。日本は月齢制限の緩和で対応する考えだ。保険については，日本郵政グループのかんぽ生命保険の業務拡大に反発している。米保険会社のシェアが高いがん保険への参入を当面見送る方針だ。自動車については，米自動車業界が日本の TPP 参加に反対しているため，協議が最も難航している。不明確な非関税障壁への批判も多いが，水面下で妥協点を探っている。

3）　中国はアジア太平洋諸国への貿易投資拡大を背景にして，台湾問題や南シナ海の領有権問題など中国の「核心的利益」に関して中国の主張への同調を要求する覇権外交を展開している。

4）　米国の TPP 戦略の背景と課題については，馬田（2011b）を参照。

5）　TPP 大枠合意の含意については，石川（2012）を参照。

6）　イノベーション政策の共通原則が策定された背景の一つとして，中国の「自主創新」政策が挙げられる。「自主創新」政策とは，自国の技術を育成するため，中国で開発された IT 関連の製品を政府調達で優遇するという政策だ。外国製品が中国市場から締め出されかねないと，外資企業から懸念の声が上がっている。

7）　G2 論については，佐々木（2010）を参照。

8）　日本政府は，日中韓の投資協定を FTA に先行して成立させるべきだと主張した。中国の投資環境悪化が，対中投資の妨げとなっているからだ。自由な直接投資は，FTA の経済効果を発揮するための前提条件といえる。2012 年 3 月に投資協定で実質合意した。

9）　共同研究報告書の内容については，経済産業省（2012b）を参照。

10）　韓国は主要な貿易相手国のうち米国，EU とは FTA 締結済みで，残るは中国のみ。広域 FTA よりも二国間 FTA を優先し，韓国をハブとする FTA 網の構築を狙っている。

11）　2 構想をめぐる日中の確執については，馬田（2008）を参照。

12）『日本経済新聞』2011 年 11 月 20 日付。

13）　米中の覇権争いによって「太平洋が二分される」リスクと APEC の存在意義について，F. バーグステンが早くから指摘している。Bargsten (2005).

14）　FTA 戦略と農業問題については，馬田（2011c）を参照。

参考文献

阿部一知・浦田秀次郎・NIRA 編（2008）『日中韓 FTA』日本経済評論社。

石川幸一（2012）「TPP大枠合意とその含意」国際貿易投資研究所『フラッシュ』No. 152（http//www.iti.or.jp/flash152.htm）。

馬田啓一（2008）「東アジアの地域主義と日本のFTA戦略」馬田啓一・木村福成編著『検証・東アジアの地域主義と日本』文眞堂。

馬田啓一（2011a）「通商戦略の潮流と日本の選択」国際貿易投資研究所『フラッシュ』No. 141（http//www.iti.or.jp/flash141.htm）。

馬田啓一（2011b）「米国のTPP戦略と日本の対応」国際貿易投資研究所『季刊国際貿易と投資』No. 85（http//www.iti.or.jp/kikan85/85umada.pdf）。

馬田啓一（2011c）「日本の新通商戦略と農業問題：TPPへの視点」国際貿易投資研究所『季刊国際貿易と投資』No. 86（http//www.iti.or.jp/kikan86/86umada.pdf）。

馬田啓一（2012）「TPPと東アジア経済統合：米中の角逐と日本の役割」国際貿易投資研究所『季刊国際貿易と投資』No. 87（http//www.iti.or.jp/kikan87/87umada.pdf）。

浦田秀次郎（2012）「TPPと日本経済の再生」馬田啓一・浦田秀次郎・木村福成編著『日本のTPP戦略：課題と展望』文眞堂。

木村福成（2011）「東アジアの成長と日本のグローバル戦略」馬田啓一・浦田秀次郎・木村福成編著『日本通商政策論—自由貿易体制と日本の通商課題』文眞堂。

経済産業省（2011a）「東アジア経済統合に向けて」2011年12月（http://www.meti.go.jp/policy/trade_policy/east_asia/news/index.html）。

経済産業省（2011b）「日中韓FTA産官学共同研究報告書」2011年12月（http://www.meti.go.jp/press/2011/03/20120330027/）。

佐々木高成（2011）「米中経済関係の新たな構図：G2体制の可能性」青木健・馬田啓一編著『グローバル金融危機と世界経済の新秩序』日本評論社。

山澤逸平（2012）「APECの新自由化プロセスとFTAAP」山澤逸平・馬田啓一・国際貿易投資研究会編著『通商政策の潮流と日本』勁草書房。

APEC/LM (2010), *2010 Leaders' Declaration, The Yokohama Vision-Bogor and Beyond*, Nov. 2010.

APEC/MM (2011), *APEC Ministerial Meeting: Statement*, Nov. 2011, Honolulu.

Bargsten, C. F. (2005), "A New Foreign Economic Policy for the United States," in C. F. Bargsten, ed., *The United States and the World Economy: Foreign Economic Policy for the Next Decade*, Institute for International Economics, 2005.

Chairman's Statement of the 14 th ASEAN Plus Three Summit, Bali, Indonesia, 18 November 2011.

Chairman's Statement of the 6 th East Asia Summit, Bali, Indonesia, 19 November 2011.

United States Trade Representative (2011a), *2011 Trade Policy Agenda and 2010 Annual Report*, March, 2011.

United States Trade Representative (2011b), *Outline of the Trans-Pacific Partnership Agreement*, Fact Sheets, Nov. 2011.

第3章
新たな国際分業と広域FTAs

はじめに

1980年代以降，世界経済の中で，生産工程・タスクを単位とする新しい国際分業，「第2のアンバンドリング」が急速に重要度を増してきた。その中で東アジアは，製造業とりわけ機械産業の第2のアンバンドリングについて，世界でもっとも進んでいる地域となった。

新しい国際分業には新たな国際経済秩序が必要となる。そこでは，従来からの関税撤廃中心の政策規律から，より深い経済統合への転換が求められる。先進国同士が1つのスーパーステート形成を目指したヨーロッパ経済統合とは異なり，東アジアでは，先進国，新興国，発展途上国にまたがって展開される新しい国際分業のための新たな国際経済秩序の形成が試みられている。世界貿易機関（WTO）が国際通商政策の主導権を握れない中，自由貿易協定（FTAs），とりわけ広域をカバーするFTAsが，新たな国際経済秩序作りの主役となりつつある。

本章では，新しい国際分業を支える新たな国際経済秩序作りの試みとして広域FTAsをとらえ，その果たしうる役割を明らかにするとともに，現在急速に進行しつつあるアジア太平洋と東アジアにおける広域FTAs構築の持つ意味を論じていく。

第1節　求められる国際経済秩序

Baldwin（2011）は，国際分業形態の歴史的変遷と，そこで必要とされてきた国際経済秩序について，次のように論じている。

「第1のアンバンドリング」は19世紀末から始まったもので，生産と消費の国境を越えた分離，言い換えれば産業単位の国際分業を意味する。その技術的背景となったのは，蒸気船や鉄道など，国と国とを結ぶ安価な大量輸送手段の発達・普及である。それを契機に，基本的には一国の中で生産と消費が完結していた時代から，産業単位の国際分業を前提に国民生活の大きな部分が国際貿易に頼る時代へと変わっていった。そこでは，金銭的な意味で低い貿易費用の実現が必要となる。国際経済秩序の根幹に据えられたのは，関税等の国境における貿易障壁の削減・撤廃である。その後，1930年代の関税戦争の反省を踏まえ，第二次世界大戦後はGATTの下で多角的関税削減が進められた。

「第2のアンバンドリング」は，1980年代以降，次第に顕著となった。生産活動そのものの国境を越えた分離，生産工程・タスクを単位とする国際分業が行われるようになった。その技術的背景には，IT技術の爆発的発展とその普及があった。さらに，金銭的費用のみならず時間費用と信頼性を勘案したロジスティックス・リンクの確立も伴っていた。特に東アジアでは，製造業，とりわけ機械産業による第2のアンバンドリングが発達した。そこでは，発展段階格差に起因する立地の優位性の違いが動機となっていた。第2のアンバンドリングは，機械産業にとどまらず，他の製造業や農業・食品加工業，各種サービス産業にも拡張される可能性を秘めたものである。

第2のアンバンドリングのために求められる国際経済秩序においては，関税撤廃も引き続き重要だが，それだけでは不十分となる。特に，発展段階の異なる新興国・発展途上国側の広義の投資環境改善が重要になってくる。必要な投資環境とそのための政策モードを整理するには，フラグメンテーション理論の概念枠組みが有効である[1)]。第2のアンバンドリングを体現する生産ネットワークへの参加，あるいはそれを活性化のために必要となるのは，3種のコスト削減である。

(i) ネットワーク・セットアップ・コストの削減

(ii) サービス・リンク・コストの削減

(iii) 生産コストそのものの削減

これらの3種のコスト削減のうちどこにボトルネックが生じているのかを突き止めることにより，どのような政策手当てが必要なのかを特定できる。関税撤廃およびその他の国際通商政策上の政策規律を広範にカバーするハイレベルFTAsは，新たな国際経済秩序構築のための1つの重要な契機となりうる。しかし，いかにハイレベルであっても，FTAsだけでは不十分である。それらと開発アジェンダとを有機的に組み合わせる必要がある（第3-1表参照）。そこに，アジア太平洋と東アジアにおける動きを有効に組み合わせる必要性が生じてくる。

第3-1表　第2のアンバンドリング活性化のための政策

	ネットワーク・セットアップ・コストの軽減	サービス・リンク・コストの軽減	生産コストそのものの軽減
ハイレベルFTAs	・投資自由化 ・知財保護 ・競争政策	・関税撤廃 ・貿易円滑化 ・制度的連結性の向上	・生産支持型サービスの自由化 ・投資自由化
開発アジェンダ	・投資円滑化・投資促進	・物理的連結性の向上（ハード・ソフトのロジスティクス・インフラの整備を含む） ・経済活動における取引費用の軽減	・電力供給，経済特区等のインフラ・サービス向上 ・中小企業振興を通じての集積の利益の拡大 ・イノヴェーションの強化

第2節　FTAsの再評価

企業活動のグローバル化，生産ネットワークの発達，生産工程・タスク単位の国際分業（第2のアンバンドリング）の興隆は，それに対応する国際的政策ルール作りを喫緊の課題としている。しかしWTOは，すでに加盟各国がコミットしている部分を超えて政策モードの守備範囲を拡大することが極めて困難な状況に陥っている。必然的に，FTAsを中心とする地域主義が，新たな国際経済秩序作りの主役になってきている。FTAsは，差別主義という潜在的な危険を内包しながらも，柔軟でスピード感のある政策チャンネルとして，積極的に採用されるようになっている。そして今，二国間のFTAsネットワーキングを超えて，多数国間FTAsによる国際ルール間競争の段階に移りつつある。

地域主義，とりわけFTAsについては，従来，その差別主義が生み出す負の効果に対する批判が強かった。しかし，ここ数年の間に蓄積されてきた実証研究により，FTAsを国際通商政策の主要なチャンネルに据えることへの不安が，ほぼ払拭されるに至っている[2)]。

第1に，関税に関する差別待遇が生み出す貿易転換の負の効果は実証的にはごく小さく，むしろ貿易自由化が促進されることによる貿易創出の正の効果の方が大きいことが，多くの実証研究によって明らかになってきた。第2に，複数のFTAsが五月雨式に重複して締結されることによる貿易阻害効果は，スパゲティ・ボウル現象あるいはヌードル・ボウル現象と呼ばれる。これも，FTA特恵関税の利用を促すよう原産地規則の運用等を改善すれば，それほど深刻なものとはならないことがわかってきた。第3に，FTAsによる関税削減に続いてMFNベースの関税削減が起こる傾向があることが実証的に示され，地域主義の進行が多角主義の自由化を阻害する恐れはそれほどないとの見方が有力となった。

さらに，これらの議論は，まだまだ伝統的な関税撤廃の議論に拘泥しすぎている。第2のアンバンドリングに対応する政策モードは広い。関税をめぐる議論そのもののウェイトが下がっていることも重要な事実である。

地域主義の勃興によってWTOを中心とする多角主義がどうなっていくのかについては，さらに議論を深める必要がある。しかし，新しい国際分業は新たな国際経済秩序を求めており，そのためにFTAsはその守備範囲を関税撤廃のみならずさまざまな政策モードへと拡大してきた。当面，FTAsに軸足を置いて国際通商政策を展開していくことは，多くの国々によって共有される志向となっている。

FTAsは，差別されることへの恐怖をエネルギーに変えて，貿易自由化を推進する。実際にどのくらいの貿易転換が起きるのかについては厳密に検証する必要があるが，市場から閉め出されるというメッセージは，多くの場合，政治的に説得力を持つ。Baldwinの言うところのドミノ効果，ジャガーノート効果によって，政治経済学的に貿易自由化が加速される[3)]。

二国間FTAsと多数国間FTAsの違いは何か。二国間FTAsは，差別主義を利用して競争相手よりも有利な市場アクセスを得るために進められることもある。あるいは逆に，競争相手に遅れないように自由化プロセスを加速するインセンティブが生ずる。それらが自由貿易へと向かうドミノ効果の源泉となる。多数国間FTAs形成の論理も，やはり差別主義を利用してFTAsを推進する点では同じである。しかしそこに，国際ルール作りという1つの名分が加わる。特に，理想を共有するのであれば後で参加することも可とするのであれば，それは大義名分となる。そして，それを推し進めていけば，多角化する地域主義（Multilateralizing regionalism）（Baldwin（2006））への道を切り開くことになるかも知れない。

このように，経済学的のみならず政治経済学的な観点からも，FTAsを積極的に用いていくことに対する心理的バリアは，明らかに低くなってきている。

第3節　環太平洋経済連携協定（TPP）で成し遂げうるもの[4)]

TPPは，高いレベルの自由化を志向し，また自らの通商アジェンダを強力に主張するアメリカを含むものであり，その交渉が困難を極めるであろうことは想像に難くない。その妥結可能性もそれほど高くはないかも知れない。しかしTPPは，もしかすると，相手を出し抜いて利益を得ようという差別主義を超えて，未来を切り開くイニシアティブとなる可能性もある。その延長線上では，APEC大のFTAであるFTAAPも夢物語ではないかも知れない。そのような直観が，各国のTPPへの戦略的な関わり方を規定している。

TPP交渉は，交渉参加でもたつく日本を待つことなく，着実に前進している。2010年3月に交渉を開始し，2010年中に4回，2011年に6回の全体交渉会合が開かれた。現在，前身のP4参加国であるブルネイ，チリ，ニュージーランド，シンガポールに加え，アメリカ，オーストラリア，ペルー，マレーシ

第3-2表　東アジアから

	日本	韓国	中国	ASEAN	ブルネイ	インドネシア	マレーシア	フィリピン	シンガポール	タイ	ベトナム
日本	＼	○	○	◎:2008-	◎:2008	◎:2008	◎:2006	◎:2008	◎:2002	◎:2007	◎:2009
韓国	○	＼	○	◎:2007-		△			◎:2006		△
中国	○	○	＼	◎:2005-					◎:2009		
ASEAN	◎:2008-	◎:2007-	◎:2005-	◎:1993-	(1992)	(1992)	(1992)	(1992)	(1992)	(1992)	(1995)
ブルネイ	◎:2008			(1992)	＼	(1992)	(1992)	(1992)	(1992)	(1992)	(1995)
インドネシア	◎:2008	△		(1992)	(1992)	＼	(1992)	(1992)	(1992)	(1992)	(1995)
マレーシア	◎:2006			(1992)	(1992)	(1992)	＼	(1992)	(1992)	(1992)	(1995)
フィリピン	◎:2008			(1992)	(1992)	(1992)	(1992)	＼	(1992)	(1992)	(1995)
シンガポール	◎:2002	◎:2006	◎:2009	(1992)	(1992)	(1992)	(1992)	(1992)	＼	(1992)	(1995)
タイ	◎:2007			(1992)	(1992)	(1992)	(1992)	(1992)	(1992)	＼	(1995)
ベトナム	◎:2009	△		(1995)	(1995)	(1995)	(1995)	(1995)	(1995)	(1995)	＼
CLM				(LM:1997/C:1999)	(LM:1997/C:1999)	(LM:1997/C:1999)	(LM:1997/C:1999)	(LM:1997/C:1999)	(LM:1997/C:1999)	(LM:1997/C:1999)	(LM:1997/C:1999)
インド	◎:2011	◎:2010	△	◎:2010-		△	◎		◎:2005	△	
オーストラリア	○	○	○	◎:2010-	○	○	◎		◎:2003	◎:2005	○
ニュージーランド		○	◎:2008	◎:2010-	◎:2006		◎:2010		◎:2001	◎:2005	○
アメリカ		◎:2012			○		○	△	◎:2004	○	○
カナダ	△	○							○		
メキシコ	◎:2005	○							○		
コロンビア		○									
ペルー	◎:2012	◎:2011	◎:2010		○		○		◎:2009	○	○
チリ	◎:2007	◎:2004	◎:2006		◎:2006		◎		◎:2006	△	○
EU		◎:2011				△	○		○		
EFTA		◎:2006				○			◎:2003	○	△
スイス	◎:2009		○								

（注）　◎：署名済みあるいは発効済み、○：交渉中あるいは交渉開始に合意、△：フィージビリティ・
FTA、中間色は2000年代前半に署名されたFTA、薄い色はそれ以降に署名されたFTAであ
国名の薄く色付けされている国はTPP交渉参加国・参加予定国。
（出所）　各国通商当局のホームページおよびJETRO資料。

見たFTA網形成の動き

(2012年6月現在)

CLM	インド	オーストラリア	ニュージーランド	アメリカ	カナダ	メキシコ	コロンビア	ペルー	チリ	EU	EFTA	スイス
	◎:2011	○			△	◎:2005		◎:2012	◎:2007			◎:2009
	◎:2010	○	○	◎:2012	○	○	○	◎:2011	◎:2004	◎:2011	◎:2006	
	△	○	◎:2008					◎:2010	◎:2006			○
(LM:1997/C:1999)	◎:2010-	◎:2010-	◎:2010-									
(LM:1997/C:1999)		○	◎:2006	○				○	◎:2006			
(LM:1997/C:1999)	△	○								△	○	
(LM:1997/C:1999)	◎	◎	◎:2010	○				○	◎	○		
(LM:1997/C:1999)				△								
(LM:1997/C:1999)	◎:2005	◎:2003	◎:2001	◎:2004	○	○		◎:2009	◎:2006	○	◎:2003	
(LM:1997/C:1999)	△	◎:2005	◎:2005	○				○	△		○	
(LM:1997/C:1999)		○	○	○				○	○		△	
		○	○		○				◎:2007	○	△	
	○		◎:1983	◎:2005				○	◎:2009			
	○	◎:1983		○				○	◎:2006			
		◎:2005	○		◎:1989	◎:1994	◎	◎:2009	◎:2004			△
	○			◎:1989		◎:1994	◎	◎:2009	◎:1997	○	◎:2009	
				◎:1994	◎:1994		◎:1995	○	◎:1999	◎:2000	◎:2001	
				◎	◎	◎:1995		◎:1969	◎:2009	○	◎:2011	
		○	○	◎:2009	◎:2009	○	◎:1969		◎:2009	○	◎:2011	
	◎:2007	◎:2009	◎:2006	◎:2004	◎:1997	◎:1999	◎:2009	◎:2009		◎:2003	◎:2004	
	○				○	◎:2000	○	○	◎:2003	◎:1958	◎:1994	◎:1973
	△				◎:2009	◎:2001	◎:2011	◎:2011	◎:2004	◎:1994	◎:1960	-1960
				△						◎:1973	-1960	

スタディあるいは準備会合。年はFTAが発効した年を示す。濃い色は1990年代以前に署名されたることを示す。

ア，ベトナムの計9カ国によって，交渉が進行中である（第3-2表参照）。さらに，カナダとメキシコの交渉参加が決まっている。

交渉は，以下の21分野にわたっている。

⑴物品市場アクセス，⑵原産地規則，⑶貿易円滑化，⑷SPS（衛生植物検疫），⑸TBT（貿易の技術的障害），⑹貿易救済（セーフガード等），⑺政府調達，⑻知的財産，⑼競争政策，⑽サービス：越境サービス，⑾サービス：商用関係者の移動，⑿サービス：金融サービス，⒀サービス：電気通信サービス，⒁電子商取引，⒂投資，⒃環境，⒄労働，⒅制度的事項，⒆紛争解決，⒇協力，(21)分野横断的事項。

2011年11月には一応の大枠合意に達した。外務省（2011）によれば，1）大きく前進している分野は，貿易円滑化，TBT，電気通信サービス，2）前進しているが活発な議論が継続している分野は，物品の貿易（原産地規則を含む），サービス貿易，政府調達，知的財産，投資，競争政策，労働など，3）その性質ゆえ進展していない分野が，貿易救済，制度的事項，紛争解決などである。2012年には，全分野を対象とする5回の会合が予定されている。

TPPの特徴の1つは，関税撤廃のカヴァレッジが高いことである。全ての物品をカバーする譲許表を作成し，センシティブ品目についても「除外」や「再協議」扱いは認めず，「長期間の段階的関税撤廃」というアプローチをとるべきとの考えを示す国が多い。しかし，自由化例外品目は若干残ることになる。ちなみに，アメリカは，すでにFTAsを締結している交渉参加国とは再交渉しない方針である。即時関税撤廃90～95%，その後2020年までに98%超の関税撤廃，といったあたりが相場観であろう。また，共通の原産地規則も作成することになっている。

日本が交渉に参加した場合の日本経済への影響については，通常のシミュレーション・モデルによる集計レベルの経済効果はそれほど大きくない。日本の実質GDPの上昇率はせいぜい十分の数パーセント程度である。先進国同士ではかなりの関税削減が進んでおり，すでに低い関税しか残っていないので，それを撤廃しても，大きな経済効果は生まれない。しかし，セクター・レベルでは，韓米FTAなどで後れを取った部分を手当てできる。交渉に参加している発展途上国については，マレーシア，ベトナムなどすでに日本がFTAsを締結している場合でも，相当の自由化除外品目が残存しているので，好影響を享受できるセクターもあるだろう。日本全体の社会的厚生向上ということであれば，農業部門の国境措置撤廃ももちろんプラスに働く。さらに，このレベルの関税撤廃とモノの貿易の自由化がアジア・太平洋のスタンダードになり，たとえば将来，中国がここまでの自由化を行うようになるならば，その経済効果ははるかに大きくなる。

その他の政策モードのカヴァレッジについてもTPPは野心的である。しかし，内容的に交渉の核となるアメリカについてみても，国内は決して一枚岩ではない。TPPに反対する業界団体もあるし，労働・環境NGOなども全く異なる考え方を持っている。大筋について言えば，日米が新興国・発展途上国に求めるビジネス環境整備の中身は，サービス，投資，政府調達，知的財産権など，それほど食い違ってはいない。日米の企業は，企業のグローバル展開を支える国際ルール作りにおいて，ほぼ共通の課題を抱えている。日本がすでにFTAsを結んでいる国についても，アメリカの強い交渉力によって，日本企業にも恩恵がもたらされる可能性が大である。

日本国内では，日本自身への要求を恐れる声が大きい。もちろんこれは交渉であるから，交渉のテーブルにさまざまな要求が突きつけられてくるのは当然である。特にアメリカは，全体戦略なしに業界の個別の要求を玉石混淆のまま投げつけてくる傾向が強い。それらを理不尽として撥ねつけたり，あるいは傾聴すべき助言として改革に着手する，そのようなメリハリのある主体的な交渉姿勢が重要である。自国に誇りを持つことは大事だが，外からの批判を一切聞かないという姿勢は，グローバル化が進む現在においては，とうてい受け入れられないだけでなく，自らを現状維持に固定化してしまう危険性を秘めている。

TPP反対派の指摘の多くは，根拠の乏しい杞憂である[5)]。たとえば，アメリカからの食料品輸入において衛生植物検疫（SPS）が使えなくなる，地方自治体の末端に至るまで政府調達の無差別原則が貫徹される，人の移動について非熟練労働者の受入が強制される，などの指摘は，ほとんど根拠のないものであろう。

自動車に関して言えば，単に日本市場においてアメリカ車のシェアが小さい，一定のシェアに達するよう輸入を増やせ，といった要求であれば，断固拒否すべきである。1980年代，90年代の自動車・半導体交渉の轍を踏んではならない。流通に問題がある，あるいはエコカー減税の設定が不公平，といった批判があるのであれば，そのような事実があるのかどうか，透明性を高める方策はあるかどうか検討し，しっかりと反論すべきである。

保険・医療については，一部の保険における民業圧迫や混合医療の是非などは，日本国内でも議論がある。アメリカの主張にも聞くべきものがあるかも知れない。現状維持，既得権益の保護ばかりが前面に出た交渉にするのではなく，国内でも改革の必要性についてきちんとした議論をすべきである。

投資家対国の紛争解決（investor state dispute settlement: ISDS）については，条件付きで規定される公算大である。日本も，アメリカ企業等による提訴を恐れるだけでなく，むしろこの制度を新興国・発展途上国で活用することを視野に入れながら，落としどころを検討すべきだろう。

TPPでも「TPP参加国間の生産とサプライチェーンの発展を促進」するとしているが，そのスコープはやや狭いかも知れない。サプライチェーンという言葉でアメリカ人がイメージするのは，たとえばFedExの流通網や，ASEANとの協力で進めているsingle windowなどであろう。おそらく，日本人等が考えている製造業のジャスト＝イン＝タイム的なリンクという発想は薄い。したがって，TPPの中で手当てされるものも，通関手続や関連サービスの自由化等に限られている。少なくとも，制度的連結性（institutional connectivity）と物理的連結性（physical connectivity）の相互作用を明示的に組み込んでいこうとの志向はない。TPPだけでは，開発アジェンダとして挙がってくるもののごく一部しかカバーされないことは，ほぼ確実だろう。

第4節　東アジア経済統合に求められるもの

東アジアの経済統合においては，経済開発の視点が常に重要となる。

ASEANは，2015年を目標にASEAN経済共同体（ASEAN Economic Community）を構築することとなっており，現在，AEC Blueprintに従い，経済統合が進行中である。ここまでの進捗については現在，ERIAが中間レヴューを行っている。さらにASEANは，6つのダイアローグ・パートナー（日中韓，オーストラリア，ニュージーランド，インド）とASEAN+1 FTAsを締結し，FTAs網のハブとなっている。

ASEANにおいては，開発格差是正が1つの大きなテーマとなっている。開発格差には，地理上の格差，産業・企業についての格差，社会的格差の3つの次元が存在する。それらへのアプローチとして，コネクティヴィティ（連結性）の向上が打ち出されている（ASEAN Secretariat (2010)）。これは，フラグメンテーション理論におけるサービス・リンク・コストの軽減を具現化したもので，制度的コネクティヴィティと物理的コネクティヴィティ双方の向上，言い換えれば貿易円滑化とインフラ整備の向上を目指している。生産ネットワークを遅れた国・地域にも行き渡らせることにより，開発格差の是正を試みている。

さらに，中進国並みの所得水準に達した国・地域については，「中進国の罠」に陥らずに先進国への階段を着実に上っていくために，産業集積の効率化，中小企業振興，イノヴェーションの活性化，都市アメニティの構築，社会的保護のための体制整備などが焦点となっている[6)]。

ASEANの経済統合は，EUのように「1つの市場（single market）」となることよりも，「1つの生産基盤（single production base）」の構築を優先している。生産のフラグメンテーションと集積の利益のメカニズムを有効に用いることにより，より深い経済統合と開発格差是正の同時追求をめざす。そこでは，通商政策であるFTAsと開発アジェンダを適切に組み合わせていくことが企図される。

ASEANの各国内では，このところ，非関税障壁撤廃やサービス・投資の自由化をめぐり，ややブレーキを踏む動きがある。外向きの拡張は横に置いて，ASEAN内の経済統合に集中したいと考えている国もある。しかし，TPP交渉に刺激された中国は，東アジアにおける経済統合の動きを加速している。中韓FTAは，2012年5月に交渉を開始した。日中韓FTAも，2012年内の交渉開始に合意している。ASEANが東アジア経済統合における主導権（ASEAN centrality）を維持するためには，積極的なイニシアティブを打ち出す必要が生じてきている。

ASEANは現在，東アジア広域FTA（ASEAN++ FTAあるいはRCEPと呼ばれる）のための交渉テンプレートを作成中であり，それを受け入れるダイアローグ・パートナーと交渉に入る心積もりでいる。つまり，以前から中韓と日本との間で議論のあるASEAN+3が先かASEAN+6を並行させるかについては，ASEANが判断するのではなく，テンプレート受容により決定するという方式を採用する。そして，2012年11月のASEAN首脳会議，東アジアサミットの折りに，交渉入りを宣言したいと考えている。

交渉テンプレートの詳細はまだ公開されていないが，その内容は既存のASEAN+1 FTAsをたたき台とするものになるだろう[7)]。しかし，TPPと比べてひどく見劣りのしないものにしなければならない。関税撤廃については，品目分類ベースで95%あたりが1つの焦点となろう。原産地規則については，大半の品目につき，付加価値基準と関税品目変更基準のどちらかを満たせばよいというco-equal systemを採用し，原産地証明取得手続や累積ルールについてもある程度の調和・収束を試みるであろう。サービス，投資の自由化についてはやや及び腰であるが，中＝ASEAN，韓＝ASEANよりは高いレベル，ASEAN内のコミットメントと同じくらいのレベルの自由化を志向するものと思われる。さらに，その他の広範な政策モードも含むものになる可能性が大である。

中韓FTAは，これとはかなり異なる枠組みで交渉が行われてしまうことも考えられるが，日中韓FTAやASEAN++ FTAを視野に入れて交渉するようになるのであれば，ASEANの交渉テンプレートが一定の影響を与える可能性もある。

東アジアは，まさに製造業における第2のアンバンドリングが発達している地域である。その中で，ASEANと日本は，国際通商政策と開発アジェンダとを適宜組み合わせながら，新たな国際経済秩序を構築しようとしている。そこでの問題意識は明確である。しかし一方で，新興国・発展途上国側における急速な貿易自由化に対する懸念から，どの程度のハイレベルのFTAを構築できるかについては，不確定要素が存在する。

第5節　日本の通商戦略

農業保護は，日本の経済外交の大きな足かせとなっている。特に，農業についての広範な国境措置・価格支持の存在は，FTAs 戦略の展開を妨げる最大の要因となっている。日本は，農業保護に偏重した国際通商政策から脱却しなければならない。衰退産業の保護は，先進国ではよく見られる現象である。しかし，それがゆえに全体戦略が大きく歪められた状態が長期にわたって続いているのは，異常な事態である。TPP への交渉参加は，農業保護に偏重した国際通商政策から脱却する好機である。

OECD の生産者支持推計（PSE）すなわち直接・間接の補助金が農家収入に占める割合でみると，日本の農業保護の水準はほぼ 50%に達している（OECD (2010)）。これは，OECD 平均のほぼ2倍の保護水準である。しかも問題なのは，その大半が国境措置・価格支持という形の保護となっていることである。欧米諸国は，国境措置・価格支持の撤廃と各種国内補助金への切り替えを 1980 年代までにほぼ終了している。日本はウルグアイ・ラウンド交渉においても国境措置・価格支持に固執した。その結果，四半世紀前に片付けておくべき宿題を積み残すことになり，これが地域主義の時代の大きな足かせになっている。WTO 農業交渉では，国境措置・価格支持のみならず，各種国内補助金や輸出補助金など，農業保護に関する広範な政策が対象となる。それに対し FTAs では，もっぱら関税その他の貿易政策が問題となる。農業に関する国内補助金等が交渉対象となることはまずない。そして，FTAs へのコミットメントの度合いを測るものとして，関税撤廃のカヴァレッジが問題とされる。

これまで日本が締結してきた FTAs における日本の関税撤廃水準は，もっとも細かい品目分類である HS9 桁ベースの品目数でカウントすると，それぞれの FTA 完成時で 85%程度にしか達していない。貿易障壁が残っているものの大半は農産品・食料品である。国際的に共通化された品目分類である HS6 桁ベースでカウントすれば 90%を超える場合もあるが，いずれにせよ低い。先に述べたように，TPP で要求される関税撤廃比率は 98%程度にはなりそうである。若干の自由化例外品目の設定は許されるにしても，農業部門の関税および非関税措置のほとんどを撤廃することが求められる。すでに数%の低関税となっているものについては即時撤廃，高い保護に守られていて政治的にも保護を継続せざるを得ないものについても国内補助金への段階的切り替えが必要である。それを断行する決意を表明してはじめて，日本はTPP交渉に参加できる。

東アジアでも95%程度の関税撤廃は必要となってくるので，逃げ道はない。これを変えるには言うまでもなく大きな政治決断が必要だが，どのように農業改革を進めていくべきかについてはすでに多くの議論がなされてきている[8)]。そして，これができると，FTAs交渉における日本の立ち位置は大きく変わってくる。

日本のTPP交渉参加は，新たな国際経済秩序構築の場としてのTPPの価値を大いに高める。新聞報道によれば，2011年11月に野田首相が日本のTPP交渉参加を検討すると発言したのを受け，カナダとメキシコが参加希望を表明し（2012年6月，交渉参加が決定），パプアニューギニアや，APEC参加国ではないがコロンビアも，参加を検討すると発言した。そうなってくれば当然，フィリピン，タイ，韓国なども，交渉参加を検討するであろう。一気にアジア・太平洋の主要国が顔をそろえる場となっていく可能性が出てくる。そうなると，いよいよTPPが次世代の通商ルールの原型を示すモデルとなるとのシナリオの実現可能性が高まる。

一方，中国は，多くの国内改革を求められるTPPにはすぐに参加できない。したがって，TPPを中国包囲網と認識して，中韓，日中韓，ASEAN++ FTAsの早期交渉入りを目指している。過去数年の南シナ海や尖閣列島における中国の軍事活動は，それまでの善隣外交に大きな後退をもたらした。2011年初頭以降，TPPに対する危機感を公言しながら，中国が周辺国との関係改善に踏み出したことは，近隣諸国としても歓迎すべきである。FTAs交渉の進展は，このところ富国強兵を露わにする中国国内政治にあって，外交部や改革派知識人など善隣外交を志向する勢力を助けることになる。

FTAsの内容面についてみると，中国には国内改革を強制されるようなレベルの高い協定を作ろうとするインセンティブはない。中国にとっては，むしろレベルは下げても，TPPに後れを取らぬよう早期に妥結に至ることの方が重要である。韓国が中韓FTA交渉で，韓米FTAや韓EU FTAのようなハイレベルのものを志向してくれるとよいが，対中農業保護の問題も抱えており，中国に対して強い交渉姿勢を示すのは難しいとの見方が強い。そうなると，日本が農業保護の呪縛を振り解いて，東アジアの経済統合のレベルを上げ，さらに開発アジェンダとの連携を確保していく，それができるかどうかが，極めて重要となってくる。

アジア・太平洋と東アジアの経済統合，力強く前に進んでいけば，FTAAPも夢ではない。またそれは，新しい国際経済秩序の原型となっていくであろう。EU等の域外国からの働きかけも本格化するはずである。日本は，主体的に経済外交を展開し，さらに新しい国際分業を支える新たな国際経済秩序構築という責務を果たさねばならない。

（木村　福成）

注

1）フラグメンテーション理論については，Jones and Kierzkowski（1990），Kimura and Ando（2005），木村（2012）などを参照されたい。
2）以下の実証的証拠に関する文献については木村（2012）参照。
3）ここで言うドミノ効果とは，他国がFTAネットワーキングを積極的に展開している際，その動きに立ち後れることによる貿易転換に恐れを抱き，みずからもFTAネットワーキング競争に参入していくことを指す。ジャガーノート効果とは，FTAs交渉の中で，自由貿易を志向する輸出産業が保護貿易を望む輸入産業を説得して自由貿易を推進し，またその中で次第に自由貿易を志向する利益集団の政治的力が増し，さらに自由貿易が志向されることを指す。
4）馬田・浦田・木村（2012）は，14名の研究者によるさまざまな角度からのTPPについての分析を収録している。
5）詳しくは石川（2012）や菅原（2012），さらには渡邊（2011），山下（2012）を参照されたい。
6）これらについては，ERIA（2010）およびERIA（2011）参照。
7）ASEAN+1 FTAsの自由化度の評価と比較については，ERIAが詳細なテキスト分析を行っている。その成果の一部は，関税撤廃についてはFukunaga and Kuno（2012），サービス貿易自由化についてはIshido and Fukunaga（2012）の形で公表されている。
8）たとえば，食料安全保障に関する研究会（2010），「強い農業」をつくるための政策研究会（2011），山下一仁（2011）参照。

参考文献

石川幸一（2012）「環太平洋経済連携協定（TPP）交渉の論点」馬田啓一・浦田秀次郎・木村福成編（2012）『日本のTPP戦略：課題と展望』文眞堂，38-54ページ。
馬田啓一・浦田秀次郎・木村福成編（2012）『日本のTPP戦略：課題と展望』文眞堂。

外務省（2011）『TPP 協定交渉の概括的現状』平成 23 年 12 月（http://www.mofa.go.jp/mofaj/gaiko/tpp/index.html）。

木村福成（2012）「21 世紀型地域主義の萌芽」『国民経済雑誌』第 205 巻，第 1 号，1-15 ページ。

食料安全保障に関する研究会（2010）『我が国の「食料安全保障」への新たな視座』9 月 10 日（http://www.mofa.go.jp/mofaj/gaiko/food_security/report1009.html）。

菅原淳一（2012）「日本の TPP 交渉参加を巡る論争」馬田啓一・浦田秀次郎・木村福成編（2012）『日本の TPP 戦略：課題と展望』文眞堂，134-149 ページ。

「強い農業」をつくるための政策研究会（2011）『「強い農業」をつくるための政策提言』財団法人国際経済交流財団，5 月 25 日（http://www.jef.or.jp/jp/index.asp）。

山下一仁（2011）『TPP 研究会報告書』キヤノングローバル戦略研究所（http://www.canon-igs.org/research_papers/macroeconomics/20110823_994.html）。

山下一仁（2012）『TPP おばけ騒動と黒幕：開国の恐怖を煽った農協の遠謀』株式会社オークラ出版。

渡邊頼純（2011）『TPP 参加という決断』ウェッジ。

ASEAN Secretariat. (2010), *Master Plan on ASEAN Connectivity*, December, Jakarta: The ASEAN Secretariat. (http://www.aseansec.org)

Baldwin, R. E. (2006), "Multilateralising Regionalism: Spaghetti Bowls as Building Blocs on the Path to Global Free Trade," *The World Economy*, 29, No. 11 (November): pp. 1451-1518.

Baldwin, R. E. (2011), "21st Century Regionalism: Filling the Gap between 21st Century Trade and 20th Century Trade Rules," *Centre for Economic Policy Research Policy Insight*, No. 56 (May). (http://www.cepr.org/pubs/PolicyInsights/CEPR_Policy_Insight_056.asp)

Economic Research Institute for ASEAN and East Asia (ERIA) (2010), *Comprehensive Asia Development Plan*, Jakarta: ERIA. (http://www.eria.org)

Economic Research Institute for ASEAN and East Asia (ERIA) (2011), The Jakarta Framework, Jakarta: ERIA.

Fukunaga, Y. and Kuno, A. (2012), "Toward a Consolidated Preferetial Tariff Structure in East Asia: Going beyond ASEAN+1 FTAs," *ERIA Policy Brief*, No. 2012-03 (May). (http://www.eria.org/publications/policy_briefs/index.html)

Ishido, H. and Fukunaga, Y. (2012), "Liberalization of Trade in Services: Toward a Harmonized ASEAN++ FTA," *ERIA Policy Brief*, No. 2012-02 (March). (http://www.eria.org/publications/policy_briefs/index.html)

Jones, R. W. and Kierzkowski, H. (1990), "The Role of Services in Production and International Trade: A Theoretical Framework," In Ronald W. Jones and Anne O. Krueger, eds., *The Political Economy of International Trade: Essays in Honor of Robert E. Baldwin*, Oxford: Basil Blackwell: pp. 31-48.

Kimura, F. and Ando, M. (2005), "Two-dimensional Fragmentation in East Asia: Conceptual Framework and Empirics," *International Review of Economics and Finance* (special issue on *"Outsourcing and Fragmentation: Blessing or Threat,"* edited by H Kierzkowski), 14, Issue 3: pp. 317-348.

Organization for Economic Co-operation and Development (OECD) (2010), *Agricultural Policies in OECD Countries 2010: At a Glance*, Paris: OECD.

第Ⅱ部

貿易と直接投資

第 4 章
日本の貿易構造の多角化と東アジアの中間財供給

はじめに

企業による企業内取引やオフショアリングにより越境した経済活動が加速している近年において，諸国間での相互依存関係はますます強くなってきている。1990 年代以降より，企業の海外進出はこれまで以上に活発に行われ，そのような企業の経済活動が国際分業パターンに大きな影響を及ぼすこととなった。その背景には，国際的な経済活動を行う際に生じるコストである取引コストが著しく低下したことがあり，それが企業の越境した経済活動や経済連携をより一層促進させてきた。貿易パターンおよびその要因分析は長年に亘り行われてきており，より効率的な生産や貿易の達成，そして，そのための政策提言に関する多くの議論が交わされてきた。しかしながら，これまでの分析フレームワークからでは現代の複雑な国際分業を説明することは困難であることが近年特に注目され，1 国の貿易構造を考察するにあたり，企業間貿易（アウトソーシング）や企業内貿易（多国籍企業）などという企業の境界の問題と，国境をまたぐことにより大きく変化する貿易コストの問題などを組み合わせた分析が行われてきている。

日本と東アジア諸国間においても上述したような経済連携は加速しており，国際分業の 1 つの形である工程間分業が東アジアにおいて定着した。本章では東アジアで定着した工程間分業の特徴を主に 3 つの分析観点から明らかにする。1 つ目の観点は垂直連結の進展と中間財貿易である。工程間分業を行う企業は生産工程を技術・資本集約的な工程あるいは労働集約的な工程などと複数の工程に分解し，各国の比較優位に沿ってそれらをグローバルに立地分散させてきた。このような企業の海外直接投資と中間財の生産・貿易をより円滑に行うことが，東アジア地域における製品内分業を拡大させてきた大きな要因である。この経済現象を観察するにあたり，垂直的産業内貿易が日本と東アジア諸国間でどの程度進展してきたのかを第1節において確認する。その際に，ハイテク産業に分析の焦点をおき，技術集約度や資本集約度から考えると水平的分業構造と考えられるハイテク産業においても，工程間分業が進んでいることを確認する。

2つ目の観点は，工程間分業の進展に伴う貿易の拡大がどのような貿易構造の要素から促進されてきたのかを確認する。最終財の双方向貿易とは異なり，工程間分業は中間財の双方向貿易のシェアを相対的に大きくさせる。つまり，生産工程の一部が越境して設立されるにつれ，それら生産工程間において，新規に国際取引される中間財が増加することが貿易の拡大を導いてきた。東アジア地域での部品や加工品といった中間財の貿易が拡大してきたことは多くの研究で論じられてきている。しかし，そこでの議論の多くは，全貿易額に対する中間財あるいは最終財の貿易額の変化，という視点から貿易の拡大が分析されている。それらの研究では，既存の財が新しい市場で新規に取引されるケースや，新しい財が新たに貿易されるケースが貿易を拡大させる経済現象を十分に捉えきれてはいない。第2節では，貿易の増加が，既存の財の貿易が増加したことに起因するのか（intensive margin），あるいは，新しく国際取引される財の貿易が増加したことに起因するのか（extensive margin）という点から工程間分業を考察する。

工程間分業を促進させている3つ目の要因として産業集積という観点があげられる。中国やASEAN諸国等は積極的に海外企業を国内に誘致し，生産・輸出拠点としての産業集積を形成してきた。企業の対外直接投資については，これまでに多くの研究成果があげられており，企業は様々な投資目的をもち対外直接投資を実行していることが明らかになっている。例えば，伝統的にいわれている市場獲得や貿易障壁の回避という目的，あるいは，相対的に安価な生産要素の獲得を目的といった要因などがそれにあたる。しかし，近年の国際分業のメカニズムはより複雑になってきており，つまりは国際分業パターンを形成する企業の行動もまた複雑になってきている。ここでは，工程間分業の形成に貢献してきている産業集積に焦点を当て，中間財供給者が地理的にどの程度東アジアに集積しているのかを確認し，その集積効果と工程間分業の関係について考察する。以上，「垂直的産業内貿易」，「貿易構造の多角化」，「中間財供給者の集積」という3つの観点から日本と東アジアの工程間分業について論述していく。

第1節　日本の垂直的産業内貿易の拡大

本節では，1990年代以降にみられた世界的な貿易の拡大と東アジア諸国間の相互依存関係を高めた要因の1つである工程間分業についてみていく。工程間分業とは，各生産工程を越境して分散させ，進出先の比較優位に沿った最適立地を行い，各生産工程で生産された中間財を貿易することにより生産工程を垂直連結させる，という新しい国際分業の形である[1)]。特徴ある貿易パターンの1つとして定着している工程間分業を促進させてきた経済的要因の1つとして，貿易コストの低下という経済現象があげられる。貿易コストが低下してきたことにより，企業は以前より円滑に海外進出を行うことが可能となり，潜在的な市場の確保や安い労働力の調達などに加え，本国への逆輸入や第三国との経済取引のためのプラットフォームの設立など，より複雑な投資動機のもと，経済活動を行うようになった。貿易コストの低下，企業の海外進出，中間財の貿易という一連の経済活動の活発化が生産活動を企業内またはグループ内での取引だけではなく，企業間での取引も相対的に容易なものとし，より効率的な組織活動を可能とさせた。その結果工程間分業がより強固なものとなり，GVCs（Global-Value-Chains）が構築され，東アジアおよび世界全体の貿易の拡大を導いてきた。

本節では日本の工程間分業が促進してきていることを直感的に観察するために，はじめに日本の中間財貿易の地域別シェアについて確認する。第4-1図は，1980年から2010年にかけての日本の部品貿易の地域別シェアを表したものである。これらを見ると，1980年代半ばまでは輸出入ともに北米諸国が日本の主要貿易相手国であることがわかる。しかしながら，輸出が1980年代半ば以降に，そして輸入が1990年代半ば以降に東アジア諸国との部品の貿易シェアは大きく増加しており，そのシェアの大きさは北米の貿易シェアを追い越し，その後も拡大している。特に2000年代初期以降の増加は顕著である。その理由を明らかにするために，このような日本の貿易構造の変化の要因について多くの実証研究がなされている。Athukorala & Yamashita (2006) は貿易データを用いて東アジア域内での貿易構造について検証した代表的な研究である。彼らは製造業全体の貿易の成長速度よりも中間財貿易の成長速度の方が速い，という分析結果を示し，世界的に中間財貿易が増加しているが，特に東アジア諸国において顕著であることを強調した[2)]。さらに，Kimura他 (2007) は生産工程の越境したフラグメンテーションの進展が部品やコンポーネントなどの中間財の貿易量を増加させてきたことを実証的に明らかにしている。さらに，Inui他 (2008) は日本・韓国・米国の3カ国と中国の間の部品輸入比率を分析し，部品貿易の観点からそれら3カ国がどの程度中国にアウトソーシングをしているのかを産業別に分析している。

第4-1図が示すように，1985年のプラザ合意の時期や2001年の中国のWTO加盟の時期を契機に日本企業の海外進出が加速した結果，日本の部品の貿易構造はアジア志向になってきた。日系企業などを中心とした多国籍企業が企業内での取引を増加させたことや，アジア諸国に多くの中間財供給企業が進出したことにより，企業間での取引がより効率化したことが東アジア地域での部品貿易が拡大したことに繋がってきた要因の1つといえる。

第4-1図　日本の部品貿易地域別シェア

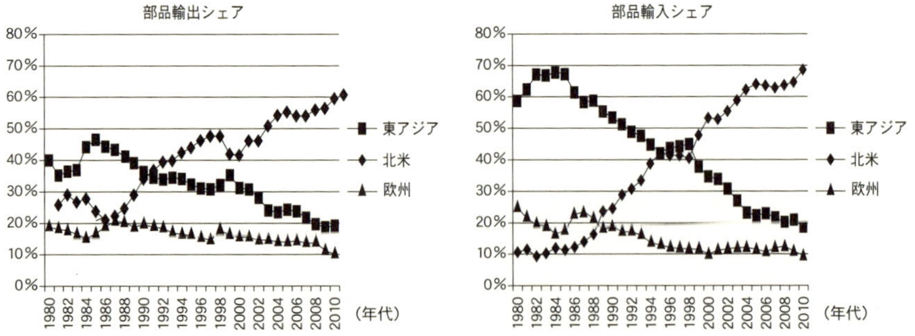

（注）　地域分類は「RIETI-TID2010」を参考にしている。
（出所）　RIETI「RIETI-TID2010」から作成。

近年 15 年から 20 年の間に，日本の中間財貿易は対アジア諸国へウェイトをシフトしてきたことを確認した。これは“財の特性”が類似している貿易品目の双方向貿易である水平的産業内貿易から，“財の品質”の異なる貿易品目の双方向貿易である垂直的産業内貿易へと貿易構造が変化してきたといえる。産業内貿易の理論によると，前者は主に生産要素集約度や消費パターンの類似している先進諸国間における差別化された最終財の貿易パターンとして観察でき，後者は技術や所得の差異がある先進国と新興国との間における中間財の貿易パターンとして観察できるとされている。つまり，日本と東アジア諸国との貿易構造は，要素投入比率の異なる生産工程間の分業体制であるといえる。

垂直的産業内貿易の増加は EU 域内や先進国間でもみられている。Martin-Montaner & Orts Rios (2002) は，スペインと OECD 諸国間の垂直的産業内分業パターンと要素賦存比率との関係について分析し，OECD 諸国間の双方向貿易でも水平的産業内貿易よりも垂直的産業内貿易の比率が増加していることを明らかにし，1 国の知識レベルや労働の質，さらに貿易相手国との所得水準の差が品質的に差別化された財の貿易に影響を与えていることを実証した。さらに Mora (2002) は，相対的により多くの物的資本，人的資本，そして技術資本を所有するときは，垂直的産業内貿易においてより高品質の財に特化し，逆の要素賦存状況の時はより低品質の財に特化するという仮説を EU-12 カ国の 14 産業を対象に検証し，要素賦存による比較優位が垂直的産業内貿易の要因になることを実証した。上述の先行研究に加え，Ando (2006) や Kimura & Ando (2005) など東アジアの貿易構造を分析している多くの研究は，主に機械産業で工程間分業が増加していることを明らかにしており，東アジア諸国間の技術や要素賦存の差異などの面から垂直的産業内貿易が拡大していることを分析している。これらの研究は製造業全般の貿易に焦点を当て，垂直的産業内貿易が世界的に拡大していることを明らかにしている。輸送技術の進歩や国際取引の際の制度的障壁などの貿易コストが低下することにより，企業はより効率的な生産や潜在的な市場へのアクセスを求め，生産工程を分散させてきたことが，製造業での工程間分業を加速させる結果に至っている。これは製造業全般の国際分業でみられる傾向なのであろうか。以下では水平的差別化と思われるハイテク財の貿易に焦点を当て，技術・知識集約的なハイテク財においても垂直的産業内貿易，つまり工程間分業が確認できるかを検証し，日本の貿易構造の特徴をつかむ。

産業内貿易は，先行研究で議論されているように，水平的産業内貿易と垂直的産業内貿易に分けられる[3)]（Greenaway 他，1994，Fontagné & Freudenberg, 1997）。本節では Greenaway 他（1994）が用いた計測手法を用いることとし，以下の式で産業内貿易を識別する。

$$1-\alpha \leq \frac{UV_{ijk}^{X}}{UV_{ijk}^{M}} \leq 1+\alpha \text{ または，} 1-\alpha > \frac{UV_{ijk}^{X}}{UV_{ijk}^{M}} \text{ or } 1+\alpha < \frac{UV_{ijk}^{X}}{UV_{ijk}^{M}} \qquad (1)$$

UV_{ijk}^{X} と UV_{ijk}^{M} は i 国と j 国間の k 財の輸出単価（貿易財の輸出額をその輸出量で割った値）と輸入単価（同様の財の輸入額をその輸入量で割った値）を意味する。この式は α の値に依存しており（ここでは，$\alpha = 0.15$，を用いる），貿易財の単価比率が定められた基準内であれば水平的産業内貿易（HIIT）であり，基準外であれば垂直的産業内貿易である事を意味する（1.15 以上であれば VIIT-high，0.85 以下であれば VIIT-low）。単価比率の差は貿易品目の品質の差を表しており，この差が大きい場合は垂直的に差別化された財を貿易していると考えることができる。つまり，その値が基準外であり，かつ大きければ，当該産業内でより高品質な財を貿易していることとなる。

多くの研究でこの測定式が用いられているが，ここで注意すべき点は貿易量の単位を考慮に入れることにある。つまり，貿易量の単位をキロなどの重さの単位を使用する場合と，数などのユニットの単位を使用する場合では，計測する貿易財の単価比率の比較はできない。単純に単価比率を求め，国・産業別に加重平均を取ると，量の単位が異なる財が混在するため測定にバイアスがかかってしまう。この測定問題を避けるために，本節での計測は SITC 分類の 5 桁ベースで，貿易量の単位が輸出入共に同じ財のみを分析対象とし，(1) 式にそって垂直的産業内貿易か水平的産業内貿易かの識別を行う。そして，識別した貿易財の輸出額（輸入額）を産業別に総計し，各産業の総輸出額（総輸入額）とのシェアを導出し，日本のハイテク産業の産業内貿易構造を考察することとする。

以上のことを考慮に入れ，産業別かつ産業内貿易構造別に日本のハイテク財

第 4-1 表　ハイテク産業における日本の産業内貿易構造

輸　出	Asia								
	VIIT-high			VIIT-low			HIIT		
産業名	1988	1997	2007	1988	1997	2007	1988	1997	2007
航空宇宙	0.001	0.025	0.042	0.038	0.005	0.009	0	0	0.007
化学	0.131	0.273	0.263	0.085	0.084	0.108	0.020	0.023	0.044
医薬・製薬	0.016	0.048	0.081	0.112	0.078	0.087	0.071	0.000	0.005
事務用機器	0.014	0.042	0.195	0.035	0.094	0.099	0.024	0.029	0.099
電気機械	0.106	0.179	0.469	0.017	0.152	0.105	0	0.038	0.070
電子通信機器	0.083	0.144	0.245	0.086	0.235	0.127	0.008	0.078	0.015
非電気機械	0.059	0.114	0.132	0.012	0.030	0.124	0.002	0.017	0.062
科学機器	0.081	0.178	0.227	0.033	0.066	0.157	0.007	0.026	0.062

輸　入	Asia								
	VIIT-high			VIIT-low			HIIT		
産業名	1988	1997	2007	1988	1997	2007	1988	1997	2007
航空宇宙	0.000	0.001	0.003	0.000	0.000	0.001	0	0	0.002
化学	0.060	0.099	0.276	0.001	0.023	0.053	0.001	0.010	0.049
医薬・製薬	0.001	0.020	0.044	0.027	0.010	0.018	0.002	0.000	0.001
事務用機器	0.005	0.119	0.478	0.043	0.268	0.192	0.037	0.058	0.146
電気機械	0.037	0.095	0.423	0.017	0.061	0.066	0.000	0.010	0.032
電子通信機器	0.110	0.097	0.233	0.031	0.202	0.185	0.007	0.054	0.062
非電気機械	0.026	0.083	0.246	0.001	0.003	0.014	0.001	0.010	0.028
科学機器	0.014	0.042	0.249	0.006	0.068	0.064	0.003	0.006	0.034

輸　出	OECD								
	VIIT-high			VIIT-low			HIIT		
産業名	1988	1997	2007	1988	1997	2007	1988	1997	2007
航空宇宙	0.310	0.410	0.354	0.589	0.064	0.054	0	0.425	0.508
化学	0.163	0.109	0.121	0.114	0.153	0.125	0.012	0.021	0.014
医薬・製薬	0.266	0.366	0.316	0.059	0.306	0.316	0.190	0.003	0.007
事務用機器	0.063	0.139	0.124	0.737	0.535	0.405	0.039	0.089	0.021
電気機械	0.042	0.059	0.036	0.294	0.431	0.178	0.055	0.022	0.001
電子通信機器	0.116	0.076	0.076	0.398	0.190	0.083	0.014	0.132	0.003
非電気機械	0.031	0.149	0.029	0.432	0.216	0.141	0.039	0.032	0.154
科学機器	0.056	0.064	0.058	0.330	0.331	0.238	0.036	0.051	0.014

輸　入	OECD								
	VIIT-high			VIIT-low			HIIT		
産業名	1988	1997	2007	1988	1997	2007	1988	1997	2007
航空宇宙	0.047	0.124	0.217	0.236	0.055	0.058	0	0.165	0.222
化学	0.174	0.159	0.107	0.115	0.084	0.207	0.025	0.088	0.013
医薬・製薬	0.325	0.326	0.205	0.182	0.308	0.382	0.242	0.029	0.012
事務用機器	0.026	0.015	0.010	0.465	0.400	0.109	0.349	0.003	0.000
電気機械	0.015	0.023	0.018	0.728	0.757	0.378	0.089	0.002	0.004
電子通信機器	0.422	0.048	0.029	0.218	0.171	0.050	0.006	0.308	0.003
非電気機械	0.086	0.300	0.062	0.709	0.334	0.424	0.029	0.034	0.081
科学機器	0.054	0.085	0.146	0.691	0.487	0.254	0.066	0.076	0.042

（注）　ハイテク産業分類は，Hatzichronoglou（1997）を参照。
VIIT-high，VIIT-low，HIIT は，垂直的産業内貿易（高品質），垂直的産業内貿易（低品質），水平的産業内貿易をそれぞれ意味し，産業別総輸出に占める各産業内貿易の貿易額のシェアを表している。
（出所）　UNCOMTRADE より作成。

貿易の輸出と輸入のシェアをまとめたものが第4-1表であり，1988年，1997年，2007年における日本の各貿易シェアをアジア諸国とOECD諸国別に表している[4)]。ハイテク産業の総輸出額に占める各ハイテク産業の産業内貿易別輸出入額のシェアを示すこの表から，日本のハイテク財の産業内貿易構造は，アジア諸国およびOECD諸国とでその特徴がそれぞれ異なっているのが分かる。対アジア向けでは，事務用機器，電気機械，電子通信機器，非電気機械，科学機器といった機械産業において，2007年時で，日本のVIIT-highのシェアが輸出で約0.2から0.5を示し，輸入でも約0.2から0.4の値を示している。1988年時では，これらの値は輸出では電気機械でも約0.1であり，輸入でも電子通信機器の約0.1が最高値となっており，1988年と2007年を比較すると，日本のハイテク財貿易はアジア諸国間でそのシェアを高めている。対照的に，OECD諸国向けの産業内貿易構造は，アジア諸国との貿易で高いシェアを見せている機械産業においては，VIIT-highのシェアは相対的に低い。その一方で，医薬・製薬といった産業ではVIIT-highとVIIT-lowともに輸出シェアと輸入シェアの両方において高い値を示している。

結果的に，水平的差別化製品を想定させるハイテク産業に属する貿易品目でも，日本の貿易は垂直的産業内貿易のシェアが比較的大きいということがいえる。特徴的な結果の1つは，そのシェアの大きさがOECD諸国とアジア諸国との間で産業ごとに異なる点であり，ハイテク財についても日本とアジア諸国の間で垂直的に差別化された貿易品目の取引が行われていることである。1980年代後半から2000年代後半にかけ，日本はアジア諸国との工程間分業を進展させてきた。工程間分業の拡大は最終財に占める部品点数が比較的多い産業で顕著にみられる。第4-1表が明らかにしているハイテク産業の貿易構造の計測結果からも同様のことがいえ，医薬・製薬産業よりも部品点数が圧倒的に多いとされる事務用機器・電気機械産業などにおいて，日本とアジア諸国間で垂直的産業内貿易が活発に行われていることが確認できる。

第 2 節　貿易構造の分解と貿易の多角化

前節では，日本の貿易構造が垂直的産業内貿易の度合いを強め，それは特に欧米などの先進国よりも東アジア諸国間で顕著に観察できることを確認した。既述したが，その背景には企業による生産工程の立地分散とそれに伴う中間財貿易の著しい拡大という経済現象がある。多くの先行研究は中間財貿易額の変化から工程間分業が加速しているという点を強調しており，これまでに多くの研究結果を蓄積してきている。しかし，そこでは主に既存の財の貿易構造の変化（intensive margin of trade）に焦点を当ててきており，新しく取引され始めた財や取引されなくなった財の貿易構造の変化（extensive margin of trade や dis-extensive margin of trade）はほとんど研究に取り入れられてこなかった。国際貿易モデルに企業の異質性の概念が Melitz（2003）により導入されて以降，新規参入企業，既存企業，退出企業の市場行動を貿易コストの変化や生産性の差異から説明する実証分析が多くなされてきた。工程間分業とは，生産工程を分解し，越境して立地させる国際分業の形であり，そして，それはこれまで貿易されてこなかった貿易品目が新たな財として貿易されることでもある。国・産業レベルでどの程度貿易額が変化してきているのかを分析するだけでは現代の国際貿易の特徴は掴みにくく，どの財がどこの市場で新たに取引が開始され，または市場から消えているのかという観点を取り入れ，より詳細な貿易品目のデータを用いて国際分業構造を分析する必要がある。本節では貿易構造の分解を通じて日本の貿易構造の多角化について議論していく[5)]。

本節では，日本の財務省が公表している HS9 桁の貿易統計を用いて，1996 年から 2001 年と，2002 年から 2006 年の 2 期間を分析の対象期間とし，主に機械産業（HS84-HS92）の貿易品目およびその特性に焦点を当てる。この 2 期間を選んだ理由の 1 つは貿易統計のバイアスをできるだけ避けるためである。貿易統計は数年に一度改定されるため，1996 年と 2006 年のデータをコンバートすることなくそのまま使用してしまうと，異なる統計基準を同じように用いることになってしまう。加えて，日本の貿易統計は毎年若干の品目コードの修正がなされる。以上のことを考慮に入れ，1996年から2001年の貿易データはHS96を，そして2002年から2006年の貿易データはHS02をベースとして用いることとする。また，毎年行われる財務省貿易統計の品目番号の修正については，著者によりコンバートを行っており，コンバート後の1,578品目の貿易データを用いることとする。

上述した点を考慮に入れ，Δ *total trade*=*EXT*+*INT*−*DIS*，の計算式を用いて，日本の貿易構造を extensive margin（EXT），dis-extensive margin（DIS），intensive margin（INT）に分解し，それら貿易の構成要素の変化を集計したものが第4-2表である。この表は日本の対世界との貿易構造の変化について表しており，2期間のHS84-HS92に属する貿易品目の輸出額の差異がどのような貿易構成要素にどの程度依存しているのかを表したものである。換言すると，輸出額の差分をEXT，DIS，INTにわけ，さらにそれら貿易構成要素ごとの輸出額に占める加工品や部品などの中間財と，資本財や産業用輸送機器などの最終財の大きさを示した[6)]。

1996年から2001年の期間の集計をみると，輸出額全体は増加しているものの，最終資本財の輸出額は減少している。対照的に中間財の輸出額は増加しており，全体に占める中間財のシェアも約28%を示している。2002年から2006年の期間においても，輸出の増分に占める中間財輸出のシェアは増加しており約43%という高い数値であることが分かる。そして，貿易の構成要素別にみると，1996年から2001年の期間でのINTの減少が非常に大きく，対照的に，INTの減少以上にEXTの増加が大きい。つまり，この時期の日本の輸出構造は，市場で既に取引されている最終財のシェアは縮小させているものの，新規

第4-2表　日本の貿易構成要素（対世界）

	1996-2001				2002-2006			
対世界	△Total	EXT	DIS	INT	△Total	EXT	DIS	INT
総輸出	2,338.5	6,254.9	520.4	−3,396.0	1,4348.8	663.1	440.1	14,125.8
中間財	662.4	203.9	93.0	551.5	6,170.8	125.4	106.3	6,151.7
資本財	−1,075.5	832.3	331.5	−1,576.3	4,487.6	449.5	294.7	4,332.8
中間財シェア	28.3%	3.3%	17.9%	16.2%	43.0%	18.9%	24.1%	43.5%
資本財シェア	−46.0%	13.3%	63.7%	−46.4%	31.3%	67.8%	67.0%	30.7%

（注）　単位10億円。
（出所）　財務省貿易統計より筆者作成。

に取引され始める財の輸出を拡大させていることが見て取れる。特に，中間財の輸出額および輸出シェアがEXTとINTで相対的に高く，この時期の日本の輸出が最終資本財から中間財へそのウェイトをシフトし始めていることが推測できる。2002年から2006年の期間においては，中間財輸出の大きさがさらに際立っていることが見て取れる。輸出全体の増分に占める中間財輸出の増分が最終資本財のそれを上回っており，この期間においては資本財の輸出シェアも拡大している。以上のことより，1996年から2006年にかけて日本はEXTとINTの両方の貿易を拡大させたことが分かる。これは新規に取引する財や新規参入する相手国を増加させることにより貿易可能な財の幅を拡大させ，さらに，財あたりの貿易額が増加していることから，輸出財の高付加価値化がなされていることが読み取れる。

第4-2表から，日本の輸出の全体像を貿易構成要素の変化から確認した。次に，地域別に日本の貿易構成要素の変化をみていく。対象地域は，東アジア10カ国（中国，韓国，台湾，香港，ASEAN5，ヴェトナム），EU15（1996年時点にEUに加盟している15カ国），北米3（アメリカ，カナダ，メキシコ）の3地域とする。はじめに1996年から2001年の期間をみると，北米3向けの輸出はINTが大きく減少しており，中間財・最終資本財の両方のシェアを減少させている。EU15向けの輸出についてもINTが大きく減少しているが，北米3とは異なり，EU15向けの中間財と最終資本財の輸出は増加している。そして，アジア10向けはというと，INT全体の輸出額は減少しているが，中間財の輸出額は増加し最終資本財の輸出額は減少している。対照的に，これら3地域へのEXTは増加しており，輸出増分のうち，アジア10へは約278.4億円，EU15へは約929.7億円，北米3へは約3,422.3億円をそれぞれ占めている。工程間分業の特徴を明らかにするためには，このEXTのボリュームの大きさに着目する必要がある。この期間でのEXTに占める中間財のシェアは，EU15向けで約1%の増加，北米3向けで約2.5%の増加であり，アジア10向けへは約4.2%を占めている。中間財貿易のボリュームが工程間分業の促進の度合いを示す1つの指標であることは前節において確認し，特に東アジア諸国との間で中間財貿易が過去30年において拡大してきていることを確かめた。本節では貿易構造をさらに詳細にみることにより，日本の工程間分業の特徴を

第 4-3 表　日本の貿易構成要素（地域別）

		アジア 10 向け			EU15 向け			北米 3 向け		
期間	項目	EXT	DIS	INT	EXT	DIS	INT	EXT	DIS	INT
1996〜2001	平均輸出品目数	107.40	99.20	1,155.10	128.53	142.47	654.13	961.33	95.00	961.33
	輸出額	278.4	102.7	−887.3	929.7	82.1	−200.9	3,422.3	17.1	−1,159.5
	中間財	11.6	20.8	432.5	8.9	34.8	187.0	85.8	1.6	−86.8
	資本財	91.1	56.6	−954.1	142.0	35.2	50.6	92.0	11.6	−64.5
	中間財シェア	4.2%	20.3%	48.7%	1.0%	42.4%	93.1%	2.5%	9.4%	−7.5%
	資本財シェア	32.7%	55.1%	−107.5%	15.3%	42.8%	25.2%	2.7%	68.0%	−5.6%
2002〜2006	平均輸出品目数	76.50	93.90	1,155.50	109.73	136.53	618.47	96.33	121.33	949.67
	輸出額	119.5	82.8	6,370.4	106.7	76.4	1,767.3	56.3	45.8	2,319.9
	中間財	16.9	17.6	3,779.8	22.0	16.7	755.6	9.7	33.9	902.0
	資本財	79.7	53.5	2,321.3	66.5	53.6	257.6	33.6	9.2	509.3
	中間財シェア	14.1%	21.2%	59.3%	20.6%	21.9%	42.8%	17.2%	74.0%	38.9%
	資本財シェア	66.7%	64.6%	36.4%	62.3%	70.1%	14.6%	59.7%	20.2%	22.0%

（注）単位 10 億円。
（出所）財務省貿易統計より筆者作成。

観察することが目的であるが，第 4-3 表からもわかるように，日本と東アジア 10 の INT 全体の増分はマイナスであるが，中間財の貿易額自体は増加している。さらに，EXT の輸出額の増分は非常に大きいものとなっており，EU15 および北米 3 よりも高い比率を示している。2002 年から 2006 年の期間をみると，日本の東アジア 10 に対する輸出構造から，工程間分業の特徴が顕著に見て取ることができる。全体の傾向として，3 地域すべてに対して日本の EXT と INT の輸出額は増加している。ここで着目すべき点は，EU15 および北米 3 に対する EXT と INT の輸出額の増分よりも，それらのアジア 10 に対する増分の方が大きいという点である。アジア 10 向け EXT は 119.5 億円であり，INT は 6,370.4 億円であり，これは EU15 や北米 3 と比べ EXT で約 1.1 倍から 2 倍，INT で約 2.5 倍から 3.5 倍の大きさである。財の特性別のシェアをみても，中間財と最終資本財の両方で，EXT と INT において高い比率を示している。

以上第 4-2 表と第 4-3 表から分かるように，日本の貿易構造は EU や北米から東アジアへとそのウェイトを移してきている。これは既存の先行研究と合致する結果であるが，本節では日本と東アジアの貿易構造を観察する上でそれほど強調されてこなかった貿易の構成要素の変化に分析視点をおき，日本の東アジア諸国への貿易構造の特徴を明らかにした。日本のアジア向け輸出の拡大は既存の財の取引からだけではなく，新規に取引され始めた財の貿易の増加による影響も非常に大きい。また，このような中間財貿易の拡大が日本と東アジア諸国間で見られる特徴であるのか，あるいは東アジア地域全体での傾向であるのかを明らかにする必要があるが，本節で用いた貿易データは日本の貿易を軸としたHSの9桁であるため，同様の分析を他国にあてはめるのは難しい。しかしながら，日本の工程間分業がアジア諸国との間で加速してきたことは，中間財貿易の拡大およびEXTの拡大からみてとれる。東アジアでの工程間分業が加速した背景には，企業による海外直接投資に伴う現地生産の拡大があり，そして，貿易コストの大きさに依存するものの，企業内取引または企業間取引の拡大による影響が大きい。次節では，東アジア地域での工程間分業を中間財供給のアクセスの側面から考察していく。

第3節　東アジア地域の中間財供給と集積効果

前節までに，中間財貿易が増加し，新規参入についても中間財貿易のEXTの貿易額の増分から日本と東アジア諸国間での工程間分業の特徴を捉えた。1980年代以降，企業のグローバルな経済活動が活発化していき，新興国への海外直接投資が増加していった結果，東アジア域内では包括的な生産ネットワークが形成されていった[7]。特に中国やASEAN諸国等は税制面などの優遇政策をとり，積極的に海外企業を国内に誘致し，その結果，中国沿岸部や東南アジア諸国で生産拠点としての産業集積が形成された。企業にとっては規模の経済を享受することや貿易コストを削減することが互いに近接する目的である。Amiti (2005) では，貿易の自由化などによる貿易コストの低下が中間財供給者と最終財供給者の集積を促し，貿易コストがさらに低下していくにつれ各国は生産要素賦存からみる比較優位に沿って国際分業を推進していく，ということを理論的に明らかにしている。さらに，Amiti & Javorcik (2008) では，企業が外国市場に参入を試みるとき，市場へのアクセスの容易さ（market access）や中間財供給者へのアクセスの容易さ（supplier access，以下SA）が企業の立地決定に影響を及ぼすことを実証的に明らかにしている。つまり，企業が集積している地域へはより多くの新規参入企業を導くこととなり，より多くの中間財供給者をつくり出すことへ繋がる。その結果，中間財企業にとっての投入要素価格が低下することとなる供給効果を得ることができる[8)]。この理論的フレームワークは東アジア地域における企業の経済活動を説明するうえで非常に高い説明力を持つ。中国やASEAN諸国では企業が集積している地域が多く存在し，中間財貿易の増大から見ても多くの中間財供給者が経済活動を行っている[9)]。本節では，中間財貿易と地理的要素から東アジア諸国の中間財供給へのアクセスの容易さと工程間分業との関わり合いについて考察する。

工程間分業が加速するにつれ，進出先において中間財を供給する企業へいかに容易にアクセスが可能かということは，企業にとってその地域へ進出する重要な投資の動機になる。現地の企業データを用いてこの点について分析を行うのが最も有意義であるが，データの制約上，本節では中間財の貿易データを用いてこの点を明らかにしていく。はじめに，各国の中間財供給者へのアクセスの容易さを表す *SA* の定義であるが，以下の式であらわすこととする。

$$SA_t^i = \frac{Intermediate_t^i}{Intermediate_t^w} * D_i^{-1} \qquad (2)$$

ここで，i，w，t，は i 国，世界，時間をそれぞれ表し，D は i 国の面積の半径を表している[10)]。ここで i 国は円形であると仮定し，D は i 国内の貿易コストと捉える。そして，*Intermediate* は中間財の貿易額を意味する。*SA* を求めるこの式は，世界の中間財貿易額に占める i 国の中間財貿易額のシェアに地理的要素を表す半径の逆数を掛け合わせたものであり，中間財供給が地理的にどれほど集積しているかを示してくれる。本節では，上式で求めた *SA* をさらに指数化し，その変化を見ていくこととする。1997年を基準に *SA* を指数化した *SA* 指数をまとめたものが第4-2図である。これは第2節同様，東アジア諸国，EU主要国，北米諸国というように地域別にそれぞれ表し，1国の中間財総輸出とHS84-HS92に属する中間財総輸出の2パターンを描写したものであり，前者を *SA1* とし，後者を *SA2* とする。

はじめに中間財の総輸出を用いた *SA1* 指数をみていく。東アジア諸国をまとめた図をみると，1997年から2007年にかけてほとんどの国が *SA1* 指数を

第4-2図　国別SA指数の動向

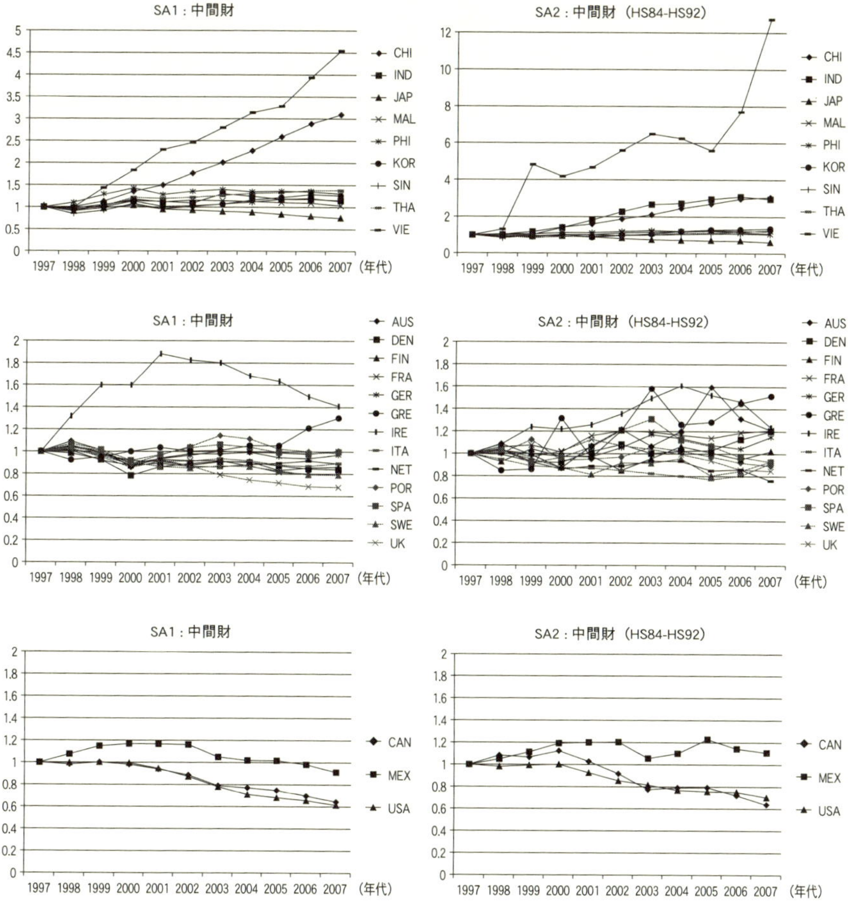

増加させている。日本は2007年では1を下回っているが，これは指数化しているため，必ずしも絶対額が東アジア諸国内で最も小さいということではない。*SA1*指数の増加率が顕著なのが中国とヴェトナムである。中国はWTO加盟後の2002年から急激にこの値を増加させ，ヴェトナムも1990年代後半から右肩上がりで増加させており，その値も約3倍と4.5倍という高い増加率を見せている。EU主要国については，アイルランドが2000年前後で比較的高い数値を示しているが，全体としては1から1.2の間であり，北米諸国に至っ

てはアメリカとカナダはその値を低下させている。次に，HS84-HS92 に属する中間財の総輸出を用いた *SA2* 指数を同様にみていく。HS84-HS92 は前節の EXT や INT の分析でも対象とした貿易品目であるが，電子機器，一般機械，輸送機器，精密機器といった機械関係の貿易品目である。北米諸国の *SA2* は *SA1* とほぼ変化はなく，メキシコの *SA2* が上昇している程度である[11)]。EU 主要国の *SA2* は *SA1* と比べると 2000 年代にその数値を上昇させている。これは EU 主要国と中欧諸国や東欧諸国などとの間で分業が進んできた結果であると推測ができるが，この数値が高い国であっても約 1.4 から 1.5 程度である。最後に，東アジア諸国の *SA2* であるが，*SA1* 同様 *SA2* においても他の 2 地域と比べると比較的高い値を示している。

中間財貿易額の世界シェアと地理的要因を合わせた *SA1* および *SA2* の変化を地域別にみると，東アジア諸国は世界的にみても中間財供給者が集積していることが観察できる。ここでの考察は中間財という財の特性の観点からだけ判断できることであり，財の品質など他の要素については分析の対象とはならないが，結果的に，*SA1* と *SA2* は，東アジア諸国が中間財供給へのアクセスが相対的に容易な地域として成立しつつある，ということを明らかにするための 1 つの目安を与えてくれる。これは，貿易コストの低下に伴い中間財供給者と最終財供給者がより近接し，最終財の輸出を促進させる，という Amiti (2005) の理論的フレームワークをサポートする結果であると考えられる。東アジア域内での中間財貿易の拡大と域外の最終需要地向けの最終財の輸出という貿易パターンにより，東アジアの工程間分業は促進されてきた。そのような国際分業が 1990 年代から 2000 年代にかけて行われ，企業による生産工程の分散と集積が行われた結果，重層的な GVCs が構築されていき，貿易と投資の両軸から国際分業が進展されていった。

本節では，世界的な貿易拡大と世界経済の成長を導いた要因の 1 つである東アジア地域で構築された工程間分業の特徴について，中間財供給者の集積効果の影響という観点から確認した。この中間財供給者へのアクセスに加え，1 節での，中間財貿易の拡大と垂直的リンケージ，2 節での，貿易の多角化を意味する EXT，という 3 つの観点は工程間分業の特徴をつかむにあたり重要な含意を提供してくれる。いずれの観点からも，1990 年代から 2000 年代にかけて，工程間分業を促進させている中間財供給やEXTの大きさなどから，日本および東アジア諸国における特徴が他の地域に比べ際立っている。中間財供給やEXTの増加を促している経済的要因として，広義での貿易コストの低下がある。関税障壁などは以前に比べ極端に小さいものとなっているが，それ以外の非関税障壁に目を向けると依然としてその障壁が高い分野もある[12)]。より重層的・安定的なGVCsを構築するために，企業は今後ますます世界各国の市場を相互に行き来することとなろう。企業が新たな取引先の国や地域において大きく異なる規制や制度に直面することは，進出に伴う取引費用を拡大させ，活発かつ円滑な経済活動の妨げとなりうる。EXTや中間財供給の拡大に伴うGVCsのさらなる高度化を達成するためにも，つまり企業ができるだけ最適な国際分業を行うことを可能とするためにも，企業の経済活動をより円滑なものにするための制度的インフラ整備が各国の取り組むべき課題となろう。

（前野　高章）

注

1）　このような新しい国際分業パターンは，工程間分業という言い方以外にも，フラグメンテーションやグローバル・ヴァリュー・チェーンなどという表現でも用いられている。これまでにKimura & Ando（2005）やWakasugi（2007）などといった多くの実証研究によって，工程間分業の特徴について明らかにされてきており，特に東アジア地域の中間財の供給パターンに特徴があることが多くの研究で強調されている。

2）　Ando（2006）やKimura & Ando（2005）なども同様の分析を行っている。

3）　Greenaway他（1994），Fontagné & Freudenberg（1997）を参照。

4）　OECD諸国は1988年時での加盟国である，オーストラリア，オーストリア，ベルギー，カナダ，デンマーク，フィンランド，フランス，ドイツ，ギリシャ，アイスランド，アイルランド，イタリア，ルクセンブルグ，オランダ，ニュージーランド，ノルウェイ，ポルトガル，スペイン，スウェーデン，スイス，トルコ，英国，米国，を対象とする。また，アジア諸国は，中国，香港，マカオ，インド，インドネシア，マレーシア，フィリピン，韓国，シンガポール，タイ，ヴェトナムを対象とする。

5）　ここでは貿易の構成要素の1つであるextensive margin of tradeについて貿易額を用いて分析を行うが，貿易品目数を用いて貿易可能な財の幅を考慮に入れた研究としては，伊藤（2011）や前野（2011）を参照。

6）　中間財は国連のBEC分類での42，53，22に該当する財を，同様に資本財は41，521に該当する財を用いた。

7）　Kimura & Ando（2005）を参照。

8）　Amiti（2005）を参照。

9）　Redding & Venables（2003）を参照。

10）　Amiti & Javorcik（2008）およびLeamer（1997）を参照。

11）　これはNAFTA域内での製造業における分業パターンに変化が起きたと推測できるが，本章では詳細な分析は行わない。

12)　世界銀行で公表している「Doing Business 2012」を参照。

参考文献

伊藤萬里（2011）「世界同時不況による日本の貿易への影響：貿易統計を利用した貿易変化の分解」『経済分析』184巻，1-29ページ，内閣府経済社会総合研究所。

乾友彦・井尻直彦・濱田治雄・木村政司（2008）「中国へのアウトソーシング」『CCAS Working Paper Series』No. 21。

前野高章（2011）「貿易構造の分解と日本の国際分業パターン—中間財貿易を中心に—」『JAFTAB』第48号，20-30ページ。

Amiti, M. (2005), "Location of vertically linked industries: agglomeration versus comparative advantage," *European Economic Review* 49, pp. 809-832.

Amiti, M. and Javorcik, B. S. (2008), "Trade Costs and Location of Foreign Firms in China," *Journal of Development Economics*, Vol. 85 (1-2), pp. 129-149.

Ando, M. (2006), "Fragmentation and Vertical Intra-Industry Trade in East Asia," *North American Journal of Economics and Finance*, Vol. 17 (3), pp. 257-81.

Athukorala, P. and Yamashita, N. (2006), "Production fragmentation and trade integration: East Asia in a global context," *North American Journal of Economics and Finance*, Vol. 17, pp. 233-256.

Feenstra, R. C. (1994), "New Product Varieties and the Measurement of International price," *American Economic Review*, Vol. 84 (1), pp. 157-177.

Feenstra, R. C. (2006), "New Evidence on the Gains from trade," *Review of World Economics*, Vol. 142 (4), pp. 617-641.

Fontagné, L. and Freudenberg, M. (1997), "Intra-Industry Trade: Methodological Issues Reconsidered," *CEPII Working Paper*.

Greenaway, D., Hine, R. and Milner, C. R. (1994), "Country-Specific Factors and the Pattern of Horizontal and Vertical Intra-Industry Trade in the UK," *Weltwirtschaftiches Archiv / Review of World Economics*, Vol. 130 (1), pp. 77-100.

Hatzichronoglou, T. (1997), "Revision of the High-Technology Sector and Product Classification," *OECD Science, Technology and Industry Working Papers*, OECD Publishing.

Imbs, J. and Warziarg, R. (2003), "Stages of Diversification," *American Economic Review*, Vol. 93 (1), pp. 63-86.

Kimura, F. and Ando, M. (2005), "Two dimensional fragmentation in East Asia: Conceptual framework and empirics," *International Review of Economics and Finance*, Vol. 14 (3), pp. 317-348.

Kimura, F., Takahashi, Y. and Hayakawa, K. (2007), "Fragmentation and Parts and Components Trade: Comparison between East Asia and Europe," *North American Journal of Economic and Finance*, 18 (1), pp. 23-40.

Leamer, E. (1997), "Access to western markets and eastern effort," in Zecchini, S. (Ed.), *Lessons from the Economic Transition, Central and Eastern Europe in the 1990s*, Kluwer Academic Publishers, Dordrecht, pp. 503-526.

Martín-Montaner, J. A. and Ríos, V. O. (2002), "Vertical Specialization and Intra-Industry Trade: The Role of Factor Endowments," *Weltwirtschaftiches Archiv / Review of World Economics*, Vol. 138 (2), pp. 340-365.

Melitz, M. J. (2003), "The Impact of Trade on Intra-Industry Reallocations and Aggregate Industry

Productivity," *Econometrica*, Vol. 71 (6), pp. 1695–1725.

Mora, C. D. (2002), "The Role of Comparative Advantage in Trade within Industries: A Panel Data Approach for the European Union," *Weltwirtschaftiches Archiv / Review of World Economics*, Vol. 138 (2), pp. 291–316.

Redding, S. and Venables, A. (2003), "South-East Asian export performance: external market access and international supply capacity," *Journal of the Japanese and International Economies*, Vol. 17, pp. 404–431.

Wakasugi, R. (2007), "Vertical Intra-Industry Trade and Economic Integration in East Asia," *Asian Economic Paper*, Vol. 6 (1), pp. 26–39.

第5章
東アジアにおける生産・流通ネットワーク：その安定性と回復力

はじめに

東アジアは，ヨーロッパを典型例とする制度的な経済統合（de jure economic integration）というよりは，事実上の経済統合（de facto economic integration）という形で経済連携が進んできた地域である。その中で重要な役割を果たしてきたのが，機械産業を中心に広域にわたって張り巡らされてきた国際的な生産・流通ネットワークの発展である[1)]。ところが，2008年10月に世界金融危機が勃発すると，東アジアにおいてもその影響は大きく，この生産ネットワークの脆弱性に関する懸念が声高に叫ばれるようになった。確かに，欧米市場における需要収縮（需要ショック）から始まった世界経済危機の影響は生産ネットワークを下流から上流に遡る形で伝播し，最終的に大きな下落を記録することとなった。さらに，2011年3月に発生した東日本大震災では，日本における供給網分断のショック（供給ショック）が生産ネットワークを上流から下流に駆け下る形で伝わった。はたして，東アジアの多くの国を巻き込む形で展開されている生産ネットワークの存在は，東アジア経済を脆弱にしているのだろうか。

その実，生産ネットワークは，いずれのショックに対しても，人々の予想を上回る安定性と回復力を示している。なぜ，生産ネットワークにはそのような安定性や回復力があるのだろうか。危機に際し，企業はどのような生産・輸出調整をしたのだろうか。本章では，日本の輸出という側面を中心に，東アジアにおける生産ネットワークの性質を見ていきたい。

以下では，第1節において，2007年以降の日本の輸出，とりわけ機械輸出に着目し，生産ネットワークという視点からその動向を議論する。第2節では，世界金融危機および東日本大震災に際し，日本の機械輸出がどのような要因で変化したのか，また，その取引関係にどのような特徴がみられるかを検証し，生産ネットワークの性質を議論する。第3節では，JETROによるアンケート調査の結果を用いて，タイでの大洪水に直面した日本企業の対応から生産ネットワークの性質を議論し，第4節で本章を締めくくる。

第1節　日本の輸出と生産ネットワーク

第5-1図(a)は，2007年以降の日本の輸出額を輸出物価指数で実質化し，ドルベースで示したものである。ここでは，生産ネットワークの中心となっている機械産業に焦点をあて，機械部品・中間財，機械完成品，その他（機械以外）を区別して図示している。また，機械完成品輸出を，自動車とそれ以外の輸出にわけて図示したのが第5-1図(b)である。第5-1図を見れば，2008年

第5-1図　日本の実質輸出の動向

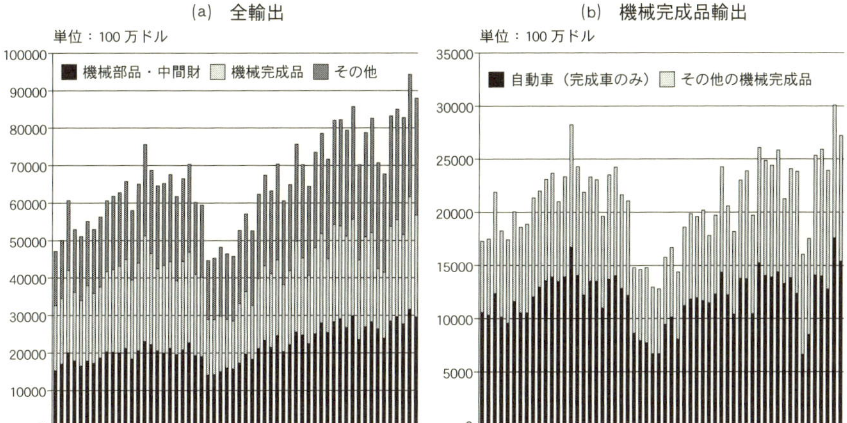

（注）　機械部品・中間財の定義については，Ando and Kimura (2012) を参照のこと。機械完成品は，機械全体から機械部品・中間財を除いたものである。
（資料）　財務省の貿易統計および日本銀行の為替レートと企業物価指数をもとに筆者作成。

10月から2009年12月にかけて世界金融危機による影響が，2011年3月から同年6月にかけて東日本大震災による負の影響が顕著であるとともに，前者の落ち込みの方が後者の落ち込みよりも大きいことがわかるだろう[2)]。ここで興味深いのは，その後の回復の早さである。とりわけ震災後の輸出においては，いったん落ち込んだ後の回復がはるかに迅速である[3)]。

東アジアの生産ネットワークの核となっている機械産業においても，2つのショックによる大きな落ち込みが確認できる。とりわけ機械完成品，そのなかでも自動車の輸出は大幅な落ち込みが認められ，東日本大震災時には世界金融危機の水準を下回る程にまで輸出が減少した。しかし，ここで注目すべきは，これらの機械輸出の回復の早さである。機械部品・中間財の場合，6割ほどが東アジア向けである。2007年以降だけを見ても，東アジアは，対世界輸出に占める割合が増加するだけでなく，輸出額そのものも増加し，2010年の

第5-1表　地域別輸出額および比率

	輸出額（2007年＝1）				対世界輸出に占める割合（%）			
	2007	2008	2009	2010	2007	2008	2009	2010
全製品								
東アジア	1.00	1.18	1.09	1.53	47	48	53	54
アメリカ	1.00	1.01	0.78	1.01	20	18	16	15
EU	1.00	1.10	0.82	1.00	15	14	12	11
世界	1.00	1.16	0.97	1.31	100	100	100	100
機械部品・中間財								
東アジア	1.00	1.13	1.06	1.54	56	56	59	62
アメリカ	1.00	1.04	0.85	1.13	18	17	16	15
EU	1.00	1.11	0.83	1.13	15	15	13	13
世界	1.00	1.11	0.99	1.38	100	100	100	100
機械完成品								
東アジア	1.00	1.19	1.02	1.55	22	23	28	30
アメリカ	1.00	0.97	0.66	0.86	29	24	23	22
EU	1.00	1.06	0.69	0.78	18	16	15	12
世界	1.00	1.15	0.81	1.12	100	100	100	100
完成車のみ								
東アジア	1.00	1.38	1.20	2.00	7	8	12	14
アメリカ	1.00	0.96	0.64	0.86	37	31	34	31
EU	1.00	1.01	0.62	0.76	17	15	15	12
世界	1.00	1.14	0.70	1.02	100	100	100	100

（注）　輸出額はドルベースで実質化したものである。
（出所）　Ando and Kimura (2012).

輸出額は3年前の5割増しとなっている（第5-1表）。さらに，機械完成品の輸出先として欧米は依然として重要な市場ではあるが，東アジアへの輸出額は2010年までの3年間で55%増加し，対世界輸出の比率で見ても，2007年の2割強から2010年には3割へと増加している。なかでも自動車のみに焦点をあてると，もともとの比率が7%と低かったとは言え2010年には14%に，額においても2倍になっている。これらの結果から，東アジアが，生産地としてのみならず，最終消費地としての重要性を増しているとともに，急速な機械輸出の回復に大きく寄与したと示唆される[4)]。

このように輸出は2つの危機後も順調に回復しているが，ここで考慮すべきは，世界金融危機をきっかけに，日本企業がどこで何を生産するかという生産体制を大きく変化させた可能性である。第5-2図は，日本の輸出品目別（HS分類の9桁ベース）かつ仕向地別の輸出項目数を，2007年1月を基準として示したものである[5)]。これをみると，世界金融危機をきっかけに項目数が大幅に減少し，その後上昇してはいるものの，世界金融危機以前の水準には戻っていない。また，東アジアへの輸出に限ってみても，対世界輸出ほどではないものの，同じようなパターンがみてとれる。したがって，世界金融危機だけが要

第5-2図　輸出品目別かつ仕向地別の輸出項目数（2007年1月＝1）

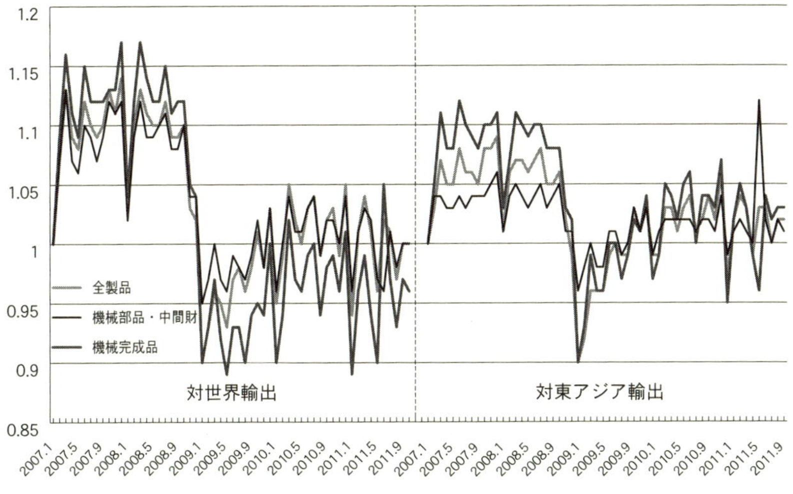

（資料）　財務省の貿易データを用いて，筆者作成。

因ではないとしても，世界金融危機を契機に，選択と集中による生産体制の再編成が起きたと考えられる。

第2節　世界金融危機および東日本大震災と日本の輸出

1. 輸出額の変化とその要因分解

第5-3図は，世界金融危機における日本の輸出の変化（(a) 下降期および (b) 回復期の変化）を，退出効果，参入効果，数量＆価格効果に分解したものである。これは，HS分類9桁ベースの輸出品目別かつ仕向地別の輸出項目についての輸出額・輸出量を用いて，計算した結果である。退出効果とは，t-1期に輸出があったもののt期に輸出がゼロとなった輸出項目によって全体の輸出が押し下げられた部分を表している。逆に参入効果とは，t-1期に輸出がゼロであった輸出項目についてt期に輸出が生じたことによって全体の輸出が

第5-3図　世界金融危機の際の輸出額の変化とその要因分解：対世界輸出および対東アジア輸出

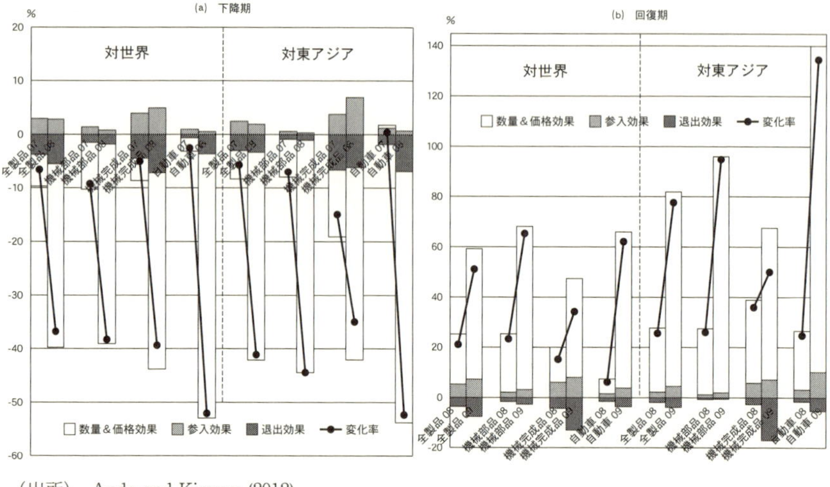

（出所） Ando and Kimura (2012).

（注） 下降期において，例えば，全製品08（全製品07）は，2008年（2007年）10月から2009年（2008年）1月における全製品輸出の変化を示したものである。同様に，回復期における全製品09（全製品08）は，2009年（2008年）1月から10月における全製品輸出の変化を示したものである。

押し上げられた部分を示している。退出効果と参入効果をあわせて extensive margin と呼ぶ。また，数量＆価格効果は，t-1 期も t 期も輸出があった輸出項目における数量や価格の変化による輸出額変化を表したものである。これは，intensive margin と呼ばれる[6)]。第 5-3 図では，世界金融危機の (a) 下降期と (b) 回復期をそれぞれ 2008 年 10 月（t-1 期）から 2009 年 1 月（t 期）と 2009 月 1 月（t-1 期）から 10 月（t 期）とみなし，その時期の変化率を分解しているが，月次データゆえの季節性を考慮し，1 年前の同時期のパターンも並記している。

第 5-3 図から，世界金融危機の下降期において，輸出は 4 割近く減少していることがわかる。季節変動を考慮するため，10 月から翌年 1 月の輸出動向を見ると，例年減少する傾向にあり，例えば前年同時期をみても 1 割弱減少している。しかし，4 割もの落ち込みは，季節変動を考慮したとしても十分に大きい。とりわけ自動車の輸出においては，5 割を超える落ち込みを見せ，前年同時期の 3%減と比較しても，下落幅が非常に大きい。

興味深いのは，機械部品・中間財の退出効果（下落幅）が，他の製品と比べても格段に小さいことである。対世界輸出の場合には－1.6%，対東アジア輸出にいたってはさらに小さく－0.7%であり，これは前年同時期の水準とほぼ同じである。したがって，とりわけ東アジアでは intensive margin，特に負の数量効果によって輸出が大幅に減少したものの，このような小さな退出効果は，域内での生産・流通ネットワーク内での部品・中間財の貿易関係の頑強性を示唆している。さらに，回復局面を見ても，下降局面と対照的であり，対東アジア輸出の extensive margin が非常に小さいとともに，正の数量効果が大きいことが確認できる。

第 5-3 図と同様に，第 5-4 図は震災以降の対世界輸出額の変化と対東アジア輸出額の変化を，分解した結果を示したものである。世界金融危機とは異なり短期間での動きが顕著であるため，前月比の変化率に着目し，前月を t-1 期，当月を t 期として変化率の分解をしている。ただし，世界金融危機と同様，月次データには季節変動が大きく現れるため，前年比変化率も，折れ線グラフとして書き込んである。

全製品の対世界輸出を見てみると，輸出の落ち込みは，世界金融危機の時

第 5-4 図　対世界輸出額の変化とその要因分解（2011 年）

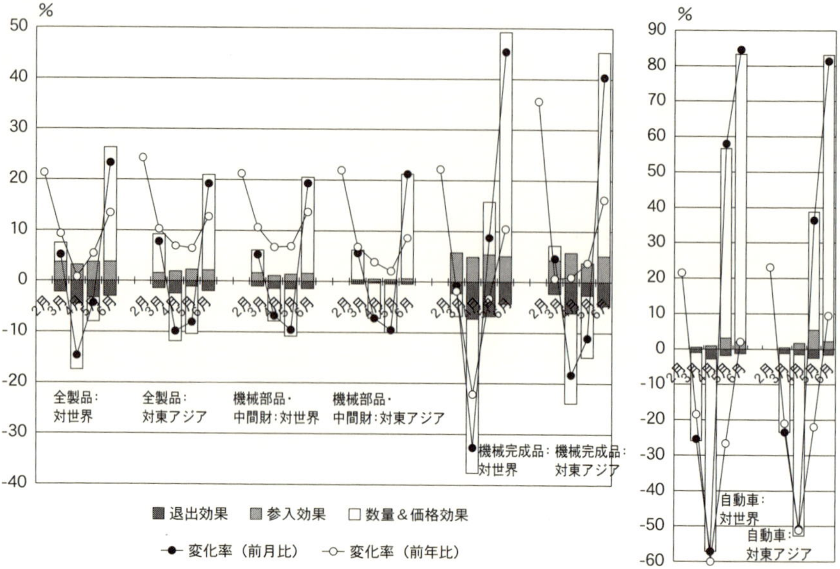

（注）　変化率はドル建てで実質化した額をもとに計算したものである。各月の前年比（変化率）は前年同月比，数量・価格効果，参入効果，退出効果は，前月比（前月から当月の変化率）を分解したものである。
（出所）　Ando and Kimura (2012) をもとに筆者作成。

とは大きく異なり，下落幅は小さく，またリバウンドも早い。3 月，4 月，5 月，6 月の前月比の変化は，5%，－15%，－4%，23%となっている。前年同月比では，9%，1%，5%，14%と，マイナスにすらなっていない。ただしこれは，ドルベースのデータを示しているためで，円ベースで見ると過去 1 年の円建てドル安を反映して，それぞれ 10%程度押し下げられると考えられるが，迅速な回復によって，震災とそれに伴う供給ショックの輸出全体への影響は，大方の予想よりはるかに小さかったと考えられる。

ただし，品目別には大きな違いが見てとれる。機械部品・中間財に関しては，対世界輸出の場合，3 月，4 月，5 月の前月比で 5%，－7%，－10%，19%（前年比 11%，7%，7%）と，比較的小さな落ち込みにとどまるとともに，6 月には，前月比で 19%（前年比 14%）の急増を示している。さらに注目すべきは，対東アジア輸出における退出効果の小ささである。参入効果，退出効果がプラスマイナス1%台と極めて低位であり，他地域と比べても，格段に低い。したがって，東アジアとの機械部品・中間財の取引が安定しており，世界金融危機の際と同様に，東アジアでの生産ネットワークを維持しようとする企業が機械部品・中間財の輸出を重要視したと考えらえる。

一方，機械完成品については，対世界輸出の場合，4月に前月比－33%（前年比－22%）と大きな落ち込みを記録している。退出効果も－7%に達している。しかしその後は，5月には前月比9%（前年比－3%）で，6月には45%（10%）で急速に回復している。通常であれば機械完成品の4～5割を占める自動車は，特に変化が激しかったため，右方に軸のスケールを変えて示している。これを見ると，3月にはすでに前月比－25%（前年比－18%）と落ち始め，4月には－57%（－60%）となったものの，5月，6月は前月比58%（前年比－27%），85%（2%）と大きく回復したことがわかる。なお，機械完成品の対世界輸出の特徴は対東アジア輸出にも当てはまる。また，本章では示していないが，自動車輸出の落ち込みは，とりわけアメリカやEUへの輸出において顕著であり，4月は前年比で6割～7割減であった。しかし，対世界や対東アジアのケースと同様，6月にはほぼ前年の水準にまで回復している。

このような自動車輸出の驚くべき回復の背景には，サプライチェーンを回復させようとする企業の多大な努力がある。新聞でも報道されたルネサスの例は象徴的である。ルネサス那珂工場では，自動車や電子機器に用いるマイコンを生産していたが，震災によって工場設備に大きな被害が出た。しかし，企業の壁を越えて，自動車業界などから最大1日2,500人が復旧作業に参加し，早期の生産再開にこぎ着けたのである。サプライチェーンが存在するからこそ，一時的な被害や影響はあったとしても，それを維持しようとする大きな力が企業の壁を越えて働いたのである。

2. 輸出額の変化とその確率

ここでは，世界金融危機と東日本大震災の下降期と回復期の機械貿易における取引関係の特徴を，ロジット分析を用いて検証してみたい。世界金融危機［震災］の下降期の分析においては，2008年10月およびその前後月［2011年3月およびその前後月］に輸出があった輸出項目（HS9桁レベルでの輸出品目別かつ仕向地別）に着目し，これらの輸出が2009年1月［2011年5月］にあったがどうか（輸出がなければ1，輸出が続いていれば0）を検証する。また，世界金融危機［震災］の回復期の分析においては，2008年10月およびその前後月［2011年3月およびその前後月］に輸出があり，2009年1月［2011年5月］に輸出がなかった輸出項目に着目し，これらの輸出が2009年10月［2011年7月］までに回復したかどうか（復活したら1，復活しなかったら0）を検証する。

第5-2表は，ロジット分析の結果を示したものである。まず，機械部品・中間財の係数をみると，世界金融危機であれ，震災であれ，下降局面ではマイナス，回復局面ではプラスとなっている。つまり，機械完成品と比べ，貿易関係が継続する確率が高く，仮に一端貿易がとまったとしても回復する確率が高いということであり，機械部品貿易はその取引関係が強固であると示唆される。これは，まさに，輸出額の分解の分析結果とも一致した結果である。

また，東アジア諸国の中でも，域内の生産ネットワークに深く関与している国ほど，貿易関係を継続する傾向にあり，貿易がなくなったとしても回復させる確率が高い。通常，距離が近いほど貿易が多く，距離が遠いほど貿易が少なくなると考えられるため，このような距離の影響を考慮するために，距離をコントールしている。その上で，各国ダミーを説明変数に加えたところ，世界金融危機か震災かにかかわらず，東アジア諸国の係数は，そのほとんどが下降時にはマイナス，回復時にはプラスである。なかでも，生産ネットワークの主要なメンバーである中国，タイ，韓国，台湾，ベトナムの係数（の絶対値）は大きい。その一方で，ブルネイ，カンボジア，ラオス，ミャンマーについては，統計的に有意でないか，係数が非常に小さいか，係数が逆になっている。したがって，機械産業における域内の生産ネットワークに深く入り込んでいる国との貿易関係は強固である一方で，それほどでもない国との取引関係は弱いと示唆される[7)]。

生産ネットワーク内の取引，とりわけ東アジア内の機械部品貿易は，それに参加できる立地や企業が厳しく選別されること，またいったん出来上がれば関係特殊的な取引が行われることから，他の貿易商品に比べ安定していると考えられる（Obashi（2010a，2010b））。また，それは平時に限ったことではな

第 5-2 表　世界金融危機と東日本大震災における日本の機械貿易の落ち込み・復活確率

	世界金融危機		東日本大震災	
	下降期	回復期	下降期	回復期
距離（log）	−0.05	0.10 *	−0.14 ***	0.11 **
	(−1.55)	(1.84)	(−3.87)	(1.98)
機械部品・中間財	−0.51 ***	0.28 ***	−0.47 ***	0.06 *
	(−25.78)	(8.84)	(−22.3)	(1.79)
韓国	−1.37 ***	1.38 ***	−1.88 ***	0.96 ***
	(−13.54)	(8.54)	(−16.69)	(5.01)
中国	−1.74 ***	1.20 ***	−2.11 ***	0.89 ***
	(−18.85)	(7.70)	(−20.4)	(4.81)
台湾	−1.31 ***	1.05 ***	−1.69 ***	0.95 ***
	(−14.91)	(7.31)	(−17.32)	(5.63)
香港	−1.35 ***	0.91 ***	−1.58 ***	0.74 ***
	(−16.16)	(6.54)	(−17.12)	(4.56)
ベトナム	−0.96 ***	1.38 ***	−1.30 ***	0.87 ***
	(−12.11)	(10.92)	(−15.00)	(5.85)
タイ	−1.53 ***	1.11 ***	−1.76 ***	0.79 ***
	(−19.32)	(8.11)	(−19.8)	(4.91)
シンガポール	−1.39 ***	0.68 ***	−1.39 ***	0.77 ***
	(−17.88)	(4.92)	(−16.82)	(5.29)
マレーシア	−0.91 ***	0.92 ***	−1.18 ***	0.77 ***
	(−12.33)	(7.69)	(−14.38)	(5.46)
ブルネイ	0.88 ***	−0.75 **	1.02 ***	−0.38
	(4.17)	(−2.38)	(4.05)	(−1.16)
フィリピン	−0.99 ***	1.03 ***	−1.18 ***	0.33 **
	(−12.17)	(7.90)	(−13.38)	(2.10)
インドネシア	−0.91 ***	0.86 ***	−1.15 ***	0.83 ***
	(−12.41)	(7.19)	(−14.31)	(5.96)
カンボジア	0.76 ***	0.30	0.43 ***	0.12
	(4.08)	(1.45)	(2.75)	(0.55)
ラオス	0.53 *	−1.05 **	0.67 *	−1.79 **
	(1.86)	(−1.99)	(2.24)	(−2.46)
ミャンマー	0.35 **	0.12	0.06	−0.03
	(2.21)	(0.58)	(0.39)	(−0.12)
アメリカ	−1.99 ***	0.37 **	−1.78 ***	0.52 ***
	(−23.37)	(2.18)	(−20.61)	(3.22)
EU	−0.53 ***	0.07 *	−0.50 ***	0.14 ***
	(−22.05)	(1.78)	(−19.43)	(3.23)
定数	0.93 ***	−2.09 ***	1.53 ***	−2.06 ***
	(2.89)	(−4.38)	(4.48)	(−3.89)
Log likelihood	−29,744	−11,949	−26,132	−9,749
サンプル数	45,979	20,507	41,827	16,221

（注）　カッコ内の数値は z 値を表す。*** は 1%水準で，** は 5%水準で，* は 10%水準で統計的に有意なことを示す。

（出所）　Ando and Kimura (2012).

く，Obashi（2011）によれば，アジア通貨危機の際にゼロとなってしまった輸出の復活確率が高いことが明らかになっている。さらに，Ando and Kimura（2012）は，世界金融危機と東日本大震災について，上記のロジット分析に加え，Obashi（2011）と同様の復活確率の分析も行っているが，そこでもやはり，機械部品輸出，とりわけ対東アジア部品輸出において，危機に際しゼロとなってしまった輸出の復活確率が高いという結果を得ている。世界金融危機や震災に際しても，生産ネットワークは，脆弱性を露呈したと言うよりは，むしろ力強い回復力が証明されたと考えられる。

第3節　タイでの大洪水と日本企業の対応

2011年10月に発生したタイでの大洪水もまた，生産ネットワークや日本企業に多大な影響を与えた。なぜなら，多くの日本企業が被害にあった工業団地などで生産活動を行っており，東アジアにおける生産ネットワークの中で重要な役割を果たしている工場が数多く立地していたためである。JETROバンコク事務所は，直接的・間接的に被害を受けた（タイに立地する）日本企業192社を対象に，タイでの洪水による被害についてアンケート調査を実施し，133社からの回答を得ている。これらの結果から，サンプル数は十分に多いとは言えないものの，企業の対応を見ても生産ネットワークやサプライチェーンの重要性が示唆されよう。

第5-3表と第5-4表は，その集計結果の一部を示したものである。第5-3表は，対象となった133社の被害状況をまとめたものである（複数回答あり）[8]。製造業企業（81社）については，その41%が間接的な被害を被っているが，その詳細を見ると，16%が供給先の被災によるケース，22%が調達先の被災によるケース，16%がサプライチェーンの一部が被災したケースとなっている。つまり，洪水による直接的な被害を受けなかったとしても，間接的な影響を受けた企業がたくさんあることがわかる。したがって，生産ネットワークが存在すれば，サプライチェーンを介して負の影響が伝播しやすいことは確かである。

第 5-3 表　タイの洪水による被害状況

	製造業		非製造業	
	企業数	比率	企業数	比率
直接的な被害あり	**40**	**49.4%**	**8**	**16.7%**
工業団地内	36	44.4%	6	12.5%
工業団地外	4	4.9%	4	8.3%
間接的な被害あり	**33**	**40.7%**	**11**	**22.9%**
供給先被災	13	16.0%	5	10.4%
調達元被災	18	22.2%	2	4.2%
サプライチェーンの一部被災	13	16.0%	4	8.3%
被害なし	**8**	**9.9%**	**29**	**60.4%**
有効回答企業数	81		48	

（注）　複数回答あり。有効回答率は 69.3%。
（出所）　JETRO (2012).

第 5-4 表　直接被災企業の今後の事業展開：事業規模および場所

(a) 今後の事業規模

	製造業		非製造業	
規模維持	21	52.5%	3	37.5%
規模縮小	16	40.0%	3	37.5%
規模拡大	0	0.0%	0	0.0%
不明	3	7.5%	2	25.0%
有効回答企業数	40		8	

(b) 今後の事業継続地

	製造業		非製造業	
同じ場所	31	77.5%	7	87.5%
タイ国内の他の場所	6	15.0%	2	25.0%
海外に生産移転・継続	3	7.5%	0	0.0%
撤退	0	0.0%	0	0.0%
不明	3	7.5%	0	0.0%
有効回答企業数	40		8	

（注）　事業規模については、複数回答あり。
（出所）　JETRO (2012).

その一方で，生産ネットワークの存在はその頑強性をも明らかにしている。直接的な被害を被った製造業企業 40 社のうち，半分以上の企業が事業規模を維持したいと考えており，その比率は非製造業企業の比率（38%）よりも高い（第 5-4 表）。また，4 分の 3 以上の企業が同じ場所で事業展開をしたいと考え，15%の企業は，別の国に移転するのではなくタイの別の場所で事業展開をしたいと考えている（複数解答あり）。さらに，海外に生産移転を考えている企業も，リスク分散のために，一部の生産工程はタイに残し，一部を海外に移転しようとするものだという。実際の事業再開までにはかなりの時間を有するケースも依然としてあるものの，同じ場所での事業再開を望む声は強い。

なぜ大きな被害をうけても同じ場所での事業展開を望む傾向が強いのか。もっとも大きな理由は，彼らがすでにタイの中でのサプライチェーンに組み込まれているためであり，生産工程を海外に移転するとなると，調達先・納入先との取引関係を変更する必要が生じ，大きな取引費用が発生するためである。また，他国に移転したとしても政治的リスクや自然災害リスクなどが存在する一方で，インフラや産業集積などを総合的に考えてタイの優位性がまさると判断されたようである。

タイでの大洪水が発生した2011年10月とその翌月の11月には，日本のタイとの貿易が輸出，輸入ともに落ち込んでいる。しかし，洪水によって被害を受けた資本財やその他の機械設備を導入するために，2012年に入るとタイへの輸出が著しく増加した。この事実もまた，生産ネットワークや産業集積が存在すれば，その生産ネットワークを介して危機による負の影響が一時的に広く伝播するとしても，そのネットワークを維持しようとする力が強く働くことを裏付けている。

第4節　おわりに

本章では，東アジアの経済統合を牽引してきた生産・流通ネットワークに着目し，危機に直面した際の特徴について議論してきた。需要ショックであれ，供給ショックであれ，一時的な負の影響はあるものの，そして，その影響の程度や長さに違いはあるものの，生産・流通ネットワークは安定性と回復力を有している。生産ネットワークにおいては，1つの部品の供給が滞っただけで，全体の生産が止まってしまう。したがって，生産ネットワークに参加している諸企業は，協力してネットワーク復旧に努力するインセンティブが生ずるのである。また，生産ネットワーク内の取引に参加できる立地や企業が厳しく選別され，いったん関係特殊的な取引ができあがると，そのような取引関係の変更に伴う大きな取引費用を避けるため，生産ネットワークの中での取引関係を維持しようとするインセンティブが強く働くのである。

ただし，生産ネットワークがそれだけ安定的だということは，一端，企業が立地を変更して産業が空洞化してしまうと，元に戻らない可能性があることも示唆している。過去の例を見ても，1995年の阪神・淡路大震災は神戸のハブ港としての機能の喪失を決定づけた。また，世界金融危機をきっかけに，日本の輸出額はドルベースでは危機以前の水準を回復しているものの，輸出項目数は減少して元に戻っていない。国際通商政策の展開の遅れに加え，「円高」による立地の優位性の劣化も叫ばれる中，企業の海外進出が加速し，日本が生産ネットワークから恒常的にはずされてしまう危険性はある。日本国内の投資環境を改善し，立地の優位性を高めることで，海外展開を積極的に促進しながらも，補完的な生産活動を日本に残して東アジアの活力を取り込んでいくことが重要であろう。

（安藤　光代）

注

1）生産ネットワークにおける工程間・タスク間の国際分業のメカニズムについては，Jones and Kierzkowski (1990) によって提起され，Kimura and Ando (2005) によって拡張されたフラグメンテーション理論によって，分析が進んでいる。

2）第5-1附図は，製造業における鉱工業指数を示したものである。生産面で見ても，世界金融危機の際の落ち込みの方が，東日本大震災のそれよりも大きいことがわかる。ただし，供給ショックである東日本大震災の場合には，その影響が被災地域とその他の地域とでは大きく異なる。鉱工業指数（製造業と鉱業）を示した第5-2附図から，被災地域での影響の大きさがわかるだろう。

3）東日本大震災については，地震そのもののみならず，津波による原発事故に伴う放射能汚染の問題が，日本の農水産品・食料品輸出に甚大な影響を与えた。多くの国が，日本産の農水産品・食料品に対し，放射性物質の検査証明書や産地証明書の提出義務，輸入側でのサンプル検査，輸入禁止など，様々な形で安全性検査や規制を導入し始めた。その結果，とりわけ2011年4月から6月にかけて，農水産品・食料品の輸出項目数（輸出品目別かつ仕向地別の項目数）が大幅に減少した。第5-1附表から，特に中国，韓国，EU，中東で，その減少幅が著しいことが確認できる。

4）他の東アジア諸国の輸出・輸入の動向を見ても，東アジア各国の機械貿易において世界金融危機からの回復を牽引したのは東アジア地域であることがわかる。東アジア各国における機械貿易の動向については，Ando (2010) を参照のこと。

5）例えば，対世界輸出の場合，2007年1月の輸出項目数は6万6,119である。

6）Intensive marginをさらに数量効果と価格効果に分解できるが，本章では煩雑になるのを避けるため，両効果を合計したもののみを示している。詳しくは Ando and Kimura（2012）を参照のこと。また，本項では，対世界と対東アジアのケースしか紹介していないが，対米輸出や対 EU のケースについては，上記論文を参照のこと。

7）アメリカとも強い貿易関係が確認できる。アメリカは日本にとって重要な市場の 1 つであり，完成品が日本から輸出されるか，日本から輸出した特殊な部品・中間財を使ってアメリカやメキシコで組み立てられて販売される。しかし，代替的な供給ルートが比較的見つけやすい東アジアのケースと違って，アメリカ-メキシコの生産ネットワークの場合には，たくさんの周辺国がサプライチェーンに組み込まれているわけではないため，代替ルートをみつけるのが難しいと推測される。そのため，アメリカでの生産活動と顧客の重要性を反映し，日本の対米機械輸出関係は継続される傾向にあると考えられる。

8）133 社のうち 4 社は業種分類無回答であったため，第 5-3 表には含まれていない。

第 5-1 附図　鉱工業指数：製造業のみ（2005=100）

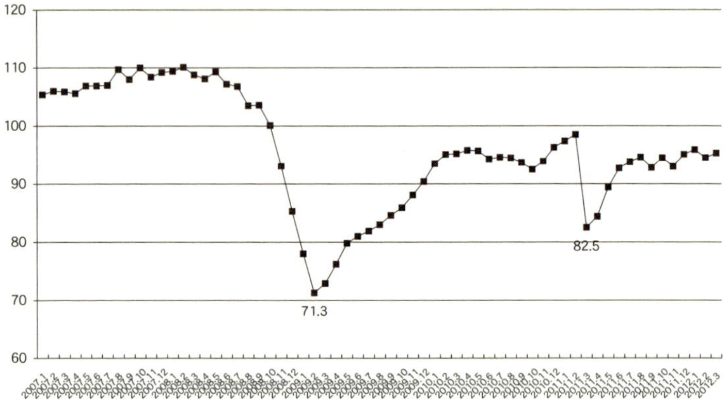

（資料）　経済産業省の鉱工業指数をもとに筆者作成。

第 5-2 附図　鉱工業指数：被災地域と被災地以外（2005=100）

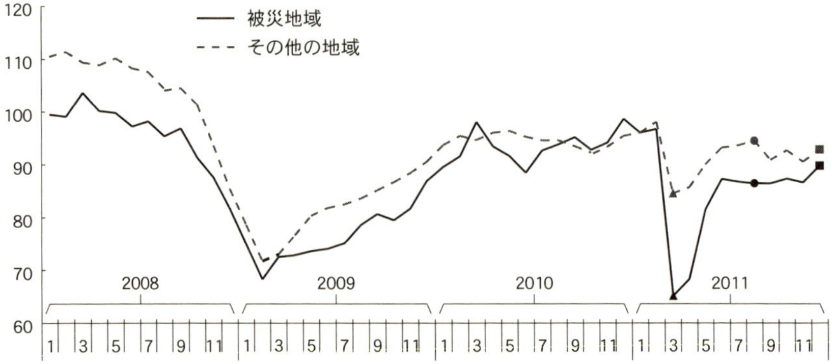

（出所）　経済産業省の産業活動分析「震災に係る地域別鉱工業指数でみる 23 年の鉱工業生産」28 ページ。

第5-1附表　農水産品・食料品輸出の輸出項目数（2011年）

	全輸出に占める割合	輸出項目数			
		3月	4月	5月	6月
香港	24%	1.03 (1.00)	0.95 (1.05)	0.92 (1.08)	0.97 (1.03)
アメリカ	14%	1.05 (1.14)	1.02 (1.12)	1.01 (1.08)	1.03 (1.04)
アセアン10	13%	1.34 (1.31)	1.12 (1.30)	1.10 (1.19)	1.25 (1.24)
台湾	13%	0.95 (0.90)	0.87 (0.96)	0.83 (0.95)	0.84 (0.90)
中国	11%	1.06 (1.04)	0.80 (1.04)	0.60 (1.03)	0.54 (1.06)
韓国	10%	0.95 (0.95)	0.98 (1.00)	0.65 (0.86)	0.81 (0.91)
EU27	5%	1.18 (1.24)	0.63 (1.33)	0.95 (1.15)	1.02 (1.00)
中東	2%	1.76 (1.57)	0.59 (1.35)	0.65 (1.61)	0.78 (1.37)

（注）輸出項目数は2007年1月を基準として指数化したものである。カッコ内の値は2010年の数値であり、全輸出に占める各国・地域の割合は2010年のデータに基づいている。
（資料）財務省の貿易データを用いて，筆者作成。

参考文献

経済産業省（2012）「産業活動分析（平成23年年間回顧）—震災に係る地域別鉱工業指数でみる23年の鉱工業生産—」以下のサイトから入手可能（http://www.meti.go.jp/statistics/toppage/report/bunseki/index.html）。

日本貿易振興機構（JETRO）（2012）「『タイ大洪水』に関する被災企業アンケート調査結果。以下のサイトから入手可能（http://www.jetro.go.jp/news/announcement/20120203731-news）。

Ando, M. (2010), "Machinery Trade in East Asia and the Global Financial Crisis," *Korea and the World Economy*, Vol. 11, No. 2, pp. 361-394.

Ando, M. and Kimura, F. (2012), "How Did the Japanese Exports Respond? The Global Financial Crisis and the Great East Japan Earthquake," to be published in *Asian Economic Journal.*

Jones, R. W. and Kierzkowski, H. (1990), "The Role of Services in Production and International Trade: A Theoretical Framework," in Ronald W. Jones and Anne O. Krueger, eds., *The Political Economy of International Trade: Essays in Honor of Robert E. Baldwin*, Oxford: Basil Blackwell, pp. 31-48.

Kimura, F. and Ando, M. (2005), "Two-dimensional Fragmentation in East Asia: Conceptual Framework and Empirics," *International Review of Economics and Finance (special issue on "Outsourcing and Fragmentation: Blessing or Threat,"* edited by Henryk Kierzkowski), 14, Issue 3, pp. 317-348.

Obashi, A. (2010a), "Stability of International Production Networks: Is East Asia Special?," *International Journal of Business and Development Studies*, 2, pp. 63-94.

Obashi, A. (2010b), "Stability of Production Networks in East Asia: Duration and Survival of Trade," *Japan and the World Economy*, 22, pp. 21-30.

Obashi, A. (2011), "Resiliency of Production Networks in Asia: Evidence from the Asian Crisis," in Simon J. Evenett, Mia Mikic, and Ravi Ratnayake eds., *Trade-led Growth: A Sound Strategy for the Asian Region*, pp. 29-52, United Nations Publication.

第6章
海外直接投資と空洞化：近年の企業レベルデータによる研究の潮流[1)]

はじめに

2011年3月11日の東日本大震災により，我が国の企業は，サプライチェーンの寸断，電力供給の不安定化，放射能による風評被害，そして歴史的な円高，の四重苦に直面していると，しばしば指摘される。日本企業の優位性は，企業間の強固なネットワークにあると言われてきたが，東日本大震災により一部の部品・素材メーカーが被災したことにより，サプライチェーンが寸断され，多数の企業が大幅な生産活動の停滞を余儀なくされた。また，原子力発電所が次々と停止に陥ったため電力供給が不安定化し，特に電力需要が逼迫する夏季に多数の企業が操業時間の大幅な変更を迫られた。放射能の風評被害は，食品輸出を中心に深刻な影響をもたらしているが，一時は，食品のみならず，消費財を中心とした各種製品の輸出にも影響を及ぼした。そして，為替レートについては，ギリシャ危機や米国の景気不安の影響もあり，2011年3月末より，円ドル・レートは急速に増価し，1995年以来の15年ぶりに1ドル80円を割り込み，輸出企業の業績の悪化を危惧する声が高まった。こうした社会・経済情勢を背景に，企業の海外移転が加速するのではないかという懸念が高まっている。

こうした，企業の海外進出に伴う国内の生産・雇用へのマイナスの影響は，産業空洞化問題として古くから議論が行われてきている。しかし，近年では企業の国際分業が進展し，海外との分業無しでは熾烈を極めるグローバル競争を勝ち抜くことができないという認識が定着しつつある。また，企業の海外進出の影響に関する学術的な研究においても研究の潮流が変わりつつある。かつては，マクロ・産業別のデータを用いた巨視的な研究が主流であったが，近年の研究では，製品，あるいは企業や工場を単位とする詳細なデータを用いて，企業の海外進出の影響をより直接的に，あるいは，より詳細に分析する研究が増えてきている。こうした新しい研究により，様々な新事実が指摘されるようになってきている。本章では，これまでの産業空洞化論を整理し，最新の学術研究を紹介しつつ，海外直接投資が国内経済に及ぼす影響について考えていく。

第1節　産業空洞化論とは何か？

産業空洞化を論じるにあたり，そもそも産業空洞化とは，どのように定義すればいいのか，また，その論点はどこにあるのかを整理しておこう。産業空洞化という言葉は，たとえば，通商白書をさかのぼると，古くは昭和48年(1973年) 版に登場している。それ以降，学術論文や白書といった政府の報告書のみならず，一般雑誌記事・新聞にいたるまで，さまざまなメディア・論者により用いられているが，その意味するところは，その時代により，著者により微妙にニュアンスが異なっている。たとえば，産業空洞化の原因として，途上国からの輸入の増加をさすものもあれば，国内の生産拠点の海外移転をさすものもあり，また産業空洞化の帰結として雇用の減少のみに注目するものや技術基盤の喪失について論じるものなど，様々なものがある。少し古い論文となってしまったが，既存研究の論点を包括的に整理したものとして，中村・渋谷 (1994) がある。彼らの論点整理を踏まえると，多くの研究では，産業空洞化現象を，「一国の生産拠点が海外へ移転すること（海外直接投資）によって(あるいは，それに伴う逆輸入の増加によって)，国内の雇用が減少したり，国内産業の技術進歩が停滞し，さらに技術水準が低下する現象」と定義している。中村・渋谷論文以降に執筆された論文では，この定義を用いるものが多く，本章でもそれに従って議論を進めていく。

第2節　為替レートと海外生産比率の動向

産業空洞化について論じる前に，為替レートと海外生産比率の推移について確認しておこう。第6-1図は，1990年第1四半期から2011年第1四半期までの円ドル・レートの推移である。円ドル・レートは1990年から1995年にかけて，急速な円高が進行した。1990年には150円前後であった為替レートは，一時1ドル70円台の過去最高値を記録した。その後，2007～2008年頃まで110円～120円前後の円安基調が続いたが，2008年秋のリーマンショック前後から円高が進行している。一方，海外生産比率は，1994年時点では，全法人ベースでは8%，海外進出企業ベースでは18%であったが，その後，着実に増加を続けている（第6-2図）。2001年には，全法人ベースでは14%，海外進出企業ベースでは29%にまで急上昇し，その後上昇ペースは鈍ったものの，2010年には，全法人ベースでは18%，海外進出企業ベースでは32%に達している。

こうした海外生産の拡大は，国内生産や雇用にどのような影響を及ぼしているのだろうか。次節以降では，海外直接投資増加の影響に関する研究を紹介していく。

第6-1図　円ドルレートの推移

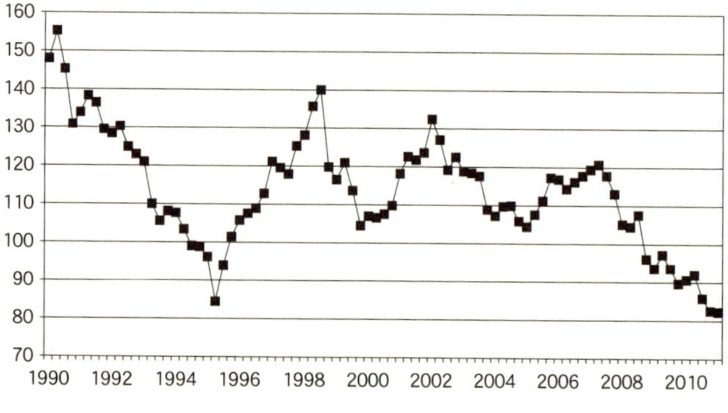

（出所）　IMF, Principal Global Indicators.

第 6-2 図　海外生産比率の推移

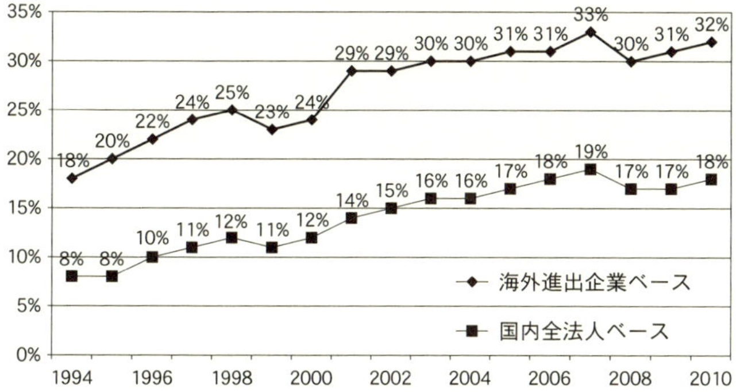

（出所）　経済産業省「海外事業活動基本調査」。

第 3 節　産業空洞化の規模の推定：初期の諸研究

産業空洞化に関する初期の研究は，マクロ・データ，あるいは産業別データを用いて，「生産拠点の海外移転により国内雇用が失われ，技術進歩が停滞する」という産業空洞化の懸念が実際に進行しているのか，また進行しているとすれば，それはどの程度であるかを検証するものであった2)。たとえば，マクロ・データを用いた研究では，深尾（1995）が，知識技術ストックを考慮した生産関数に関する先行研究を基礎として，海外直接投資による知識技術の移転が国内生産，および雇用に及ぼす影響について推計している。また，千明・深尾（2002）では，マクロ計量モデルを用いて，1990 年代における海外直接投資が経常収支に及ぼす影響を分析している。その結果からは，海外生産の拡大は貿易収支黒字を減少させているものの，アジア地域の経済発展に伴う輸出の拡大が貿易収支黒字を下支えしていると指摘している。産業レベルデータを用いた研究としては，経済産業省が平成 8 年版，あるいは平成 11 年版の「海外事業活動基本調査」に付随するレポートとして，海外生産が国内生産・雇用に及ぼす影響を，産業連関表などを用いながら推計している。彼らの推計では海外生産による輸出の代替率について一定の仮定を置くことで，海外生産が貿易収支や国内生産，雇用に及ぼす影響について推計を行っている。たとえば，

1995年の推計では，国内投資と雇用をそれぞれ1.4兆円，4万人減少させているという結果が得られている。

第4節　産業空洞化研究の新潮流

しかし，2000年ごろを境に，産業空洞化に関する研究の潮流は1つの転機を迎えることとなる。第1は，この頃から国際分業の進展による企業の生産活動のグローバル化が本格化し，それが企業の業績にも大きく影響し始めたことによる。2003年，あるいは2004年ごろから電機産業や自動車産業において，国内投資と海外投資を同時に拡大させる傾向が広がった。この動きを国内生産の「国内回帰」とみる向きもあった。しかし，どちらかというと，こうした投資は企業のグローバルな生産ネットワークを補強するものであったと指摘されている。たとえば，当時の自動車工場の国内の新設事例をみても，その動機は，多品種少量生産のための世界的な生産ネットワーク構築の一環として，一部車種の生産ラインを国内に集約させることであったという。つまり，2000年代の製造業の国内投資の活発化は，情報通信技術の進歩，それに伴う流通コストの低下，アジア諸国における経済インフラの改善によって，国際分業にともなう諸コストが大幅に低下していることを背景にした，高付加価値製品の生産拠点の集約化の流れであったとみることができる[3)]。こうした動きは，「海外直接投資が国内生産を代替する」という，これまでの産業空洞化の図式とは異なるものであり，この頃より，海外直接投資を，国際分業を進めるための手段として議論されることが多くなったように思われる。

第2は，学術研究における分析手法の改善である。1990年代までの研究の多くは，データの入手可能性の問題もあり，マクロ，あるいは産業別データに基づくものが多かった。しかし，海外直接投資の影響を分析するには，同一産業で，海外に拠点を移す企業と国内で操業を続ける企業を比較する必要がある。また，第1の理由で言及した国際分業の側面を分析するためには，海外の生産活動と国内事業の関係をみる必要があり，その意味でも企業や工場，製品単位でみていく必要がある。この点は，近年急速に進展した企業・事業所レベルデータを用いた研究や，比較的詳細な貿易データを用いることで改善が進められるようになった。この点については，次の第5節で詳しく見ていこう。

第5節　ミクロ・データによる国際化研究の新潮流

1990年代後半より，大規模なミクロ・データを用いた実証研究が増加している。その背景には，政府の公式統計の基となる個票データの研究利用への開放が進んだことや，パーソナルコンピュータの性能向上により，大規模データの処理が容易となったことがあげられる。海外直接投資に関する研究も，その例外ではなく，ミクロ・データに基づく実証研究から，新しい理論研究が触発されるなど，研究の蓄積が進められている[4)]。こうしたミクロ・データによる海外直接投資の研究は，輸出と海外直接投資の関係に関する研究と，企業データを用いた雇用に関する分析，生産性に関する研究に大別することができる。以下では，これらを順に紹介していきたい。

1．輸出と海外直接投資に関する研究

産業空洞化論では，海外直接投資が国内生産を代替することにより，国内雇用が減少するというロジックをたてているが，この点を直接的に検証するには，海外直接投資が，どの程度，輸出を代替しているかを分析すればいい。海外直接投資と輸出の代替に関する研究は比較的古く，国別・産業別データを用いたものでは，Lipsey and Weiss（1981），Clausing（2001）らによる研究があり，いずれも，海外直接投資と輸出の間には補完的な関係があると指摘している。その理由については，よりミクロのデータで分析が進められている。たとえば，Blonigen（2001）は，中間財と最終財の違いに注目し，工程間分業が海外直接投資と輸出の補完性の源泉であることを示している。具体的には，米国における日系自動車メーカーの海外直接投資と日本から米国への輸出の関係を対象として，海外直接投資による自動車組立工場の設立は自動車部品の輸出を促進するのに対して，自動車部品工場の設立は自動車部品の輸出を代替することを示した。さらに，Head and Rise（2001）は，海外直接投資と輸出と輸出

の代替性・補完性について，企業データを用いて，部品メーカーと完成品メーカーの違いを分析している。彼らの研究では，製造業に属する上場企業932社の財務データを用いて分析しており，完成品メーカーの海外直接投資は，完成品メーカーの輸出を代替するのに対し，部品メーカーの輸出を増加させていると報告している。深尾・程（1997）では，同じ仮説を海外直接投資の進出先の違いに注目して分析している。すなわち，垂直的直接投資が活発なアジア向けの海外直接投資では，工程間分業によって輸出が拡大するので補完的，水平的直接投資が活発な欧米向けの海外直接投資では，輸出を現地生産に切り替えるものであるので両者は代替的であるとの仮説を検証している。彼らの分析では，電機製造業に属する上場企業の財務データを用いて，上記の仮説が正しいことを示している。以上でみたとおり，一口に海外直接投資といっても，輸出との関係は，その性質に依存しており，海外直接投資によって輸出が減少してしまうかどうかは，どのタイプの海外直接投資が増加しているのかを検討していく必要があるといえる。

2. 企業データによる雇用に関する研究

海外直接投資と輸出に関する研究から，工程間分業を伴う，いわいる垂直型の海外直接投資の場合，輸出は必ずしも減少しないことが明らかとなった。労働需要は生産活動の派生需要と考えれば，垂直型の直接投資が増加すると国内雇用が増加する可能性があるということになる。しかし，工程間分業の進展に伴って，国内に残された事業がより資本集約的なものに限定されるのであれば，必ずしも海外直接投資によって雇用も増加するとはいえない。よって，海外直接投資が企業の従業者総数に及ぼす影響は，きわめて実証的な問題といえる。

まず，この研究課題の嚆矢ともいえる研究として，米国企業とスウェーデン企業を比較したBlomstrom et al.（1997）をあげることができる。彼らは，両国の企業データを用いて，海外売上高と国内雇用の関係を分析しており，米国企業では代替的な関係，スウェーデン企業では補完的な関係が検出されたと報告している。彼らの解釈では，この結果の違いは，両国の投資先，および投資戦略の違いによってもたらされているとしており，米国では逆輸入型の海外直接投資が多いのに対し，スウェーデンでは輸出補完的な海外直接投資が多いとしている。また，近年の研究では，Harisson and McMillan (2011) が，米国企業のデータを用いて，投資目的や投資先の違いをもとに丁寧な分析を行っている。彼らの分析では，企業のグローバルな生産関数を想定し，そこから導出される労働需要関数を推定している。企業の海外生産活動は高所得国と低所得国に分けて比較が行われており，さらに垂直分業か否かの交差項を加えた分析を行っている。分析結果からは，海外生産と国内雇用は，国内と海外で同じ工程を担っているときは代替的であるが，国際分業が行われているときには補完的な関係になることを示している。さらに，米国における国内雇用減少の海外直接投資以外の要因に注目すると，資本ストックとの代替による効果や海外からの輸入財増加の影響のほうが，海外生産による代替効果よりも大きいと指摘している。

一方，日本のデータを用いた研究では，Yamashita and Fukao (2010) を挙げることができる。彼らの研究では，「企業活動基本調査」（経済産業省）と「海外事業活動基本調査」（経済産業省）を個票レベルでリンクした独自のデータベースを構築し，海外直接投資と国内雇用の関係を分析している。その結果，海外における生産規模の拡大は，かならずしも国内の雇用の減少をもたらすものではないことを示している。

海外直接投資が雇用に及ぼす影響は，雇用の総量のみならず，雇用者の構成にも影響するかもしれない。海外直接投資により，労働集約的な部門が海外に移転すると，国内ではより高度な技術を伴う製品に特化する可能性があり，それに伴い，より質の高い雇用者の需要が増えるかもしれない。この点については，Head and Rise (2003)，および，Obashi et al. (2010) によって分析が行われている。Head and Rise (2003) は，日本の上場企業の財務データを用いて，低所得国での海外生産を増加させた企業で非生産部門の賃金シェアが上昇させていることを示した。また，Obashi et al. (2010) では，海外直接投資が本社部門，および製造部門の雇用者数，および賃金に及ぼす影響を分析しており，途上国向けの直接投資であれ，先進国向けの直接投資であれ，雇用者数そのものへの影響は小さいが，より高技能を持つ労働者の需要が増加していると指摘している。

ここまで企業レベルの研究を紹介してきたが，海外直接投資が国内雇用に及ぼす影響を語る上では，大企業の海外進出が，中小の下請企業の雇用に及ぼす影響も無視できない。むしろ完成品を生産する大企業は，生産拠点を自由に選ぶことができるのに対して，下請けの中小企業の中には，容易に生産拠点を移転させることが難しく，大規模の海外移転によって受注量が減少し，雇用を減少させる企業も少なくないであろう。こうした効果を分析する上では，むしろ産業別のデータを用いた分析のほうが有用である。深尾・袁（2003）は，海外事業活動基本調査（経済産業省）を独自に集計した産業別データを用いて分析を行っている。彼らの分析では，個票データを再編加工し，海外直接投資を「国内生産代替型」と「現地市場獲得型」に分類して，その国内雇用への影響を分析している。彼らの推計によると，1990年代を通じて「国内生産代替型」の直接投資が増加したことにより58万人の雇用機会が失われていることを指摘している。一方で，「現地市場獲得型」の直接投資は，日本からの輸出を促す効果を持ち，国内雇用を創出することで，「国内生産代替型」直接投資による雇用の減少をかなりの程度相殺していると報告している。

3. 企業データによる生産性に関する研究

産業空洞化が国内経済に及ぼす影響を考える際には，むしろ雇用への影響よりも，技術進歩への影響がより重要であるといえる。というのは，比較優位を失った製品の国内生産拠点は海外に移転され，その分の雇用機会が失われるのは，ある意味自明である。また，職を失った雇用者が，より生産性の高い部門に移れば経済厚生は改善する可能性がある。しかし，海外への生産拠点の移転により，技術進歩の停滞や規模の経済の喪失によって生産効率が低下するようであれば，経済厚生は低下する。もっとも，海外直接投資が国内の生産性に及ぼす影響には，海外と分業することにより割安な中間財を入手したり，あるいは，外国企業との競争を通じて，新しい技術やノウハウを手に入れ，それを国内事業にフィードバックさせることで，むしろ生産性を改善させるという見方もある。雇用に関する分析の場合，雇用は生産量の派生需要であるため，海外直接投資による影響とそれ以外の要因による影響を識別することは比較的容易である。しかし，生産性の場合は，さまざまな要因を考慮する必要があり，海外直接投資の影響を抽出するためには，ミクロ・データの利用を含む推定上のさまざまな工夫が必要となる。

海外直接投資が国内の生産性に及ぼす影響については，単純に，海外直接投資を行っている企業と，そうでない企業で生産性を比較するだけでは十分でないことが知られている。なぜなら，海外直接投資を行うためには，一定の固定費がかかるため，「海外直接投資を行う企業は比較的生産性が高い企業が多い」という，生産性から海外直接投資という逆の因果関係をコントロールする必要があるからである。この海外直接投資を行う企業とそうでない企業の生産性格差については，近年，Melitz（2003）による企業の異質性を考慮した企業間格差の理論の発展とともに注目されるようになり，海外直接投資企業と輸出企業，国内企業の生産性格差についてはHelpman et al.（2004）により分析が行われている。こうした逆の因果関係を考慮するために，近年の研究ではSystem GMMやPropensity Score Matching法を用いて，海外直接投資が企業の生産性に及ぼす影響につていの分析が行われている。たとえば，海外の研究では，イタリアを対象としたNavaretti and Castellani（2004）やイタリア企業とフランス企業を比較したNavaretti et al.（2010）などが，Propensity Score Matching法を用いて，海外直接投資を行った企業が生産性を改善させていることを報告している。さらにミクロのデータを用いた研究として，Matsuura et al.（2009）では，工業統計と海外事業活動基本調査を接続し，System GMMで各企業の国内の事業部門別の生産性と海外直接投資の関係を分析し，工程間分業を伴う海外直接投資が，国内の製造部門の生産性改善を促していることを指摘している。

さらに，海外直接投資が輸出と補完的な関係にあり，輸出の増加を促すという事実を踏まえると，輸出の増加が生産性の改善につながっているかどうか（輸出の学習効果）も重要なトピックであるといえる。かつての研究では輸出の学習効果について否定的な研究もみられた。しかし，輸出と生産性の同時性の問題に対処するための工夫を施した最近の研究では，英国を対象としたGirma et al.（2004），スロベニアを対象としたDe Loecker（2007），中国を対象としたPark et al.（2010）などが，輸出開始による生産性上昇効果の存在を支持する分析結果を提示している[5)]。さらに，輸出が企業の生産性改善に影響を与えるメカニズムに踏み込んだ研究として，アルゼンチンを対象としたBustos (2011) やカナダを対象としたLileeva and Trefler (2010) がある。彼らの研究では，貿易の自由化により輸出市場の拡大が期待される状況では，海外市場での競争力を高めるため企業は技術投資を行い，その結果，輸出の拡大と生産性の改善がもたらされることを指摘している。

最後に，海外進出企業がマクロレベルの生産性変動に及ぼす影響についても考えておきたい。1990年代以降の日本では生産性の低迷が続いており，景気回復の障害となっていることが，しばしば指摘されている。Nishimura et al. (2004) などでは，この原因のひとつとして，市場の淘汰メカニズムの機能不全，すなわち，生産性の高い工場の撤退と生産性の低い工場の滞留の問題を指摘している。後者については，銀行による追い貸しの問題が指摘されているが，前者については，海外直接投資に伴う工場閉鎖の影響が指摘されている。海外進出企業は，企業内で生産性の低い工場を閉鎖して海外に生産を移管すると考えられるが，海外進出企業の所有する工場は，産業内でみると比較的生産性が高いので，産業内では生産性の高い工場が閉鎖されることになる。Kneller et al. (2012) は，日本の工場レベルのデータを用いて分析を試みており，海外進出企業は確かに比較的生産性の高い工場を閉鎖しているものの，マクロ的なインパクトは，さほど大きくないとの指摘を行っている。

以上でみてきたとおり，近年の実証研究からは，産業空洞化論で指摘される，「海外直接投資の進展による技術進歩の停滞」を支持する事実は見当たらない。むしろ，先行研究では，国際分業の進展に伴って，企業が輸出や海外直接投資を開始することで生産性が改善する可能性が示されている。

第6節　むすびにかえて：経済のグローバル化の便益を得るには

本章では，企業の海外直接投資の拡大が国内経済に及ぼす影響を展望するため，近年の主としてミクロ・データを用いた研究をレビューした。近年の実証研究からは，海外直接投資は，その種類によっては，輸出を補完する場合もあり，さらに，必ずしも企業の労働需要を減衰させるものではないことが明らかとなった。また，海外直接投資を行った企業は生産性を改善させており，また，輸出の増加によっても生産性が上昇することが次第に明らかとなってきている。かつては，円高局面になると，海外直接投資は国内の雇用機会を喪失させ，技術進歩を停滞させるという産業空洞化論が大いに議論を集めたが，こうした実証研究の積み重ねを踏まえると，海外直接投資による国際分業の深化は，むしろ，国内経済に大きな便益をもたらすものであると考えられる。

ただし，現実には，輸出や海外直接投資には固定費がかかるため，多くの中小企業にとっては輸出や海外直接投資に便益があるといっても，その実施は容易ではない。そこで，最近では，企業が，輸出や海外直接投資を行うにあたり障害となっているものは何なのか，それを取り除くために政策的に何かできるのか，といった点が，むしろ議論の中心となってきている。たとえば，企業の資金制約の問題や，海外市場の情報収集の困難さ，あるいは，経営者のリスクに対する姿勢などが，輸出や海外直接投資の実施の障害となっているのではないかといった議論が展開されている[6)]。この分野については，研究者のみならず，政策担当者も強い関心をもっており，今後の研究の蓄積が期待される分野の1つである。

（松浦　寿幸）

注

1）本稿は，松浦（2011）に，大震災以降の経済情勢と企業動向，および最新の研究動向を補足し，大幅に加筆修正したものである。

2）産業空洞化に関する1990年代の実証研究については，深尾（2002）において丁寧に整理されている。

3）詳しくは，日産の北米現地生産車の一部の国内生産切り替えについて扱った日経ビジネス(2006)を参照。

4）近年のミクロ・データを用いた国際経済分野の研究の詳細については，松浦・伊藤（2010），および松浦・早川（2010）による展望論文を参照されたい。

5）これらの研究では輸出と生産性の同時性の問題について推定上の工夫が施されている。具体的には，Girma et al.（2004）とDe Loeker（2007）は，Propensity Score Matching法を用いて，Park et al.（2010）は，実効為替レートを輸出変化の操作変数として同時性の問題に対処している。

6）この分野の研究の動向については，戸堂（2010）の第7章，および，そこで引用されている文献を参照のこと。

参考文献

戸堂康之（2010）『途上国化する日本』日本経済新聞社。

中村吉明・渋谷　稔（1994）『空洞化現象とは何か』通商産業省通商政策研究所研究シリーズ，Vol. 23。

日経ビジネス（2006）「日産が国内生産に回帰？否，進化したグローバル生産の帰結です」『日経ビジネス・オンライン』2006 年 10 月 3 日，URL：http://business.nikkeibp.co.jp/article/topics/20060929/110880/，〈2011 年 1 月 5 日アクセス〉

千明　誠・深尾京司（2002）「1990 年代の構造的経常収支の動向：貯蓄投資バランス・アプローチによる実証分析」『経済論集』，Vol. 28，No. 1，98–123 ページ。

深尾京司（1995）「日本企業の海外生産活動と国内労働」日本労働研究雑誌，No.424。

深尾京司（2002）「直接投資と雇用の空洞化」『日本労働研究雑誌』No. 50，34–37 ページ。

深尾京司・程　勲（1997）「日本企業の海外生産活動と貿易構造」浅子和美・大瀧雅之編『現代マクロ経済動学』東京大学出版会，415–444 ページ。

深尾京司・袁　堂軍（2001）「日本の対外直接投資と空洞化」RIETI Discussion Paper，01–J–003。

松浦寿幸（2011）「あの議論はどこへいった―空洞化」『日本労働研究雑誌』No. 406，18–21 ページ。

松浦寿幸・伊藤恵子（2010）「政府ミクロ・データによる生産性分析」RIETI Policy Discussion Paper，10–P–010。

松浦寿幸・早川和伸（2008）「ミクロ・データによるグローバル化の進展と生産性に関する研究の展望」『経済産業統計研究』Vol. 36，No. 4，65–78 ページ。

Blomstrom, M., Gunnar, F. and Lipsey, R. (1997), "Foreign Direct Investment and Employment: Home Country Experience in the United States and Sweden," *Economic Journal*, Vol. 445, pp. 1787–1797.

Blonigen, B. (2001), "In search of Substitution between foreign production and exports," *Journal of International Economics*, Vol. 53, pp. 81–104.

Bustos, P. (2011), "Trade Liberalization, Exports, and Technology Upgradign: Evidence on the Impact of MERCOSUR on Argentinian Firms," *American Economic Review*, Vol. 101, pp. 304–340.

Clausing K. (2000), "Does Multinational Activity Displace Trade?," *Economic Inquiry*, Vol. 38, No. 2, pp. 190–205.

De Loecker, J. (2007), "Do Exports Generate Higher Productivity? Evidence from Slovenia," *Journal of International Economics*, Vol. 73, No. 1, pp. 69–98.

Girma, S., Greenaway, D. and Kneller, R. (2004), "Does Exporting Increase Productivity? A Microeconometric Analysis of Matched Firms," *Review of International Economics*, Vol. 12, No. 5, pp. 855–866.

Harisson, A. and McMillan, M. (2011), "Offshoring Jobs? Multinationals and US –Manufacturing Employment," *Review of Economics and Statistics*, Vol. 93, No. 3, pp. 857–875

Head, K. and Rise, J. (2001), "Oversea Investment and Firm Exports," *Review of International Economiocs*, Vol. 9, No. 1, pp. 108–122.

Head, K. and Rise, J. (2003), "Offshore Production and Skill Upgrading by Japanese Manufacturing Firms," *Journal of International Economics*, Vol. 58, No. 1, pp. 81–105.

Helpman, E., Melitz, M. and Yeaple, Y. (2004), "Export versus FDI with Heterogeneous Firms," *American Economic Review*, Vol. 94, No. 1, pp. 300–316.

Kneller, R., McGowan, D., Inui, T. and Matsuura, T. (2012), "Globalization, Multinationals and Productivity in Japan's Lost Decade," *Journal of the Japanese and International Economies*, Vol. 26, No. 1, pp. 110–128.

Lileeva, A. and Treffler, D. (2010), "Improved Access to Foreign Markets Raises Plant-level

Productivity…for some plants," *Quarterly Journal of Economics*, pp. 1051-1099.

Lipsey R. and Yahr Wise, Y. (1981), "Foreign Production and Exports in Manufacturing Industries," *Review of Economics and Statistics*, Vol. 63, No. 4, pp. 488-494.

Navaretti, B. and Castellani, D. (2004), "Investments abroad and Performance at Home: Evidence from Italian Multinationals," *CEPR Discussion Paper*, No. 4284.

Navaratti, B., Castellani, D. and Disdier, A. C. (2010), "How Does Investing in Cheap Labour Countries Affect Performance at Home? France and Italy," *Oxford Economic Paper*, Vol. 62, No. 2, pp. 234-260.

Nishimura, G. K., Nakajima, T. and Kiyota, K. (2004), "Dose the Natural Selection Mechnism still Work in Severe Recessions? Examination of the Japanese Economy in the 1990s," *Journal of Economic Behaviors and Organization*, Vol. 58, pp. 53-78.

Matsuura, T., Motohashi, K. and Hayakawa, H. (2009), "How Does FDI in East Asia Affect Performance at Home?: Evidence from Electrical Machinery Manufacturing Firms," *RIETI Discussion Paper*, 08-E-034.

Melitz, M. (2003) "The Impact of Trade on Intraindustry Reallocations and Aggregate Industry Productivity," *Econometrica*, Vol. 71, No. 6, pp. 1695-1725.

Obashi, A., Hayakawa, K., Matsuura, T. and Motohashi, K. (2010), "A Two-Dimensional Analysis of the Impact of Outward FDI on Performance at Home: Evidence from Japanese Manufacturing Firms," *IDE Discussion Paper*, No. 272.

Park, A., Dean, Y., Xinzheng. S. and Jiang, Y. (2010), "Exporting and Firm Performance: Chinese Exporters and the Asian Financial Crisis," *Review of Economics and Statistics*, Vol. 92, No. 4, pp. 822-842.

Yamashita, N. and Fukao, K. (2010), "Expansion Abroad and Jobsat Home: Evidence from Japanese Multinational Enterprises," *Japan and the World Economy*, Vol. 22, No. 2, pp. 88-97.

第7章
FDIの収益格差

はじめに

日本は2011年に，暦年ベースでも年度ベースでも，貿易収支が赤字となった。過去40年近く，貿易収支の黒字基調が続いていた日本にとって，この貿易赤字は時代の変化を強く意識させる出来事であった。

この貿易赤字の原因は，東日本大震災による機械機器の生産減少，円高，国内生産の海外移転，世界景気の停滞による輸出の減少と，運転を停止した原子力発電の代替となる火力発電に用いる液化天然ガスの輸入の増加，そして日本国内の少子高齢化に伴う貯蓄の減少と言われている。

しかし，日本の貿易黒字幅の縮小という大きなトレンドは，すでに観察されていた。日本の貿易黒字の対GDP比率を10年ごとに見てみると，1980年代が最も高く，その後1990年代，2000年代と低下傾向にあった。今回の貿易赤字は，貿易黒字幅の減少という大きなトレンドに，東日本大震災という強いショックが加わった結果である。

貿易黒字に代わって，経常収支黒字の主要因になっているのは，所得収支である。そして，日本において所得収支の大部分を占めるのは，投資から得られる所得の受け払いである。日本が対外投資からより大きな所得を得ることが期待されている現在，日本の対外・対内投資の残高やその収益率を，他国と比較しながら見ていくのは，現状の理解に役立つであろう。

第 1 節　国際収支統計

1. 国際収支統計の主要項目

第 7-1 表　日本とその他主要国の国際収支統計：2010 年

	金額 (単位 億米ドル)	対 GDP 比				
	日本	日本	アメリカ	イギリス	中国	ドイツ
経常収支	1,958	3.6%	-3.2%	-3.2%	5.2%	5.7%
貿易収支	910	1.7%	-4.4%	-6.8%	4.3%	6.2%
(輸出)	(7,301)	(13.4%)	(8.9%)	(18.2%)	(26.7%)	(39.7%)
(輸入)	(6,391)	(11.7%)	(13.3%)	(25.0%)	(22.4%)	(33.5%)
サービス収支	-161	-0.3%	1.0%	3.1%	-0.4%	-0.8%
所得収支	1,333	2.4%	1.1%	1.9%	0.5%	1.8%
経常移転収支	-124	-0.2%	-0.9%	-1.4%	0.7%	-1.5%
資本収支	-1,354	-2.5%	1.8%	3.1%	3.8%	-5.7%
投資収支	-1,305	-2.4%	1.8%	2.8%	3.7%	-5.6%
その他資本収支	-50	-0.1%	0.0%	0.2%	0.1%	0.0%
外貨準備増減	-439	-0.8%	0.0%	-0.4%	-8.0%	-0.1%
誤差脱漏	-165	-0.3%	1.5%	0.6%	-1.0%	0.0%

（注）中国のデータには香港，マカオ，台湾は含まない。この表の項目順は，国際通貨基金（IMF: International Monetary Fund）の作成する国際収支統計での順序を，日本銀行が作成する日本の国際収支統計の順序に似せて組み替えている。
（資料）国際収支統計は IMF「Balance of Payments Statistics Yearbook」，GDP は World Bank「World Development Indicators」から作成。

国際収支統計とは，ある期間内における国内居住者と外国居住者の間の経済取引を体系的に記録したものである。国際収支統計の主要構成項目とその意味について，第 7-1 表の 2010 年における日本とその他主要国の国際収支を例に見てみよう。

主要な項目として，経常収支，資本収支，外貨準備増減，誤差脱漏の 4 つがある。経常収支については，さらに貿易収支，サービス収支，所得収支，経常移転収支の 4 つに分かれている。資本収支についても，投資収支とその他資本収支に分かれている。

経常収支の 4 つの内訳項目のうち，貿易収支は商品の貿易を，サービス収支はサービスの貿易を，所得収支は労働所得や利子・配当金の受け渡しを，経常移転収支は無償資金援助や海外で働く労働者の本国送金などを，それぞれ扱う。また，資本収支の2つの内訳項目のうち，投資収支には金融資産の受け払いを，その他資本収支には対価を求めない資産の無償取引や，土地，特許権，著作権の取引などを，それぞれ計上する。外貨準備増減には，通貨当局の管理下にあってすぐに利用可能な対外資産の増減が記録される。最後に，誤差脱漏は統計上の誤差や脱漏と思われる金額である。なお，国際収支統計は複式計上によって記録されているので，各項目を全て足し合わせると0になる。

2. 主要国の国際収支統計

次に，日本，アメリカ，イギリス，中国，ドイツの2010年の国際収支統計を比較することで，各国の対外経済取引の特徴を把握する。

まず，貿易収支を見ると，2010年では日本の商品輸出は7,301億ドル，商品輸入は6,391億ドルであり，収支尻は910億ドルの黒字となっている。日本，アメリカ，イギリス，中国，ドイツの貿易収支を対GDP比で比較すると，アメリカやイギリスは赤字幅が非常に大きい反面，中国やドイツでは黒字幅が大きい。また，輸出や輸入の対GDP比を見ると，ドイツは非常に大きいが，日本やアメリカは比較的小さい。

サービス収支については，2010年の日本のサービス収支は161億ドルの赤字となっている。日本以外の国を見てみると，対GDP比でイギリスが3.1%と黒字幅が大きい。これには，国際金融センターであるロンドンを抱えるイギリスが輸出する金融サービスが大きく貢献している。

所得収支では，2010年の日本の所得収支は1,333億ドルの黒字となっている。これは，外国が持つ日本の債券や株式に比べて日本が持つ海外の債券や株式が非常に多く，そのため海外諸国が対日投資から受け取る投資収益を日本が海外投資から受け取る投資収益が大きく上回っていることによる。また，対GDP比では2.4%で，表中の5カ国の中で最も大きい。なお，投資所得には雇用者報酬の受け渡しも含まれるが，日本はこの金額は非常に少なく，所得収支のほぼすべてが投資所得である。

投資収支を見ると，日本は2010年においては約1,300億ドルの流出超であり，この分だけ日本の居住者の対外純資産が増加している。また，対GDP比では最も流入超の大きな国は中国（3.7%），最も流出超の大きな国はドイツ（−5.6%）である。複式計上の原則から全ての項目の合計額は0になるが，日本やドイツではその他資本収支，誤差脱漏，外貨準備増減の値が比較的小さいので，投資収支の流出超の値と経常収支の黒字の値がほぼ等しくなっている。経常収支黒字によって得た資本を使って外国の金融資産を購入するという両国の特徴が，第7-1表にはっきりと表れている。

経常移転収支やその他資本収支の金額や対GDP比は，先進国や経済規模の大きい国では，国際収支統計の中でそれほど大きくない。第7-1表中の5カ国でも，経常移転収支やその他資本収支の数値は他の項目と比べて小さい。他方，外国からの無償資金援助や海外で働く労働者からの送金を多く受けている発展途上国では，これらの収支は比較的重要になる。

外貨準備増減については，2010年に日本は439億ドルの外貨準備増加を記録している。日本の通貨当局は2010年に外国為替市場で円高阻止のための円売りドル買い介入を行ったため，外貨準備が増加した。また，保有する外貨準備はそのほとんどが外債（特にアメリカ財務省証券）で運用されるので，その利子収入も外貨準備を増加させる。対GDP比では，中国のマイナス8.0%という数字が目を引く。中国では政府が為替レートや資本移動を厳格に管理しており，政府が外国為替市場で自国通貨を売って外国通貨を買うことで，人民元高が抑制され，政府の外貨準備が急増している。中国の2010年の外貨準備の増加額は経常収支の黒字額と資本収支の流入超額の合計にほぼ等しいが，これは中国の居住者が経常収支黒字や資本収支流入超で得た外貨のほぼ全てを，通貨当局が購入して外貨準備としていることを意味している。

最後に，誤差脱漏は統計上の誤差や脱漏と思われる金額を計上している。この項目は時に大きな数字となり，2010年においてはアメリカで対GDP比で1.5%にもなっている。

このように，国際収支統計の各項目を他国と比較してみると，日本に特徴的な点はかつてのような貿易収支の黒字幅ではなく，現在では所得収支の黒字幅の大きさになっていることがわかる。

3. 日本の経常収支の推移

第7-1図　日本の経常収支

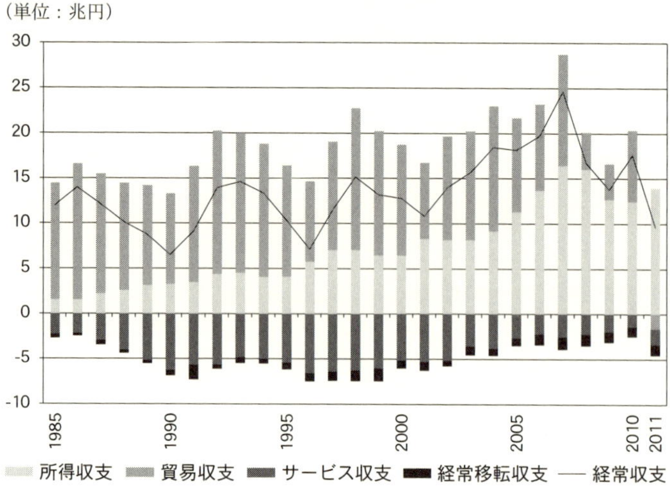

(資料)　財務省ウェブサイトの資料から作成。

日本の経常収支黒字の主因がいつ貿易収支から所得収支に移ったか，データを見てみよう。第7-1図は，日本の経常収支とその内訳（貿易収支，サービス収支，所得収支，経常移転収支）を，1985年から2011年まで図示したものである。

貿易収支は，1985年には13兆円超の黒字を記録し，1992年には15兆7,764億円の過去最高額を記録したが，その後は減少傾向となり，2011年には1兆6,165億円の赤字となった。他方，所得収支は，1985年は1兆6,036億円の黒字であり，その後は増加傾向をたどり，2007年には過去最高額の16兆4,670億円を記録した。2011年は14兆384億円の黒字である。貿易収支と所得収支の黒字額は2005年に逆転し，その後両者の差は拡大する傾向を示している。これは，日本では長く投資収支の流出超が基調であったため，日本の居住者が保有する対外純資産が着実に増加し，そこから多額の投資収益を得ることができるようになったことによる。

なお，サービス収支は赤字基調であるが，その赤字幅が縮小する傾向を示していることも，ここで指摘しておきたい。日本においてサービス収支の黒字幅が最も大きいのは特許等使用料であり，建設や金融なども黒字を記録している。他方，旅行は大幅な赤字である。

第2節　OECD加盟国の対外資産・負債

1. 対外資産・負債と投資所得受取・支払

日本において貿易収支の黒字が減少基調にある中，所得収支の黒字拡大に関心が集まっている。海外からの投資収益の大きさは，日本が持つ対外資産残高と，その資産の収益率から決まる。そこで，本節では日本を含むOECD加盟国の対外資産・負債残高を確認し，次節では投資の収益率を計算する。

第7-2図　対外資産・負債総額の対GDP比：2010年

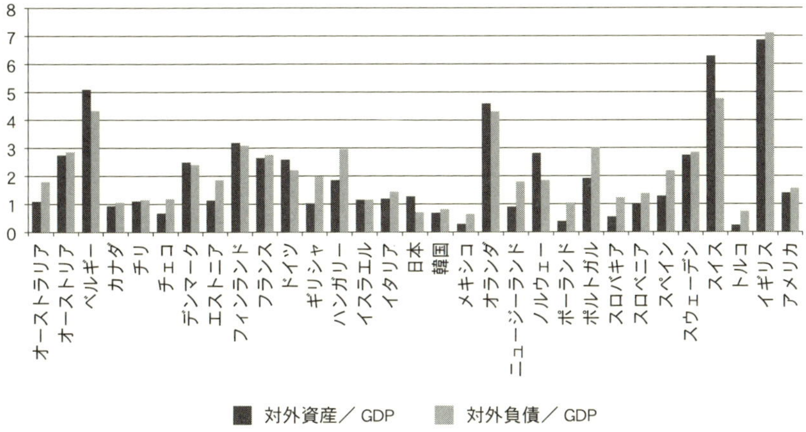

（資料）　国際収支統計はIMF「Balance of Payments Statistics Yearbook」，GDPはWorld Bank「World Development Indicators」から作成。なお，ニュージーランドのGDPは2009年のものを使用した。

第7-2図は，経済協力開発機構（Organisation for Economic Co-operation and Development: OECD）加盟国34カ国のうち，ルクセンブルク，アイスランド，アイルランドを除いた31カ国について，2010年における各国の対外資産・負債総額の対 GDP 比を図示したものである。なお，ルクセンブルクは金融センターとして GDP の 100 倍以上の対外資産・負債を有しており，他の OECD 加盟国との比較になじまない。また，アイスランドとアイルランドはそれぞれ GDP の 10 倍と 17 倍の対外負債を有し，他国と比べて大きいが，両国とも世界金融危機の影響で国際通貨基金から金融支援を受けており，結果として国内銀行の外国からの借り入れが過大であったことが明らかであるので，この 2 国も比較対象から外した。

この図から，イギリス，スイス，ベルギー，オランダといった，国際金融センターとして長い歴史を有する国は，対外資産・負債総額の対 GDP 比が 4 倍を超えるぐらい大きい。対して日本は，対外資産総額は GDP の 1.3 倍，対外負債総額は GDP の 0.7 倍で，他の OECD 加盟国と比べてそれほど高いとは言えない。ただ，対外資産総額が対外負債総額の約 1.8 倍もあるというのは，日本の特徴である。

第 7-3 図　対外純資産と投資純所得：2010 年

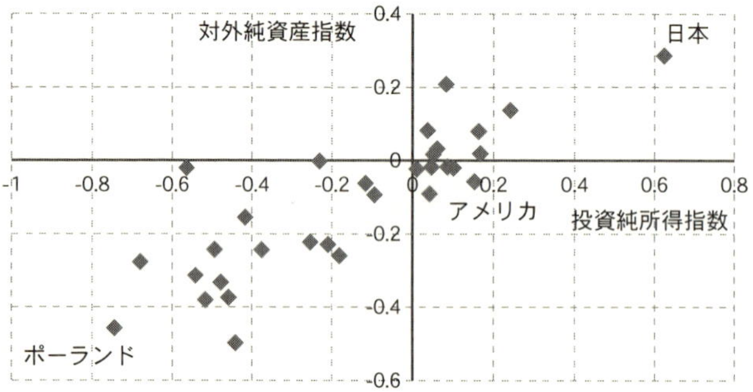

（資料）　IMF「Balance of Payments Statistics Yearbook」から作成。

第 7-3 図は，2010 年における各国の対外純資産と投資純所得の関係を示したものである。対外純資産は（対外資産－対外負債）／（対外資産＋対外負債）として指数化したもの，投資純所得は（投資所得受取－投資所得支払）／（投資所得受取＋投資所得支払）として指数化したものを，それぞれ用いている。

この図を見ると，対外純資産指数の高い国ほど投資純所得指数が高いという傾向があることがわかる。日本は，対外資産が 6.9 兆ドル，対外負債が 3.8 兆ドルであるので，対外純資産指数は0.29となり，また投資所得受取が1,735億ドル，投資所得支払が402億ドルであるので，投資純所得指数は0.62となる。これら2つの指数はどちらもOECD31カ国の中で最も高い。

なお，これらの数字から，2010年における日本の対外投資の収益率は2.51％（＝1,735億ドル／6.9兆ドル），海外からの対日投資の収益率は1.05％（＝402億ドル／3.8兆ドル）と計算できる。対日投資の収益率は非常に低いが，これは日本の金利が非常に低いことに対応している。日本の所得収支の黒字拡大の主要な要因は，日本の対外純資産の大きさだけでなく，日本国内のゼロ金利政策にも求められる。

投資純所得がプラスであるためには，対外純資産がプラスである必要はない。第7-3図の第4象限には，対外純資産がマイナスであるにもかかわらず，投資純所得がプラスの国々が位置している。これは，これらの国々の対外投資収益率が対内投資収益率を大幅に上回っていることを意味している。アメリカを例に見てみると，対外資産は20.3兆ドル，投資所得受取は6,580億ドルであるので，対外投資収益率は3.24％となり，他方対外負債は22.8兆ドル，投資所得支払は4,835億ドルであるので，対内投資収益率は2.12％となる。このように，アメリカの対外投資収益率は対内投資収益率の1.5倍以上あるので，対外純資産指数は－0.06とマイナスであっても，投資純所得指数は0.15とプラスになる。

2. 対外資産・負債形態

各国における対外・対内投資の収益率をより詳細に検討するには，投資の形態を考慮に入れる必要がある。そこで本項では，OECD加盟国の対外資産・負債に占める各投資形態の比率を見ることにする。

国際資本移動は，一般に直接投資とポートフォリオ投資（間接投資，証券投資）に分けて説明されることが多い。直接投資とポートフォリオ投資の違いは，端的に言えば，経営への介入の有無である。直接投資では，投資側が経営能力，生産技術，ブランド，ノウハウといった経営資源の移転や財・サービスの取引を，受入企業との間で効率的に行うことを目的に，投資側が受入企業の経営に介入する。これに対し，ポートフォリオ投資は経営介入を伴わず，利子，配当，売却益による収益の確保を目的に，金融商品への分散投資や銀行貸付という形で行われる。

直接投資は外国で企業活動を行うことを目的として子会社を設立したり，経営に強い影響を与えるために外国の会社の株式を買い取ったりすることである。当然，投資先企業の発行済株式の相当の割合を購入することが必要になる。IMF の国際収支マニュアルでは，他国の企業の普通株，株主議決権，あるいはそれに相当するものの 10%以上を保有した場合に直接投資となると説明している。

これに対して，ポートフォリオ投資とは，利子や配当金の収入といったインカム・ゲインや，債券，株式，その他の金融商品の価格上昇によるキャピタル・ゲインの取得を目的に，外国の債券，株式，その他の金融商品を購入することである。投資対象になる金融商品には有価証券やデリバティブ（金融派生商品）などがある。

第 7-4 図と第 7-5 図は，それぞれ 2010 年における，ルクセンブルク，アイスランド，アイルランドを除く OECD 諸国 31 カ国の対外資産残高と対外負債残高に占める，直接投資，ポートフォリオ株式投資，ポートフォリオ債券投資（デリバティブや外貨準備を含む），その他投資（ローンや現金・預金など）の

第 7-4 図　対外資産残高の形態別比率

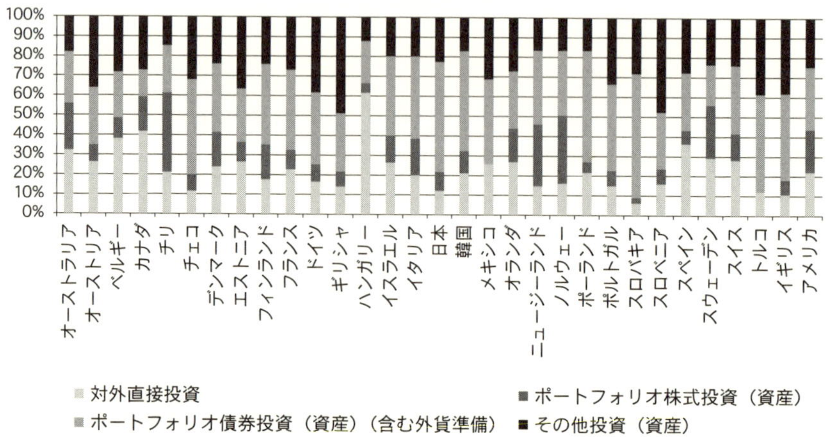

（資料）　IMF「Balance of Payments Statistics Yearbook」から作成。

第7-5図　対外負債残高の形態別比率

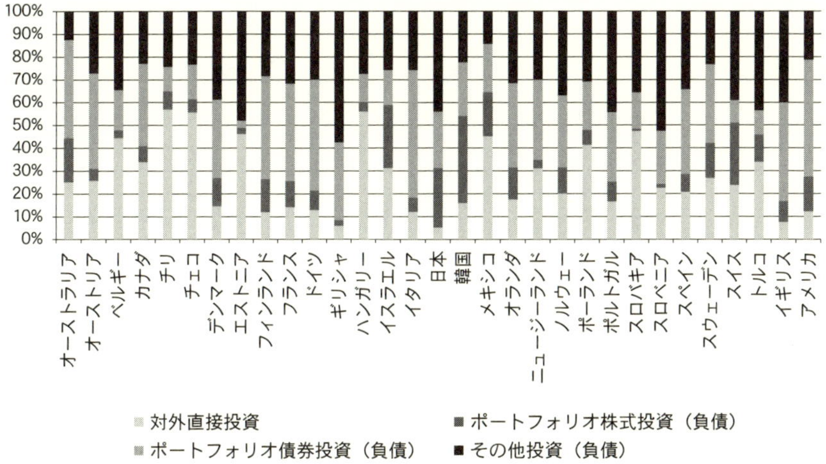

（資料）　IMF「Balance of Payments Statistics Yearbook」から作成。

比率を示している。

多くの国で，対外資産・負債の形態のうち最も金額が大きいのは，ポートフォリオ投資（株式＋債券）である。これは，直接投資に比べて購入・売却が容易であることによる。直接投資は，多くの国で対外資産・負債残高の30%程度かそれ以下となっている。その中でも，日本での直接投資の比率は極めて小さい。日本の対外資産残高と対外負債残高に占める直接投資の割合は，それぞれ12%と5.6%であり，OECD加盟国の中で最低レベルである。

第3節　OECD加盟国の対外・対内投資収益率

1. 対外・対内投資収益率

前節で日本を含むOECD加盟国の対外債務・負債残高を確認したので，本節ではそれら対外・対内投資の収益率を計算する。第7-2表には，本章で計算する投資の収益率が，IMFの国際収支統計のどの項目を用いたものかをまとめている。

第 7-2 表　収益率の計算方法

収益率（=A/B）	投資所得（A）	投資残高（B）(IIP: International Investment Position)
対外投資	Investment Income, Credit	IIP Assets, Total
対外直接投資	Investment Income, Direct Investment, Credit	IIP Assets, Direct Investment Abroad
対外ポートフォリオ株式投資	Investment Income, Portfolio Investment, Income on Equity (Dividends), Credit	IIP Assets, Portfolio Investment, Equity Securities
対外ポートフォリオ債券投資	Investment Income, Portfolio Investment, Income on Debt (Interest), Credit	IIP Assets, Portfolio Investment, Debt Securities +IIP Assets, Portfolio Investment, Debt Securities, Financial Derivatives +IIP Assets, Reserve Assets
対外その他投資	Investment Income, Other Investment, Credit	IIP Assets, Other Investment

（注）　この表では対外投資の計算方法を示している。対内投資の収益率を計算する場合，投資所得（A）の“Credit”を“Debit”に，投資残高の“Assets”を“Liabilities”に，それぞれ変える。
（出所）　筆者作成。

第 7-6 図　対外・対内投資収益率（2001 年 - 2010 年の平均値）

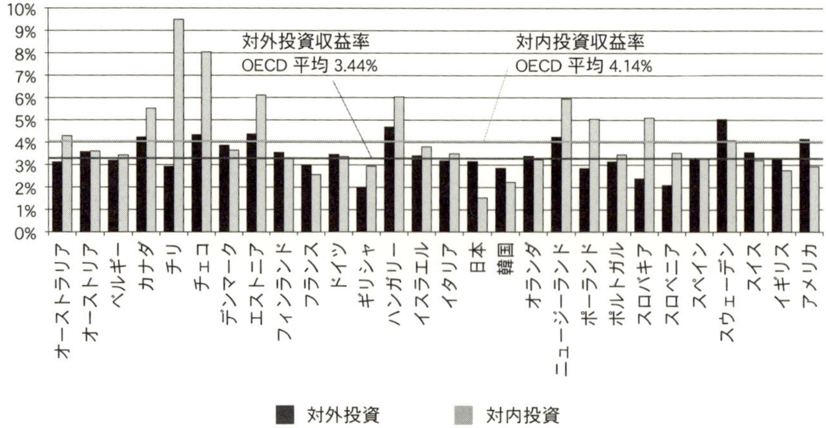

（資料）　IMF「Balance of Payments Statistics Yearbook」から作成。

第 7-6 図は，OECD 加盟国について，2001 年から 2010 年までの 10 年間の対外投資と対内投資の収益率の平均値を図示したものである。なお，分析対象は前節の 31 カ国から，さらにメキシコ，ノルウェー，トルコを除いた 28 カ国である。これら 3 カ国は，データ欠如のため後述の投資形態別の収益率が計算できなかった。また，国によってはある年に不自然に高い収益率を記録しているが，ここでは計算した収益率をそのまま用いることにした。さらに，ベルギーのデータは2002年から2010年までの9年間の平均値である。

まず，各国の対外投資からの収益率を見る。2001年から2010年までの10年間の対外投資収益率平均値は，分析対象のOECD28カ国の単純平均では3.44%であった。また，日本のこの10年間の平均投資収益率は3.16%であった。対外投資の収益率は多くの国への分散投資の結果であるので，各国間でそれほど大きな差はない（最大はスウェーデンの5.04%，最小はギリシャの2.01%）。

次に，各国の対内投資からの収益率を見る。対内投資収益率の10年間の平均値は，OECD28カ国の単純平均で4.14%，日本で1.54%であった。対内投資の収益率はその国の国内経済環境に強く影響を受け，各国間の差が大きくなる。対日投資の収益率は，日本のこの時期の超低金利政策の結果，OECD諸国中最小の収益率となった。他方，対内投資収益率の高い国は，国内の経済状況だけでなく，対内投資の形態も影響している。例えば，チリ，チェコ，ハンガリーは高い対内投資収益率を記録しているが（それぞれ，9.50%，8.04%，6.03%），これらの国の対外負債残高の半分以上は対内直接投資である（第7-5図参照）。ただ，これらの高い収益率がどの程度実態を反映しているかについては，より慎重に検討すべきと思われる。

2. 投資形態別の収益率

前項で対外・対内投資の収益率を計算する際，直接投資とポートフォリオ投資は区別しなかった。しかし，両者の収益率は大きく異なると予想される。前述のように，直接投資にはポートフォリオ投資と異なり，投資側による経営への介入が伴うため，一般にその分だけポートフォリオ投資より収益率が高いことが予想される。もし直接投資とポートフォリオ投資で収益率が同じであれば，それは投資先企業の経営への介入に追加的な価値がないことを意味する。

そこで，対外・対内直接投資の収益率を，前項と同様に2001年から2010年までの10年分計算し，それを各国ごとに単純平均したものが第7-7図である。これを見ると，日本の対外直接投資の収益率（6.19%）も，海外からの対

第 7-7 図　対外・対内直接投資収益率（2001 年 - 2010 年の平均値）

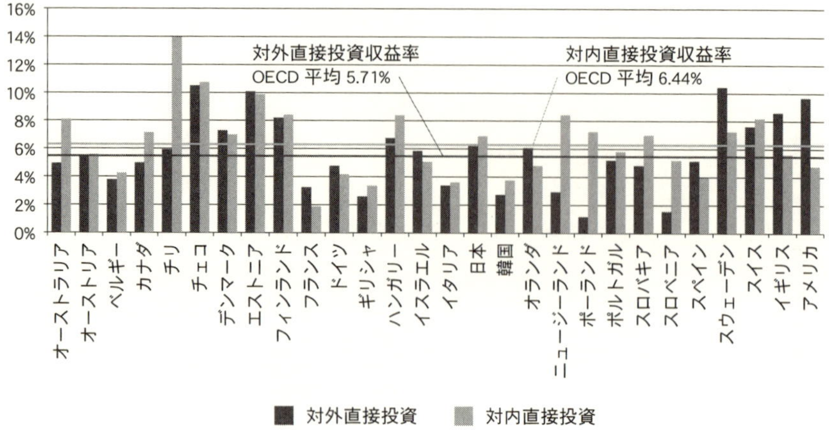

（資料） IMF「Balance of Payments Statistics Yearbook」から作成。

日直接投資の収益率（6.90%）も，OECD 加盟国と比べて低くない数字であることがわかる。また，日本の数字でも OECD 平均の数字でも，対外または対内投資の収益率よりも対外または対内直接投資の収益率の方が高い。これは，上記の推測が正しく，直接投資にはポートフォリオ投資と比べて追加的な利益があることを意味している。

日本の収益率に注目すると，対外直接投資の収益率は比較的高いが，日本の対外投資に占める直接投資の割合が小さいため，直接投資が日本の対外投資の収益率を高める効果がほとんど見られない。また，対日直接投資の収益率も比較的高く，OECD 諸国で最小である対日投資の収益率と比べると，その差が際立つ。日本は外国企業にとって参入しづらい市場と言われることがあるが，この数字からは一旦参入に成功した企業にとって大きな収益を見込める市場でもあるようである[1)]。

さらに，対外投資について，その形態別収益率をまとめたものが第 7-8 図である。この図には，OECD 加盟国の中で 2010 年時点の対外投資残高上位 5 カ国であるアメリカ，イギリス，ドイツ，日本，フランス，そして分析対象の OECD28 国全体について，対外直接投資，対外ポートフォリオ株式投資，対外ポートフォリオ債券投資，対外その他投資の収益率が示されている（OECD

第7-8図　対外投資形態別の収益率（2001年－2010年の平均値）

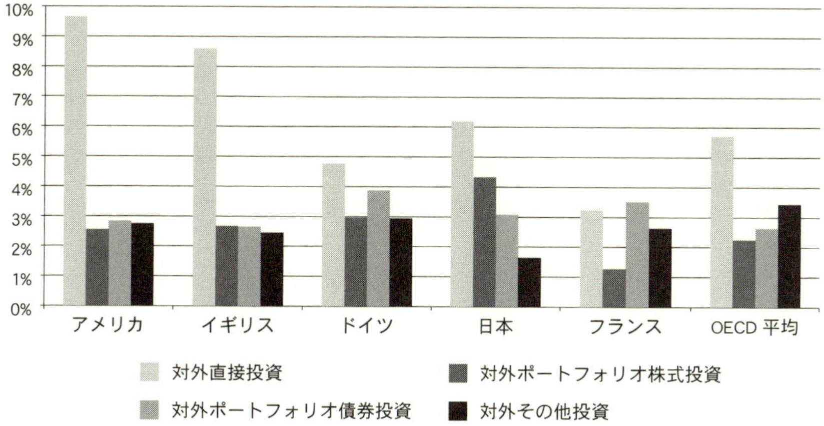

（資料）　IMF「Balance of Payments Statistics Yearbook」から作成。

加盟国の数字は28カ国の数字の単純平均）。このうち，対外直接投資と対外ポートフォリオ株式投資の収益率の差が，直接投資による追加的な利益を表す。

アメリカとイギリスは，対外直接投資の収益率の高さが目を引く。対外ポートフォリオ株式投資，対外ポートフォリオ債券投資，対外その他投資の収益率が3%未満であるのに対し，対外投資収益率は8%以上である。直接投資による追加的な利益は，イギリスで約6%，アメリカで7%以上である。両国に本社を置く企業が直接投資によって外国企業に移す経営資源は，大きな利益を産み出す源泉となっていることがわかる[2)]。

これに対し，ドイツ，日本，フランスは，対外ポートフォリオ株式投資と比べた対外直接投資の追加的な利益が比較的小さい。日本の対外投資からの収益率を高めるためには，直接投資の比率を拡大させるとともに，日本企業の経営資源を外国に移転することでより大きな利益が得られるよう，外国市場で活動する際の強みや比較優位を各企業が意識し，戦略的に活用することが求められる。

（遠藤　正寛）

注

1）　各国の対外・対内投資収益率から，投資国側の要因で決まる収益率と，受入国側の要因で決まる収益率がどの程度かを推計した例として，Endoh (2012) がある。

2）　本章では，各国内の企業による対外直接投資の目的までは考慮していない。対外直接投資の目的によって，収益率が変わる可能性はある。例えば，対外直接投資の主な目的が海外での販売網の整備の場合，海外販売子会社の収益率は低くても，それによって本国内の組織の収益率は高まるかもしれない。ただ，それが直接投資の追加的な利益の各国間の相違をどの程度説明できるかについては，さらなる研究が必要である。

参考文献

Endoh, M. (2012), "Return Differentials of Foreign Investment among OECD Countries," mimeo.

International Monetary Fund, *Balance of Payments Statistics Yearbook*, 各年版。

World Bank, *World Development Indicators*, 各年版。

財務省，国際収支総括表（http://www.mof.go.jp/international_policy/reference/balance_of_payments/bpnet.htm　2012 年 9 月 1 日閲覧）

第Ⅲ部

自由貿易と企業行動

第8章
自由貿易に対する選好：その決定要因と国際比較[1)]

はじめに

自由貿易を推進すべきか否かをめぐり，人々は何故異なる意見や立場を表明するのであろうか。通商政策をめぐる人々の選好は，いかなる経済的・非経済的要因に依存して形成されているのであろうか。諸外国との比較において，日本の有権者の選好形成メカニズムには何らかの特徴は観察されるのであろうか。これらを実証的に解明することが本章の目的である。

伝統的な貿易理論は，貿易自由化に伴う所得分配効果の方向性，すなわち「自由化により誰が得をし，誰が損をするのか」ということを予想するうえで有益な含意を提供してくれる。近年，世論調査をはじめとする各種マイクロ・データの利用可能性が高まるにつれて，各有権者が自由貿易の是非をめぐり実際に表明した選好が，貿易理論から予想される選好形成メカニズムと整合的であるか，各国で盛んに検証されている[2)]。加えて，各有権者の選好形成に影響を与えている「非経済的」な要因を特定する試みもなされている。このように個人レベルの選好形成メカニズムを解明しておくことは，特定の個人や集団が自由貿易に対して抱く懸念や反感の源を正しく把握し，それらを緩和するための方策を検討するうえでも極めて有益である。他方，日本の有権者に特化した同種の分析は必ずしも十分に蓄積されていない。そこで本章では以下に示す3つの分析を試みる。第1に，日本の有権者のマイクロ・データを用いて，自由貿易をめぐり各人が表明した選好が貿易理論の予想と整合的であるかを検証すること，第2に，有権者の選好形成に影響を及ぼしている非経済的な要因（個人属性や価値観）を特定すること，第3に，日本を含むアジア大洋州地域9カ国のデータを用いて，選好形成メカニズムの国際比較を行うことである。

分析の結果，日本の有権者はHeckscher=Ohlin=Vaneck（HOV）モデルが予想する長期的な所得分配効果と，特殊要素モデルが想定する短期的な所得分配効果の両方を考慮しつつ，自由貿易に対する選好を決定していることが示された。すなわち，他の条件を一定とすると，非熟練労働者は熟練労働者と比較して，比較劣位産業従事者は非貿易部門従事者や比較優位産業従事者と比較して，それぞれ自由貿易を支持する確率が有意に低いことが明らかになった。また男性と比較して女性は自由貿易を支持する確率が有意に低いこと，および地元（都道府県）に強い愛着を感じている個人，日本の歴史または日本の国際的な影響力に誇りを感じている個人が自由貿易を支持する確率も有意に低いことが示された。加えて，自由貿易をめぐる個々人の選好決定に影響を与えている要因のうち，「経済的要因」については国家間で一定の共通点も観察されたが，「非経済的要因」や「個人属性」が選好に与える影響は必ずしも各国で一様でないことが示された。我が国が貿易自由化を進めていく際には，自由化に対する懸念の源泉として経済的・非経済的な要因の双方があることを認識しつつ，それぞれの要因に対応するための施策を実施していくことが望まれる。

本章の構成は以下の通りである。第2節では検定可能な仮説および実証分析のモデルを提示し，第3節では実証分析で用いるデータを概観する。第4節では実証分析の結果を示し，第5節で結語を述べる。

第1節　検定可能な仮説および実証分析のモデル

1. 検定可能な仮説

効用最大化を目指す合理的な経済主体を仮定する場合，通商政策をめぐる選好は，貿易自由化の際に各人が直面する所得分配効果の方向性に依存して形成されると考えられる。各人が直面する所得分配効果の方向性は，伝統的な貿易理論を用いて予想することが出来るが，その結論は短期と長期で大きく異なっている。産業特殊的な生産要素の存在を仮定した短期の特殊要素モデル，とりわけ資本のみならず労働も産業間を移動できない超短期の世界を想定すると，所得分配効果の方向性は，各人が保有する生産要素が現在投下されている「産業」に応じて決まる（Mussa, 1982）。すなわち，貿易が自由化されると，自身の生産要素を比較優位産業に投下している経済主体は正の分配効果に，比較劣位産業に投下している経済主体は負の分配効果に直面するのである。

他方，長期の世界，すなわち生産要素が産業間を円滑に移動できると仮定するHeckscher=Ohlin=Vaneck（HOV）モデルにおいては，生産要素を現在投下している産業ではなく，各人が保有する生産要素の「種類」に応じて所得分配効果の方向性が決まる。貿易が自由化されると，外国よりも国内に相対的に豊富に賦存する生産要素の保有者は正の分配効果に，稀少な生産要素の保有者は負の分配効果に直面すると予想される。したがって伝統的な貿易理論によれば，『各経済主体が貿易自由化に対する選好を決定する際，自由化に伴う短期的な分配効果を考慮するのであれば「従事する産業」に応じて，長期的な分配効果を考慮するならば（産業とは無関係に）「保有する生産要素の種類」に応じて選好の分布が異なるはず』であり，他国を事例とする先行研究においても，有権者の選好が短期・長期どちらのモデルと整合的であるかが検定されている。本章の実証分析においても，日本の有権者が表明する選好パターンが，「従事する産業」に依存して決定されているのか，「保有する生産要素の種類」に応じて決定されているのか，あるいはその両方に同時に依存して決定されているのかを統計的に検証する。

2. 実証分析のモデル

貿易自由化時の経済主体の効用の変化は，当該経済主体が保有する生産要素（労働者としての熟練度），従事する産業，およびその他の個人属性の線形関数であると仮定する[3]。

$$\Delta U_i = \alpha_1 skill_i + \sum_{j=1}^{J} \beta_j ind_{ji} + \sum_{k=1}^{K} \gamma_k X_{ki} + u_i \qquad (1)$$

ただし，ΔU_iは貿易を自由化した際に生ずる経済主体iの効用の変化分，$skill_i$はiの労働者としての熟練度，ind_iはiが現在従事している産業を表すダミー変数，X_{ki}はその他の個人属性に関するコントロール変数群，u_iは標準正規分布にしたがう撹乱項である。ΔU_iは観察されない変数であり，これが正の値をとると合理的な経済主体が予測する場合には世論調査において自由貿易支持を表明し，それ以外の値の場合には不支持を表明するという次のような関係性があるとする。

$$ftrade_i = \begin{cases} 1 \ if \ \Delta U_i > 0 \\ 0 \ otherwise \end{cases} \qquad (2)$$

$ftrade_i$ は世論調査において経済主体 i が自由貿易支持を表明するか否かを示す二値変数（支持＝1，不支持＝0）である。したがって，推定される Probit モデルは以下のとおりである。

$$Pr\,(ftrade_i=1)=F(\alpha_1 skill_i+\sum_{j=1}^{J}\beta_j ind_{ji}+\sum_{k=1}^{K}\gamma_k X_{ki}) \qquad (3)$$

期待される係数の符号は以下のとおりである。経済主体が選好を決定するにあたり，HOV モデルが想定する長期の影響のみを考慮して決定している場合は $\alpha_1 \neq 0$ かつ $\beta_j = 0$，特殊要素モデルが想定する短期の影響のみを考慮して決定している場合は $\alpha_1 = 0$ かつ $\beta_j \neq 0$，両方のモデルと整合的である場合，すなわち長期・短期双方の影響を同時に考慮している場合には $\alpha_1 \neq 0$ かつ $\beta_j \neq 0$ となる。

第2節　データ

本章で用いたマイクロ・データは，ISSP（International Social Survey Program）の下で実施された *ISSP National Identity II, 2003* から入手した。これは日本を含む 34 カ国が共同で実施した国際的な世論調査プロジェクトであり，各国で無作為抽出された個人に対して自由貿易や外国人労働者などに対する考え，国への帰属意識，支持政党，および性別，年齢，職業など回答者の個人属性に関する質問を行い，その結果を国際比較可能な形でデータベース化したものである。日本については 2003 年 11 月から 12 月にかけて訪問員による面談方式により調査が実施され，1,102 名から回答を得ている。

同調査には，「『日本経済を守るために，日本は外国製品の輸入を制限すべきだ』という意見を，あなたはどう思いますか？」という質問が含まれている。回答者は，「そう思う」「どちらかといえばそう思う」「どちらとも言えない」「どちらかといえばそう思わない」「そう思わない」「わからない」という選択肢からひとつだけ選ぶことが求められる。本章で用いられている被説明変数（*ftrade1*）は，回答者が輸入制限措置に対して明確に否定的な選択肢（「そう思わない」または「どちらかといえばそう思わない」）を選択した場合には1を，その他の4つの選択肢を選んだ場合には0を取る二値変数である。さらに，「どちらとも言えない」および「わからない」を選択した回答者をサンプルから除外して作成した被説明変数（*ftrade2*）も代替的に用いた。

説明変数のうち，各人が保有する生産要素の種類については，日本が熟練労働豊富国であると仮定したうえで，先行研究にならい労働者としての熟練度（人的資本の蓄積水準）に着目した。労働者としての熟練度を示す変数（*skilled*）は，当該個人の最終学歴が高等専門学校または大学・大学院である場合に1を，高校卒業以下の場合には0を取るダミー変数である。長期のHOVモデルの含意が正しければ，貿易自由化の結果，熟練労働者は（現在従事している産業にかかわらず）自由貿易を支持し，非熟練労働者はこれを支持しないであろう。

他方，短期の特殊要素モデルの含意が正しければ，比較優位産業に従事する主体は自由貿易を支持し，比較劣位産業に従事する主体はこれを支持しないはずである。回答者が従事する産業に関する変数群は以下の2種類の組合せを排他的に用いた。いずれもサービス業など非貿易部門従事者を統制群とするダミー変数である。第1に，農林水産業・食品加工業従事者（*agri*）と製造業従事者（*manu*）という組み合わせであり，前者を比較劣位産業，後者を比較優位産業とみなした。第2に，貿易部門のうち，2003年当時に輸入関税が残存していた産業に従事する保護産業従事者（*protected*）と自由化されていた産業に従事する自由化産業従事者（*liberalized*）という組み合わせである。無論，比較劣位産業・比較優位産業という理論上の分類（または顕示比較優位指数などに基づく分類）と，輸入制限措置が残存している・していないという制度実態に基づく分類との間には何ら一対一の対応関係はない。むしろ，一部の労働集約的な工業品に代表されるように，日本では比較劣位産業の貿易自由化も相当程度進展している。こうした「自由化済み比較劣位産業」においては，理論が予想するような「追加的な自由化に伴う負の所得分配効果」が実際は発生し得ないことから，保護が残存する比較劣位産業と比較しても自由貿易に対する警戒感は必然的に小さいと考えられる。したがって，本章では，顕示比較優位指数などに基づいて比較優位産業・劣位産業を分類する方法は採用せず，「保護残存比較劣位産業」とその他の産業との間で従事者の選好の分布に有意な差が存在するか否かに着目した[4)]。なお，ISSP に含まれるデータは ILO の国際標準職業分類（ISCO88）に基づく回答者の「職業」データであるため，これを産業別分類に変換し，上記変数を作成した[5)]。

その他の個人属性変数としては，女性ダミー（*female*），回答者の年齢（*age*），失業者ダミー（*unemployed*），学生ダミー（*student*），その他非就業者ダミー[6)]（*nolaborforce*），地方の町村・農山村居住者ダミー（*rural*）を用いた。各変数の基本統計量は第 8-4 表を参照されたい。

なお，主観的な表明選好のデータを用いて実証分析を行う際には留意すべき点がある。具体的には，アンケートの質問項目の順番，質問の表現方法，選択肢の提示の順番，選択肢の尺度の間隔の設定方法，調査の実施方法（面接員による聞き取り，郵送式など）が回答者の回答方法にバイアスを与え得るという問題である（Bertrand and Mullainathan, 2001）。例えば，実際は自由貿易に対して賛成・反対いずれかの意見を有しているものの，面接員に対して自分の意見を直接表現することを好まない回答者は，「どちらとも言えない」を選択する，あるいは控えめな主張をするという可能性がある。こうした回答方法の「癖」が特定の個人属性と相関を持つとき，表明された選好には誤差が生じ，推定されるパラメーターにもバイアスが生ずることに留意する必要がある 。

第 3 節　実証分析の結果

1. 貿易理論の検定

実証分析の結果は第 8-1 表に示されている。表内の値は限界効果を，括弧内の値は不均一分散に対して頑健な White の標準誤差を表している。はじめに，個人属性のみを説明変数としたベースライン・モデルを推定した結果，女性ダミー（*female*），年齢（*age*）の係数が有意に負であった（モデル 1）。とりわけ女性ダミーについては，本章で推定した全てのモデルにおいて安定的かつ有意に負であり，学歴や産業など他の要因をコントロールしてもなお，男性と比較して女性が自由貿易を支持する確率は13〜17%ポイント程度低い傾向が確認された。女性が相対的に保護主義的である根本的な理由は未だ解明されていないが，この傾向は前述の各種先行研究においても一貫して観察されているものである。

モデル2は長期のHOVモデルを検定したものである。ベースライン・モデルに熟練労働者ダミー（*skilled*）を加えてみると，係数は有意に正であった。他のモデルにおいても，非熟練労働者と比較して熟練労働者が自由貿易を支持する確率は（産業をコントロールしてもなお）10〜18%ポイント程度高い。紙面の制約上掲載していないが，ダミー変数ではなく，就学年数を説明変数として用いたモデルにおいても結果に質的な変化は生じなかった。以上は，日本の有権者が自由貿易をめぐり表明した選好が，HOVモデルが予想する長期的な分配効果の帰結と整合的であることを示唆している。

モデル3および4は特殊要素モデルの検定結果，すなわち回答者が従事する産業に関連する変数を含めて推定した結果である。統制群である非貿易部門従事者と比較して，農林水産業・食品加工業従事者（*agri*）が自由貿易を支持する確率は20%ポイント程度有意に低いが，製造業従事者（*manu*）については有意な差は確認されなかった。また，保護残存産業従事者（*protected*）の係数も期待どおり有意に負であった（モデル4）。この係数は本章で推定した他のモデルにおいて有意かつ安定的に負であり，関税で保護された産業従事者が自由貿易を支持する確率は非貿易部門従事者と比較して16〜30%ポイント程度低いことが示された。以上，比較劣位産業に関連する2種類のダミー変数の係数が有意かつ安定的に負であったという結果は，日本の有権者が表明した自由貿易に対する選好が，特殊要素モデルが予想する貿易自由化の短期的な帰結とも整合的であることを示唆している。他方，自由化産業従事者（*liberalized*）については，係数は正であるものの，多くのモデルにおいて統制群である非貿易部門従事者との間で選好に関するシステマティックな差は確認されなかった。この理由としては，既述のとおり，当ダミー変数が必ずしも潜在的に輸出競争力を持つという意味での比較優位産業を示すものではないこと，および

第 8-1 表　貿易理論の検定

	(1)	(2)	(3)	(4)	(5)	(6)	(6)′
Dependent var.	*ftrade1*	*ftrade1*	*ftrade1*	*ftrade1*	*ftrade1*	*ftrade1*	*ftrade2*
female	−0.131***	−0.125***	−0.139***	−0.136***	−0.129***	−0.130***	−0.149***
	(0.0265)	(0.0269)	(0.0294)	(0.0297)	(0.0301)	(0.0302)	(0.0422)
age	−0.00266***	−0.00217***	−0.00292***	−0.00304***	−0.00229**	−0.00229**	−0.00583***
	(0.000707)	(0.000739)	(0.00102)	(0.00101)	(0.00106)	(0.00106)	(0.00154)
skilled		0.122***			0.120***	0.118***	0.176***
		(0.0329)			(0.0360)	(0.0361)	(0.0484)
agri			−0.195***				
			(0.0437)				
manu			0.0271				
			(0.0520)				
protected				−0.182***	−0.165***	−0.164***	−0.279***
				(0.0388)	(0.0442)	(0.0447)	(0.0611)
liberalized				0.0865	0.112	0.113	0.0883
				(0.0678)	(0.0716)	(0.0718)	(0.0904)
unemployed			0.155	0.152	0.187*	0.186	0.433***
			(0.113)	(0.113)	(0.114)	(0.113)	(0.117)
sutudent			−0.0342	−0.0392	0.0132	0.0125	−0.0198
			(0.0557)	(0.0547)	(0.0636)	(0.0635)	(0.0899)
nolaborforce			0.0220	0.0211	0.0280	0.0289	0.0590
			(0.0390)	(0.0387)	(0.0395)	(0.0396)	(0.0549)
rural						−0.0117	0.0129
						(0.0298)	(0.0438)
Observations	1,099	1,077	1,039	1,039	1,024	1,023	668
疑似決定係数	0.0288	0.0396	0.0428	0.0470	0.0573	0.0575	0.0983

（注）　*** は 1%，** は 5%，* は 10%水準で，それぞれ有意な推定値（限界効果）を表す。
　　　カッコ内は不均一分散に対して頑健な White の標準誤差である。

ISSP の質問においては輸入の自由化に特化した質問文になっていることが考えられる。

現在職を持たない回答者のうち，学生（*student*），その他の非就業者（*nolaborforce*）については固有のバイアスは確認されなかったが，失業者ダミー（*unemployed*）の係数は一部のモデルで有意に正であった。現時点で職に就いていない失業者は貿易自由化の結果生ずる所得分配上の効果とは無縁である一方，消費者として安価な生活必需品にアクセスできるようになることを期待している可能性が示唆されている。

モデル 5 は HOV モデルと特殊要素モデルの両仮説を同時に検定している。熟練労働者ダミーおよび保護残存産業従事者ダミーは引き続き期待どおりの符号で有意であった。このことは，日本の有権者は自らが保有する生産要素の「種類」と投下先「産業」の組み合わせに応じて決定される短期・長期の所得分配効果に応じて，自由貿易に対する態度を決定・表明していることを示唆している。頑健性チェックとして，回答者の居住地特性を制御するために「地方の町村・農山村居住者ダミー（*rural*）」を含めたモデル（モデル 6），被説明変数として *ftrade2* を用いたモデル（モデル 6'）を推定したが，いずれもモデル 5 と比較して推定結果に質的な変化は見られなかった。

2. 非経済的要因の検定

次に，各経済主体の自由貿易に対する選好が非経済的な要因にも依存または関連している可能性を検証する。第 1 に，Mayda and Rodrik (2005) にならい，自身が帰属するコミュニティーへの愛着（*attachment*）の強さに関するデータを用いて，自由貿易に対する選好との関連について確認する。本章では，「市区町村への愛着（*cityattach*）」，「都道府県への愛着（*regiattach*）」，「日本への愛着（*ctryattach*）」，「アジアへの愛着（*asiaattach*）」につき，いずれも「とても愛着がある」「まあ愛着がある」を選択した場合に 1 を取るダミー変数を用いた。前述のモデル 6 に上記 4 つの変数を加えて推定した結果，自身が居住する都道府県に愛着を持つ個人は，自由貿易を支持する確率が 10 ～ 15%ポイント低下した一方で，アジアという地域に愛着を持つ個人は自由貿易支持確率が 6 ～ 7%ポイント有意に上昇している（第 8-2 表のモデル 7 および 7′）。「市町村への愛着」ダミーはいずれも有意でなく，「日本への愛着」ダミーについては被説明変数として *ftrade2* を用いたモデル 7′において 10%水準で有意に負であった。国家に愛着を感じている個人ほど国全体の社会的厚生を軽視した選好を表明するという半ば皮肉な傾向は Mayda らの選好研究の結果とも一致している。

次に，愛国心と自由貿易への選好との関連をより詳細に検証するために，回答者が日本の各側面に対して抱いている「誇り」の強さを示す変数を含めて推定を行った（モデル 8 および 8′）。具体的には，「世界における日本の政治的影響力（*pridepoli*）」「日本が成し遂げた経済的成果（*prideecon*）」「科学技術の分野で日本人が成し遂げたこと（*pridetech*）」「日本の歴史（*pridehist*）」の各項目につき，「とても誇りに思う」「まあ誇りに思う」を選択した場合に1を取るダミー変数を用いた。

推定の結果，「世界における日本の政治的影響力」および「日本の歴史」に

第8-2表　非経済的要因の特定

	(7)	(8)	(7)′	(8)′
Dependent var.	*ftrade1*	*ftrade1*	*ftrade2*	*ftrade2*
female	−0.122***	−0.135***	−0.143***	−0.165***
	(0.0305)	(0.0305)	(0.0427)	(0.0432)
age	−0.00196*	−0.00188*	−0.00552***	−0.00489
	(0.00108)	(0.00105)	(0.00158)	(0.00156)
skilled	0.112***	0.104***	0.167***	0.161***
	(0.0360)	(0.0365)	(0.0490)	(0.0490)
protected	−0.157***	−0.173***	−0.271***	−0.295***
	(0.0461)	(0.0435)	(0.0634)	(0.0609)
liberalized	0.105	0.125*	0.0733	0.106
	(0.0707)	(0.0734	(0.0899)	(0.0928)
unemployed	0.183	0.202*	0.430***	0.437***
	(0.113)	(0.112)	(0.115)	(0.119)
student	0.00359	0.0163	−0.0412	−0.0125
	(0.0631)	(0.0642)	(0.0898)	(0.0917)
nolaborforce	0.0239	0.0344	0.0527	0.0696
	(0.0398)	(0.0396)	(0.0556)	(0.0555)
rural	−0.0180	−0.00717	−0.00105	0.0206
	(0.0299)	(0.0300)	(0.0441)	(0.0442)
cityattach	−0.0240		−0.0327	
	(0.0470)		(0.0649)	
regiattach	−0.102**		−0.150**	
	(0.0483)		(0.621)	
ctryattach	−0.0718		−0.122*	
	(0.0521)		(0.0726)	
asiaattach	0.0635**		0.0698*	
	(0.0296)		(0.0424)	
prideinflu		−0.581*		−0.100**
		(0.0320)		(0.0454)
prideecon		0.0197		0.0203
		(0.0304)		(0.0425)
pridetech		0.0700*		0.0981*
		(0.0361)		(0.0554)
pridehist		−0.0605*		−0.150***
		(0.0312)		(0.0452)
Observations	1022	1017	668	664
疑似決定係数	0.0684	0.0687	0.113	0.125

（注）　*** は1%，** は5%，* は10%水準で，それぞれ有意な推定値（限界効果）を表す。
カッコ内は不均一分散に対して頑健なWhiteの標準誤差である。

ついて誇りに思っている回答者には自由貿易支持について負のバイアスが，「科学技術分野」について誇りに思っている回答者には正のバイアスが確認された。日本が過去に達成した「経済的な成果」と自由貿易に関する選好との間にはシステマティックな関係は確認されなかった。

3. 選好の決定要因の国際比較

最後に，自由貿易をめぐる選好形成メカニズムに国家間の差異が存在するか否かを検証する。比較対象は台湾，韓国，フィリピン，オーストラリア，ニュージーランド，アメリカ，カナダ，チリというアジア大洋州における8つの国と地域である（第8-3表）。検定を行ったモデルは，既述のモデル7をベースとしているが，データの制約から産業関連ダミーのみ農林水産業・食品加工業従事者（*agri*）と製造業従事者（*manu*）の組み合わせを用いた。被説明変数はいずれも*ftrade1*を用いている。分析の結果特筆すべき点は以下の4点である。

第1に，比較対象となった全ての国において，長期のHOVモデルが予想する帰結と整合的な結果が確認された。すなわち，熟練労働者ダミーの係数は全ての国について有意であり，相対的に非熟練労働者豊富国と考えられるフィリピンにおいてのみ当該ダミーの係数はマイナス，その他の国は全てプラスであった。フィリピンにおいては（国内で希少な）熟練労働者の方が自由貿易に対して相対的に慎重な態度を表明しているのである。

第2に，短期の特殊要素モデルが予想する選好パターンについては，これが有意に観察された国と，観察されなかった国（フィリピンとチリ）とが存在した。観察された国のうち，韓国，台湾およびアメリカについては，日本と同様に（非貿易部門と比較して）農林水産業・食品加工業従事者（*agri*）の選好に保護主義的なバイアスがシステマティックに確認された。アメリカを除く農業大国，すなわちオーストラリア，ニュージーランド，カナダについては，（非貿易部門と比較して）製造業従事者（*manu*）の選好に保護主義的な負のバイアスが確認された。

第3に，その他の個人属性として，フィリピンを除くすべての国において，男性と比べて女性は自由貿易を支持する確率が有意に低いことが確認された。他方で，失業者（*unemployed*），学生（*student*），その他の非就業者（*nolaborforce*），地方の町村・農山村居住者（*rural*）といった各ダミー変数の係数の方向性や有意水準は国毎に大きく異なっている。例えば，日本では有意でなかった町村・農山村居住者ダミーに注目すると，台湾，韓国，オーストラリア，チリでは労働者としての熟練度および従事する産業をコントロールしてもなお，地方の町村・農山村居住者は都市部の居住者と比較して自由貿易を支持する確率が低いことが確認された[8]。

最後に，自身が帰属するコミュニティーへの愛着（*attachment*）の強さと自

第 8-3 表　選考決定要因の国際比較

	(9)	(10)	(11)	(12)	(13)	(14)	(15)	(16)	(17)
	JPN	TWN	KOR	PHI	AUS	NZ	USA	CAN	CHL
female	−0.124***	−0.130***	−0.0642**	−0.00658	−0.0586***	−0.100***	−0.0741***	−0.162***	−0.0901***
	(0.0302)	(0.0214)	(0.0267)	(0.0208)	(0.0167)	(0.0283)	(0.0225)	(0.0274)	(0.0251)
age	−0.00180	−0.00161*	−0.00188	−0.000713	−0.000547	3.40e-05	0.000772	0.00111	−0.00264***
	(0.00109)	(0.000881)	(0.00115)	(0.000621)	(0.000628)	(0.00110)	(0.000767)	(0.00126)	(0.000709)
skilled	0.117***	0.130***	0.0539*	−0.0375*	0.0438***	0.116***	0.0519**	0.120***	0.104***
	(0.0362)	(0.0264)	(0.0278)	(0.0192)	(0.0163)	(0.0410)	(0.0218)	(0.0276)	(0.0275)
agri	−0.173***	−0.128***	−0.106**	0.00445	−0.0406	−0.0254	−0.0984**	−0.0461	−0.0452
	(0.0529)	(0.0389)	(0.0484)	(0.0286)	(0.0394)	(0.0489)	(0.0475)	(0.112)	(0.0452)
manu	0.0580	−0.0149	−0.0135	−0.0366	−0.0638***	−0.188***	−0.0485	−0.118**	−0.0394
	(0.0559)	(0.0318)	(0.0381)	(0.0277)	(0.0224)	(0.0288)	(0.0330)	(0.0562)	(0.0424)
unemplyed	0.189*	−0.0138	0.0337	0.0789	0.0632	−0.124***	−0.0728	−0.0726	−0.0220
	(0.114)	(0.0462)	(0.0698)	(0.0861)	(0.0655)	(0.0467)	(0.0458)	(0.0993)	(0.0496)
student	0.0125	−0.0146	0.0843*	−0.00583	0.106*	−0.0963	0.0820	0.000223	−0.0355
	(0.0646)	(0.0462)	(0.0485)	(0.0452)	(0.0594)	(0.0792)	(0.0679)	(0.112)	(0.0403)
nolaborforce	0.0260	−0.0207	−0.0134	0.0244	−0.0272	−0.0940**	−0.0159	−0.0685*	−0.0162
	(0.0402)	(0.0310)	(0.0307)	(0.0224)	(0.0209)	(0.0392)	(0.0275)	(0.0366)	(0.0281)
rural	−0.0186	−0.0662***	−0.0794*	−0.00341	−0.0503***	−0.0541		−0.00790	−0.0750***
	(0.0299)	(0.0236)	(0.0448)	(0.0199)	(0.0190)	(0.0334)		(0.0435)	(0.0288)
cityattach	−0.0206	−0.0434	−0.0225	−0.00234	0.0130	−0.0786**	−0.0232	−0.0439	−0.00521
	(0.0463)	(0.0338)	(0.0324)	(0.0262)	(0.0215)	(0.0394)	(0.0266)	(0.0367)	(0.0385)
regiattach	−0.110**	0.0125	0.0397	0.0146	−0.0176	−0.00220	−0.00266	−0.0236	0.00930
	(0.0485)	(0.0328)	(0.0287)	(0.0247)	(0.0232)	(0.0348)	(0.0280)	(0.0425)	(0.0391)
ctryattach	−0.0724	0.0186	−0.00269	−0.0317	−0.0394	0.0106	−0.0327	0.0717*	0.0351
	(0.0521)	(0.0311)	(0.0367)	(0.0303)	(0.0339)	(0.0579)	(0.0404)	(0.0381)	(0.0389)
contriattach	0.0649**	0.00454	0.00450	−0.000860	0.112***	0.0218	0.0197	−0.0116	−0.0257
	(0.0296)	(0.0347)	(0.0273)	(0.0198)	(0.0266)	(0.0288)	(0.0243)	(0.0307)	(0.0263)
Ovservation	1,022	1,981	1,289	1,194	1,967	927	1,212	1,032	1,479
疑似決定係数	0.0657	0.0580	0.0453	0.0122	0.0497	0.0581	0.0269	0.0593	0.0520

（注）　*** は 1%，** は 5%，* は 10%水準で，それぞれ有意な推定値（限界効果）を表す。
　　　カッコ内は不均一分散に対して頑健な White の標準誤差である。

由貿易に対する選好との関連性について確認しておく。居住する市町村や県（または州等）への愛着の強さと自由貿易に対する選好との間に一貫した関係性が確認されたのはニュージーランド（市町村レベル）および日本（都道府県レベル）の2カ国のみであり，いずれも地元への愛着の強さと自由貿易への態度との間には負の相関関係が存在することが確認された。因果関係については更なる検証が必要であるが，日本の有権者は輸入の自由化により地元に存在する大切な何か（例えば雇用，産業，風景，伝統，地域社会など）が失われるのではないか，という漠然とした不安や懸念を相対的に強く抱いている可能性を示唆する結果であろう。他方，日本とオーストラリアの2カ国の *contiattach* ダミーに着目すると，両国では「アジア」という国境を超えた地域コミュニティーへの愛着を持っている有権者ほど，自由貿易を支持する確率が有意に高いという結果が得られている[9)]。

第4節　結語

本章では，2003年時点のマイクロ・データを用いて，日本の有権者の自由貿易に対する選好の決定要因を実証的に分析するとともに，決定要因に関する国際比較分析を行った。主観的データを用いて実証分析を行うことには一定の限界が伴うものの，分析の結果から以下の主要な結論が得られた。

第1に，日本の有権者は特殊要素モデルが想定する短期的な帰結とHOVモデルが想定する長期的な帰結の両方を同時に考慮しつつ，貿易自由化への選好を決定していることが明らかになった。すなわち，他の条件を一定とすると，比較劣位産業従事者は非貿易部門従事者や比較優位産業従事者と比較して，非熟練労働者は熟練労働者と比較して，それぞれ自由貿易を支持する確率が有意に低いことが示された。両方の要因を同時に考慮しているという結果は，例え同一産業内であっても，貿易自由化や自由貿易協定の締結について異なる意見を表明する個人が存在するという基本的な事実と整合的である。

なお，日本政府が国民的合意を形成しつつ更なる貿易自由化を推進するためには，労働者が就労後も継続的に自身のスキルアップを行うことを支援するための取り組み，あるいは比較劣位産業に投下されている生産要素が産業間を円滑に移動することを支援するための政策的対応が不可欠であろう。具体的には，農地の集約化や転売を促進するための各種インセンティブの導入に代表されるような従来指摘されている施策のみならず，貿易自由化の結果として損害を被った（またはその恐れがある）労働者に対する雇用訓練の提供，地域をまたぐ転職を円滑化する為の情報提供や金銭的な支援など，いわゆる制度化された「貿易調整支援（TAA: Trade Adjustment Assistance）プログラム」の導入も検討に値しよう（久野，2004)。

第2に，貿易自由化への選好は，経済的要因のみならず，非経済的な要因とも強く関連していることが示された。たとえば，女性は男性と比較して相対的

第8-4表　記述統計表

Variable	Obs	Mean	Std. Dev.	Min	Max
ftrade1	1,099	0.2647862	0.4414202	0	1
ftrade2	709	0.4104372	0.4922604	0	1
female	1,102	0.5172414	0.4999295	0	1
age	1,102	50.7559	18.2749	16	93
skilled	1,080	0.2648148	0.441439	0	1
eduy	1,010	12.02772	2.694785	2	24
agri	1,071	0.0466853	0.2110626	0	1
manu	1,071	0.085901	0.2803488	0	1
protected	1,071	0.070028	0.2553134	0	1
liberalized	1,071	0.0513539	0.2208216	0	1
unemployed	1,072	0.0195896	0.1386497	0	1
student	1,072	0.068097	0.2520299	0	1
nolaborforce	1,072	0.3470149	0.4762427	0	1
rural	1,099	0.3512284	0.4775715	0	1
cityattach	1,099	0.8735214	0.3325393	0	1
regiattach	1,100	0.8518182	0.3554417	0	1
ctryattach	1,100	0.8981818	0.3025466	0	1
asiaattach	1,095	0.5150685	0.5000013	0	1
pinfl	1,096	0.2928832	0.4552931	0	1
pecon	1,097	0.5341841	0.4990576	0	1
ptech	1,096	0.8394161	0.3673144	0	1
phist	1,092	0.6538462	0.4759609	0	1

（注）国際標準職業分類（ISCO，1988版）4桁のうち，比較劣位産業には6110，6111，6112，6121，6151，9211，9212，7410，7412，7321，7322，7323，7331，7340，7400，7421，7422，7430，7433，7436，8130，8142，8150，8232，8250，8253，8284，比較優位産業には8120，8122，7210，7212，7213，7220，7230，7231，7233，7240，7241，7310，7311，8282，8283を含めた。両者の判別は日本の実行関税率表を用いて行った。

に保護主義的なバイアスを持っていることが明らかになった。このことは，貿易自由化をさらに推進する際に，女性に安心感を与え，女性からも共感を得られるような広報戦略を立案し，PR 活動を行うことが不可欠であることを示唆している。加えて，日本においては，とりわけ個人の地元愛の強さと自由貿易に対する選好との間の関連性が強いことも確認された。貿易自由化に対する国民的な支持を拡大するうえで，「貿易自由化が地域の雇用，産業，風景，伝統，地域社会が崩壊するのでは」という有権者の不安や懸念を効果的に緩和するためのメッセージや情報を政府がタイムリーに提示していくことの重要性を再度認識する必要があろう。

我が国が貿易自由化を進めていく際には，自由化に対する懸念の源泉として経済的・非経済的な要因の双方があることを認識しつつ，それぞれの要因に対応するための施策を同時並行的に実施していくことが望まれる。

（久野　新）

注

1） 本章は 21 世紀政策研究所の研究会「日本の通商戦略のあり方」の報告書用に執筆した論文を一部修正したものである。本章は日本学術振興会科学研究費（スタートアップ）の助成を受けている。
2） 米国のデータを用いた Scheves and Slaugter（2001），O'Rourke and Sinnott（2001）および Blonigen（2011），カナダのデータを用いた Balistreri（1997）および Beaulieu（2002），クロス・カントリー・データを用いた Mayda and Rodrik（2005）など。
3） 本章では経済主体が獲得する主たる収入源は賃金であると仮定し，資本および土地からの要素所得の存在は捨象している。ただし，HOV モデルでは熟練労働者および非熟練労働者に対する分配効果の方向性が，それら要素の相対的な国内賦存量および全世界に占める自国の消費シェアのみに依存して決まるため，土地や資本の存在を捨象したとしても，熟練労働者および非熟練労働者に及ぶ分配効果の方向性に影響を及ぼすものではない。詳しくは Balistreri（1997）参照。
4） 保護が残存している産業は全て比較劣位産業に含まれると仮定している。なお，当該産業においては保護主義的な選好を持つ個人が多く，その結果として実際の保護が政治的に撤廃されないという同時性の問題が生じている可能性も考えられるが，本章では詳細な検証は行なっていない。
5） 保護産業，自由化産業の分類方法は第 8-4 表を参照のこと。
6） 年金生活者，主婦，障害その他の理由で働けない者が含まれる。
7） 例えば質問への回答について学生特有の癖が存在する場合，学生が表明する選好の値にはシステマティックな誤差が含まれ，説明変数である個人属性との間で相関が生じ，推定されるパラメーターにバイアスが生ずる。
8） アメリカのデータのみ *rural* ダミーの値が欠損している。
9） アメリカ，カナダ，チリにおける調査では「アジア」ではなく「アメリカ大陸」というコミュニティーへの帰属意識が調査されている。したがって，ここでは *asiaattach* ではなく *contiattach* と変数名を変更している。

参考文献

久野新（2004）「セーフガードと貿易調整支援政策の補完可能性―構造調整促進の観点から―」荒木一郎・川瀬剛志編『WTO 体制とセーフガード制度（RIETI 経済政策分析シリーズ）』第 8 章，183-212 ページ，東洋経済新報社。

Balistreri, E. J. (1997), "The Performance of the Heckscher-Ohlin-Vanek Model in Predicting Endogenous Policy Forces at the Individual Level," *Canadian Journal of Economics*, 30 (1), pp. 1-17.

Beaulieu, E. (2002), "Factor or Industry Cleavages in Trade Policy? An Empirical Analysis of the Stolper-Samuelson Theorem," Economics & Politics, 14 (2), pp. 99-131.

Bertrand, M. and Mullainathan, S. (2001), "Do People Mean What They Say? Implications for Subjective Survey Data," *American Economic Review*, 91 (2), pp. 67-72.

Blonigen, B. A. (2011), "Revisiting the Evidence on Trade Policy Preferences," *Journal of International Economics*, 85 (1), pp. 129-35.

Mayda, A. M. and Rodrik, D. (2005), "Why Are Some People (and Countries) More Protectionist Than Others?," *European Economic Review*, 49 (6), pp. 1393-430.

Mussa, M. (1982), "Imperfect Factor Mobility and the Distribution of Income," *Journal of International Economics*, 12 (1-2), pp. 125-41.

O'Rourke, K. and Sinnott, K. (2002), "Determinants of Individual Trade Policy Preferences," in *Brookings Trade Forum*, ed., S. M. Collins and D. Rodrik. Washington DC: Brookings Institution.

Scheve, K. F. and Slaughter, M. J. (2001), "What Determines Individual Trade-Policy Preferences?," *Journal of International Economics*, 54 (2), pp. 267-92.

第9章
アンチダンピングと保護主義[1)]

はじめに

アンチダンピング措置は自由貿易を推進する時にいざとなれば行使出来る保護措置として保護主義的な圧力団体を説得しうる重要な交渉カードであり，自由化の過程で高まる保護への圧力のガス抜きをする「安全弁」と言われる一方，自由貿易を目指すWTOを内部から浸食しているとも危惧されている。実際，多国間繊維協定の撤廃や関税の撤廃を行った主要国や，経済改革と貿易自由化を進めている一部の発展途上国・市場移行国のアンチダンピング措置の行使は顕著である。輸入国が一方的に行使でき，他国の補償や他国の報復措置の規定のないアンチダンピング措置は，安易に行使されがちである。そもそもアンチダンピングは，適切な条文なのだろうか，あるべきアンチダンピング政策とはどのようなものなのだろうか。本章では，これらを経済理論によって考察するとともに，日本経済の現状を踏まえ，あるべきアンチダンピング政策について提言する。

第1節　アンチダンピングの現状

1. アンチダンピングの動向

アンチダンピング（Anti-dumping: AD）は，セーフガードや補助金相殺関税と並んで世界貿易機関（World Trade Organization: WTO）において認められた貿易救済措置である。

第2節で詳述するが，ダンピングとは，ある企業が国内で販売する価格より低い価格で輸出すること，もしくは原価割れで輸出することをさす。GATT第6条AD規定は，外国企業のダンピングにより国内産業が損害を受けたかその恐れのあるときに，輸入国がダンピング・マージン以下の輸入関税をその輸入品に対して課すことができるという規定である。GATT第6条第2項の補助金相殺関税は，補助金付き輸入により国内産業が損害を受けたかその恐れのある場合，補助金額以下に相当する額の相殺関税をその輸入に対して輸入国が課すことができるという規定である。GATT第19条のセーフガードは，輸入により国内産業が損害を受けたかその恐れのあるときに，輸入国がその輸入に輸入関税を課すことができるという規定である。このように，多国間の自由貿易を目指す原則を掲げるWTOにおいて，一時的に保護貿易をおこなってもよいという規定が貿易救済措置規定である。

自由貿易を提唱しながら，条件付きで関税引き上げを許す貿易救済措置規定は，一見矛盾しているように見えるが，第二次世界大戦後の目覚ましい自由化推進に重要な役割を果たしてきたと言われている。というのは，加盟国政府は自由貿易を目指す際に国内の保護主義的な圧力団体を説得できる重要な交渉カードとしてこれらを用いることができたからだ。

しかし，その中でもADは濫用傾向にあることがしばしば指摘されて来た。伝統的行使国と言われているのは，アメリカ・欧州共同体（European Community：欧州連合（European Union: EU）の前身），カナダ，オーストラリアである。1980年1月から89年6月までのAD発生件数1,558件中の96%がこれらの国・地域により措置されたものである[2)]。しかし，1990年代，冷戦体制が崩壊し，社会主義圏が経済改革とともに市場開放を行い，発展途上国もまた経済改革と市場開放を相次いで行うようになって以降，状況は様変わりした。

AD手続は，輸入国産業が自国政府にダンピングの疑いのある企業により損害を受けたと提訴し，輸入国政府が調査を開始することによって始まる。そして，1年あまりの調査の後，クロ裁定の（輸入国産業の申し立てが正当だった）場合に，問題となる輸入品に対して課税措置がなされる。以下では，WTOの公表データに基づき，WTO設立以降の調査開始件数と措置件数を見てみよう[3)]。

第 9-1 図　貿易救済措置調査開始件数と AD 措置件数

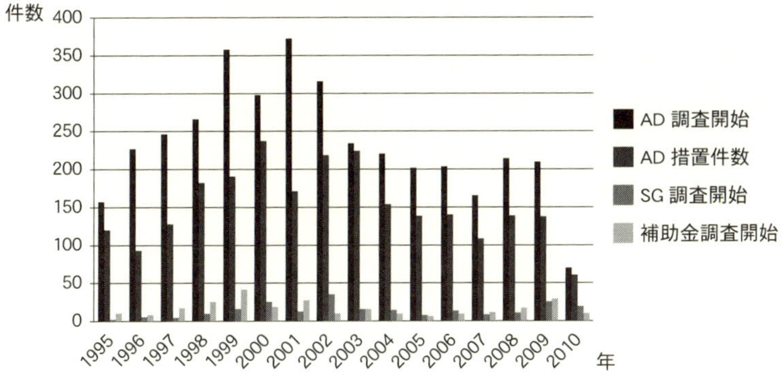

出所：WTO 公表資料より作成。

第 9-1 図を参照しよう。WTO 設立以降から 2010 年までの AD 調査開始件数は 1999 年と 2001 年が各年 350 件を超える多さだが，それ以降は 250 件を大きく下回っている。一方，同時期のセーフガードと補助金相殺関税の調査開始件数は，AD に比べると著しく低い。セーフガード調査の開始件数は 2002 年の 34 件が最多であり期間全体で 216 件，補助金相殺関税の調査開始は 1999 年の 41 件が一番多く期間全体で 262 件である。

WTO 設立以降 5 年間で最も AD 調査開始件数が多かった国・地域は EU で全体の 14.8%を占め，次いでアメリカ（10.7%），インド（10.5%），南アフリカ（11.4%），オーストラリア（8.2%）と続く。伝統的 AD 行使国・地域が全体の件数に占める割合は約 38%に上る。一方で，貿易自由化を始めたインド，南アフリカ，アルゼンチン，ブラジルが 1990 年代に入り，AD 措置を多用するようになった。2006 年から 2010 年の 5 年間のトップ・ファイブは，インド（21.7%），ブラジル（9.8%），EU（9.7%），アルゼンチン（8.3%），アメリカ（7.8%）である。伝統的行使 4 カ国・地域の割合は 23%に下がり，発展途上国の割合が増えている。

では，どのような国が対象とされるのだろうか。1995 年から 1999 年の 5 年間の首位は，件数全体の約 13%を占める中国である。次いで韓国（8.1%），米国（6.2%），台湾（4.9%），日本（4.9%）であった。2006 年から 2010 年の 5 年間では，中国（34.3%），米国（6.1%），韓国（5.1%），台湾（4.6%），タイ

(4.5%）である。日本のランキングが下位になったが，日本企業が生産工場をアジア諸国に移転した影響もあるであろう。

実際に課税されるなどした措置件数を見てみよう。WTO 設立後の 5 年で AD 措置を行使した国・地域順に並べると，709 件中の 15%を EU が占め，次いでアメリカ（14.2%），南アフリカ（10.6%），アルゼンチン（9.2%），インド(8.7%）である。米国・EU・カナダ・オーストラリアが占める割合は 38.2%に上る。2006 年から 2010 年までの 5 年間の 652 件中では，インド（20.6%），中国（10.3%），米国（10%），EU（8.1%），アルゼンチン（7.8%）である。伝統的行使国・地域の割合は，21.8%に減少している。

AD 措置を行使された国や地域は，WTO 設立後 5 年では，中国が全体の件数の 16.9%を占めており，韓国（5.9%），ロシア・米国（5.8%），ブラジル(5.2%)，日本（5.1%）と続いていた。2006 年から 2010 年の 5 年間では，中国が全体の 38%を占めるに至り，台湾（5.5%），韓国（5.2%），タイ・インドネシア（5.1%），米国（4.9%）と続いている。WTO 設立当初は，米国・日本などの先進輸出大国や輸出を伸ばしていた韓国，90 年代に経済改革を行ったブラジル・ロシアなどが上位であったが，2006 年以降の 5 年は，中国のプレゼンスが増すとともにアジア地域に集中する傾向が強まっている。

AD 調査や措置を受けた品目は，鉄・非鉄金属等のベース・メタル，化学，合成樹脂・プラスチック・皮革製品，電機・電子製品，繊維製品である。規模の経済性が特徴となるような鉄鋼や化学，電機・電子機器などの一方，発展途上国が得意とするような繊維製品や軽工業品などが上位に上がっている。

2. 貿易自由化とアンチダンピング

第二次世界大戦後，GATT を中心とした貿易自由化に積極的に関与してきた先進国が主要な行使国・地域であったが，1990 年代以降，移行経済や発展途上国の経済改革が進展し，それらの国々の輸出に対して先進国が行使する一方，それらの国々もまた頻繁に行使してゆくようになった。AD があることにより安心して貿易自由化に着手でき，AD 措置が行使されるのは保護主義勢力の圧力をガス抜きにより下げている（AD 安全弁説）のだと言えるかもしれないが，関税引き下げは結局 AD 税によって置き換えられているだけで，AD は

WTO の精神を内部から浸食しているとも考えられうる[4)]。

先進国では，ウルグアイ・ラウンド終結によって，鉱工業製品の平均関税率が日本1.5%，アメリカ3.5%，EU3.6%となった。また，多角的繊維協定（Multi Fiber Arrangement: MFA）に基づき欧州等が行っていた繊維・繊維製品の輸入数量制限措置を2005年から撤廃し，化学品の関税率の上限統一や医薬品・建設機械等での関税の相互撤廃が主要国の間でなされた。前節での繊維製品や化学製品のAD措置件数の多さは，撤廃された保護の代替措置を求める動きと見ることができよう。また，通常関税に上乗せされるAD税は，数%から数十%にまで至る。これらの著しい保護主義の揺り返しは，ごく一部の産業に限ってはいるが，看過できない問題である。

では，近年AD措置の増大著しい発展途上国はどうなのであろうか。Moore and Zanardi（2011）は，1992年から2002年までの発展途上国23カ国の鉱工業製品の部門別平均関税率の下落とAD措置の関連を調べた。その結果，ADのヘヴィー・ユーザーと言われるアルゼンチン，ブラジル，チリ，インド，メキシコ，ペルー，南アフリカにおいては，貿易自由化とAD措置増大とは正の相関関係にあることは明らかであるとしている。さらに，貿易自由化をしても，ADにより課税された商品部門の関税率を約1.22%引き上げていることを実証した。

また，Bown and Tovar（2011）は，1990年代初頭から始まったインドの関税改革とAD，セーフガードとの関係を論じている。1980年代まで輸入代替政策をとっていたインドは，1991年以降経済改革と関税改革に取り組み，1990年から91年の最高関税率355%が90-92年に150%，2002-2003年に30.8%に下落した。加重平均関税率も90-92年の87%から96-97年24.6%を経て2001-2002年38.5%に至った。その間，全ての産業においてADが用いられたわけではなく，化学，鉄鋼，電子・電気機器などが目立った。2000年から2002年の間に製造業に対するAD税が行使された製品の平均関税率は32%だが，それらに対してAD税が最小で51%，最大で61%上乗せされた。つまり，劇的な関税引き下げがなされてとしても，一部の産業では保護主義勢力による強い押し戻しがなされていたのである。

第2節　アンチダンピングとは何か

1. WTO規定の中のアンチダンピング

WTOはその前身のGATTの理念を継承し，多国間での貿易の自由化を目的として作られた国際機関である。その原則は，自由貿易が各国の経済を繁栄させ，ひいては世界平和に利するとの精神のもと，多角的貿易交渉の場で各国がお互いに関税を引き下げ合う合意をし（互恵），その成果を全ての国に適用し（最恵国待遇），通関した輸入品に国産品に対するのと異なる扱いを禁じている（内国民待遇）。WTO違反とされる国の行為に対しては，紛争解決手続に訴えることができる。紛争処理機関は，違反行為を行った国に対して，WTOルールに従うように勧告する。違反国がそれを無視すれば，同機関は提訴国が違反国に対して関税引き上げ等の対抗措置を取ることを許可する。このように，WTOでは，加盟国は自由貿易に向かうことを期待されるように制度が作られているのである。

しかし，WTOには，同時に一時的に自由貿易に向かわなくていいという貿易救済措置規定も存在する。貿易救済措置に共通する部分は，輸入が原因で国内産業が損害を被ったかその恐れがある場合に貿易制限をしてもよいという部分である。ただ，どの輸入に対して関税を引き上げても良いかは各措置で異なっている。セーフガードは，全ての輸入品を対象としているが，ADは，ダンピングをしていない企業や国からの輸入は課税されないし，補助金相殺関税も補助金をかけた国以外は課税されない。さらに異なる点は，セーフガードはそれにより損害を受けた国が報復措置を取る恐れがあるが，ADや補助金相殺関税では規定上それはないというところである。これはなぜだろうか。

セーフガード措置は，輸入国の産業調整の遅れに対する救済措置であり，輸入国の都合で行われる。産業調整の遅れとは，関税の引き下げにより輸入価格が下落し，その国は本来の比較優位に基づいた効率的な産業構造に変化するが，価格の急激な下落に比べて産業構造の変化はすぐさま対応できないことを言う。比較劣位産業から比較優位産業への労働の移動がスムースに行かず，摩擦的失業が起きたりする。セーフガード措置は，このような自由化の痛みを軽減させるためにある。

一方，ADと補助金相殺関税は趣旨が異なる。ダンピングは輸出企業が人為的に輸出価格を低くし，補助金はそれを受けた企業が人為的に輸出価格を低くすることで，輸入国に損害を与える場合があるとされる。つまり，輸出国政府や企業が原因となる行為であり，輸入国産業は「被害者」となる。それゆえに，輸入国政府は一方的に関税を引き上げることができ，原因である国による報復的な関税引き上げは許されない。とくに，AD規定では，輸入国に損害を与えるかその恐れのあるようなダンピングは「非難するべきものと認める」という文言が入っており，ダンピングで外国企業に損害を与えることは，国際的な企業の競争において不公正とみなされている。しかし，主に経済学者からこのような位置づけに対し疑問が呈されているのである。経済学の観点からダンピングとADについて検討してみよう。

2. 経済理論から見るダンピング

GATT第6条およびGATT1994の「AD協定」によるダンピングの定義に則ると，正常価額マイナス輸出価格がプラスであるとダンピングと認定される。正常価額は，国内で通常の商取引で第三者に販売された価格であるが，原価割れ販売をしている場合は，通常の商取引にあたらないとされる[5)]。この場合，製造原価に販売一般管理費と適正利潤を加えた「構成価額」を正常価額として用いる。つまり，内外で同じ価格をつけているとしても，正常価額は構成価額が用いられるので，輸出価格より高く算定されるのである。

以上を鑑みると，理論的にみてダンピングは，国内価格が輸出価格より高い地域間価格差別ダンピングと，ある一定期間原価割れ販売が行われる一方で損失を回収する高価格が設定される時期もあるという異時点間価格差別に大別しうるだろう。以下では，それぞれのダンピング発生メカニズムについて説明しよう[6)]。

(1)　地域間価格差別ダンピング

地域間価格差別ダンピングが可能であるためには，問題となる企業が所属する国の市場と輸出先の市場の間で裁定取引が不可能でなければならない。裁定取引とは，市場の間の価格差を利用して儲けようとする行為で，それが可能であれば，2つの市場の価格差は最終的に解消されてしまう。裁定取引を阻むものとしては，関税や輸入制限，制度上の規制などの非関税障壁，輸送費などが上げられる。

市場が分断されている状況下で，どのようにダンピングが起こるのかを見てみよう。第9-2図はある企業が直面する国内市場と外国市場の需要曲線である。単純化のために今この企業は生産物1単位あたりコストゼロで生産することとしよう。利潤は収入マイナス費用であるから，ここでの利潤は収入に等しい。

第9-2図を見てみよう。これは企業が直面する自国市場と外国市場の需要曲線を示している。第一象限が外国市場，第二象限が自国市場を示しており原点から遠いほど数値が高いと考えよう。この企業が国内で価格3,000円で販売しようとすると1,000の販売量，2,400円だと1,200，1,500円だと1,500売れる。海外に輸出するときには，価格3,000円では0，2,400円では1,800，1,500円で

第9-2図　地域間価格差別ダンピング

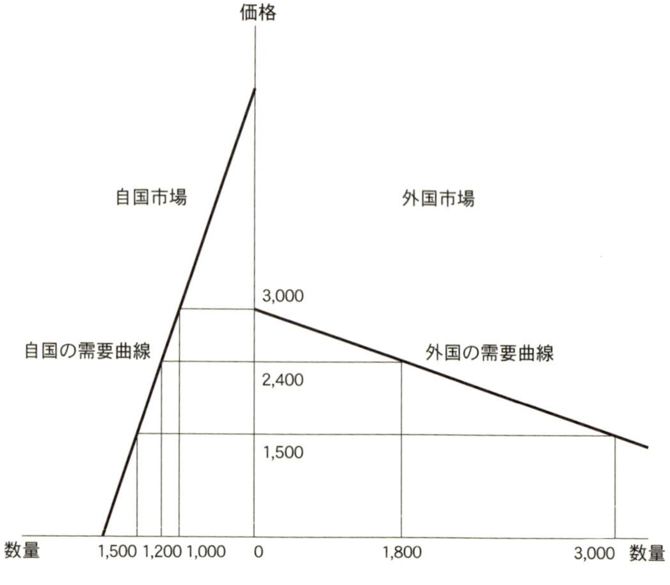

第9-1表　企業の利潤

価格	自国市場からの利潤	外国市場からの利潤
3,000円	300万円	0円
2,400円	288万円	432万円
1,500円	225万円	450万円

（参考）　石川・菊地・椋（2007）124ページ。

は3,000販売できる。このときの企業利潤は第9-1表のように示される。企業はどのような価格戦略をとるべきだろうか。もし国内市場と外国市場で同じ価格をつけるとすると，最も高い利潤を得られるのは2,400円の価格設定である。しかし，裁定取引が不可能で市場が分断されているなら，内外で同じ価格をつける必要はない。この場合，自国市場では3,000円，外国市場では1,500円で販売すれば，同じ価格をつけるより，30万円多く稼げるのである。

このような価格設定はダンピングにあたる。しかしこれは，より多くの利潤を獲得しようとする企業にとっては合理的な選択の結果なのである。

⑵　異時点間価格差別ダンピング

異時点間価格差別ダンピングは，内外で統一価格をつけていたとしても，原価割れ販売をしているためにダンピングと認定されてしまうというものである。原価割れ販売を起こすケースは，3つに大別できる。

第1に，将来が不確実であるもとで生産を行ってしまうことである。企業は将来の需要動向が正確にわからなくても生産決定を行わなければならない。需要が大きく製品が高い価格でも売れるかも知れず，逆に安くないと売れないかも知れない。そこで，ある合理的な予測（例えば期待利潤）に基づいて生産決定を行う。生産を行った後に実現した需要が結果的に想定していたより少ない場合，生産しすぎになり，それを処分するために原価割れで売らざるをえない場合も出てくる。

第2に，生産していくうちに効率の良い生産を学習し，近い将来急激なコストダウンが見込める場合である。このようなケースでは，将来の費用低下を織り込んだかたちで現在の価格が決定されるため，しばしば初期に原価割れの価格になる。半導体生産におけるフォワード・プライシングがこれにあたる。半導体工場立ち上げ段階では完成品の歩留まり率が低いが，生産過程での問題点を解決して行くうちに，急速に歩留まり率が上昇し，1個あたりの平均費用が短期に下がっていくために，当初から低い価格を設定する。

第3に，現在の価格が将来の売り上げ増につながる場合である。例えば，需要惰性が働く場合である。ある製品を購入すると，習慣的に次もその製品を選ぶような場合には，最初に極めて安い価格で販売促進をすることが企業にとって合理的な戦略になる。また，最初に電子書籍を読むためにiPadを購入してそれに慣れてしまった人は，いくら安くても次に購入する端末をKindleに変更するのをためらうかも知れない。このように製品の仕様に慣れてしまうと他に移るのにコストがかかることをスイッチング・コストというが，このコストがかかる製品の販売戦略において，初期時点で極めて安くして顧客を獲得することは合理的なのである。なぜなら，後に高い価格をつけたとしても，その製品から顧客が逃げないからである。

現在の価格が将来の売り上げ増に繋がる中で，問題となるケースが略奪的ダンピングである。極めて安い価格で輸入国のライバルを市場から駆逐した後に，独占価格を享受するというものである。これは商行為上，不公正とされて来た。しかし，実際にはこれは可能なのかも疑問視されて来たのである。独占価格をつければ高い価格に惹かれて新規参入が起こり，再びライバルを追い出すために安い価格をつけなければならない。このため，企業は永遠に独占価格をつけられず，初期の損失は回収できない。それがわかっている合理的な企業は，そもそも略奪的ダンピングはしないのではないか。

ここで重要なポイントは，市場で戦う企業同士がお互いにどの程度強いかわかっているかどうかである。ライバルが略奪的ダンピングをする企業（既存企業）がどの程度安値競争で耐えられるかを知っていれば，相手が強い企業であれば最初から戦わずに退出するし，弱いと知っていれば相手が根負けするまで戦うだろう。しかし，ライバルが既存企業の強さを知らない場合，どうするだろうか。既存企業の戦歴を参照して決めるしかない。過去のライバルたちと常に戦って勝っていたなら，既存企業は強い企業と判断される。従って，ライバルは参入を諦めるだろう。つまり，強い企業という名声を確立すれば，既存企業は独占価格をつけても誰も参入して来ないことになる。そうであるなら，効率性の悪い弱い企業であっても，強い企業という名声が確立するまで，安値競争に挑み続けるインセンティブを持ちうる。いったん名声を確立すると，本来はより効率的なライバルであっても，参入しない可能性があり，それは経済厚生上望ましくない結果になるのである。

以上より，異時点間価格差別においても，企業はそれぞれ合理的な行動を取っている。ただ一点，経済厚生上の有害性という観点で，略奪的ダンピングが問題だと言えよう。本来正直に行動していれば，効率的な企業により生産が行われるはずだからである。

3. アンチダンピングをどう考えるか

⑴　国際競争法としてのアンチダンピングとインターフェイス理論

効率性の観点から是非を判断すると，ダンピングが悪と言えるのは略奪的ダンピング以外にない。しかしながら，WTOのAD協定では，2で取り上げたダンピングが全て対象となってしまっているのである。なぜなのだろうか。その理由は，AD規定の成立に遡ることにより明らかになる。

GATT第6条のAD条文は，米国の1921年緊急関税法（Emergency Act of 1921）に酷似しているのだが，その成立が問題の原因である。この法律は略奪的ダンピングと戦うために作られたが，議会での議論の末，事実上はダンピングにより損害を受けたかその恐れのある国内産業の保護を目的とした法律になったのである。このため，望ましくない行為が略奪的ダンピングだけであるにも関わらず，全てのダンピングが適用対象になってしまった。さらに，米国の緊急関税法をそのまま入れ込んだ原案に関して，GATT条文を検討する1947年のハバナ会議においても「ダンピングは責められるべき」という文言は入れるようにとの提案もあり，今日の混乱した姿になったのである[7)]。

略奪的ダンピングは，市場を占有する意図がなければ行われない。ダンピングは国内競争法の規制対象となる不当廉売が国際的に行われていると考えることもできる。国内競争法においては，不当廉売の判断は単なる安値販売というだけでなく，略奪的意図があるかどうかが問題視される。しかし，略奪的意図を見破るのが極めて難しいため，今日では平均可変費用を下回る価格設定をもってそれとみなすという考え方が導入されている。平均可変費用を割る価格は，ひとつも生産しなくてもかかる費用である固定費すら賄えない価格であるため，通常は操業を停止するはずである。それにも関わらずその価格を設定して販売していることが略奪的意図を示している証左と言えるからである。

国内競争法をAD事件に適用してみると，ほとんどのケースは略奪的価格設定ではないと見なされる。本来の意図と経済学的観点から考えれば，ADを廃止して，国境を越えて競争法で代替することが望ましいと言えよう。実際，EUでは，加盟国域内で共通の競争法が用いられているし，オーストラリア・ニュージーランド経済緊密化協定やカナダ・チリ自由貿易協定では，ADを廃止し競争法を用いることが謳われている8)。WTOで無理であれば，FTAを通じてADを競争法で代替するのが望ましいと言えよう。

しかし，経済理論から導き出された理想的なAD法を全世界で実現するのは，現実的対応ではないとの認識から，ADの必要性を訴える議論がある。WTOは市場経済が前提となる国々を基準にADを運営しているが，実際は市場化がどの程度進んでいるか，規制の範囲や程度等，各国で異なる。それゆえ，同じ経済体制内で適用される国内競争法を異なる経済システム同士の国際的な取引に適用することは無理がある。自由化に伴い発生する国際間の違いによる摩擦を和らげるのがADであるという考え方がインターフェイス理論である9)。

⑵　アンチダンピング政策の理論的意味

AD政策の効果の点からその是非を考えてみよう。AD関税は，ダンピング・マージン以下の税がダンピングされた製品価格に上乗せされることになるため，輸入国での国内価格が上昇する。それにより，課税された製品の輸入が減少する。ダンピング製品の国内価格上昇と輸入減少により，他の企業の価格とシェアが上昇するために，損害を受けた企業は利潤が増大することになる。しかし，一方で，価格の上昇は，それを購入する消費者やユーザー企業の損失に繋がる。当該企業収益の回復と関税収入が消費者やユーザー企業の損失を上回るかどうかでAD税が望ましいかどうかが決まるだろう。

AD政策の効果は，課税の効果のみではない。ダンピングをし，輸入国産業に損害を与えればAD税を課されることがあらかじめ輸出国企業に認識されている場合，その意思決定に影響を与える可能性がある。つまり，課税をされるよりはダンピングを避けることが利益になるなら，輸出企業はダンピングをしなくなるのである。地域間価格差別の場合，第9-1表を見るように，ダンピングをして1個あたりダンピング・マージンにあたる1,500円の課税をされるくらいなら，最初から2,400円の統一価格をつけるだろう。この場合，価格を引き上げてもらった輸入国産業は利益を得るが，高い価格の製品を購入する消費者は損失を被り，関税収入も得られないため，AD税の場合と比べて輸入国は厚生を減少させる。輸出国では，ダンピングをやめた企業は，AD税の場合に比べれば自由貿易と比較した利益減少は小さい。輸出国企業がダンピングをやめたことで，輸出国国内価格は下落し，消費者の利益にもなる。しかし，自由貿易と比較した場合，生産のゆがみによって両国全体の厚生は悪化するだろう。

グローバル化の中でのAD政策の効果は複雑である。原材料や中間財へのAD課税は，価格上昇を通じて輸入競争産業を保護する一方で，当該製品を用いるユーザー企業の国際競争力を削ぐことになってしまう。今日では，原材料・中間財産業も最終財産業も国際化しており，AD課税の川下産業への悪影響は計り知れない。

生産の習熟効果や需要惰性が働くようなケースや略奪的ダンピングでは，輸出国企業が初期の価格を高めることにより後の期の生産にも影響を及ぼすようになる。一方で，輸入国の産業は有利な立場に立つことが出来るだろう。略奪的ダンピングは，ADの存在によって非効率な企業の安値販売が困難もしくは不可能になるため，国内の効率的な企業が生産を行うことができるようになり，厚生上望ましい。しかし，他の原価割れ販売の場合には，効率的な輸出国企業の生産を抑えることになるため，良い結果をもたらさない可能性がある[10)]。

異なる経済システムの国同士の貿易というインターフェイス理論の観点から見ると，AD政策が世界の厚生を高めるという可能性はある[11)]。ただし，これは限定的なモデルの見地からの結論であり，複雑な現実の世界において解釈を敷衍するのは慎重でなければならない。

第3節 アンチダンピングへの複眼的対応を

以上，見てきたように，ADはその成立上，複雑な内実を持った規定である。当初の目的は国際市場における企業同士の公正な競争の保護であったが，実態は外国企業のダンピングを条件とした国内産業の保護である。そして，輸入国政府が一方的に課すことができるがゆえに，安易に行使され，問題視されているのである。日本はADのターゲットとされてきた歴史に鑑み，AD行使の規律を強化するようにWTO交渉において引き続き積極的に働きかける必要があろう。また，納得できないAD措置を受けた場合には，紛争処理手続に訴えることで，相手国の濫用を牽制する必要がある。

一方で，今後はADを利用することに前向きになるべきではないか。日本は自由貿易協定（Free Trade Agreement: FTA）や経済連携協定（Economic Partnership Agreement: EPA）締結において他国に大きな遅れをとっているという問題がある。2011年現在の貿易額に占める署名・発行済みFTA/EPAのカバー率は，米国38%，韓国35.8%，中国21.5%に比較して17.6%，また品目数ベースでみると，他の先進国の95～100%に比して約86～87%であり，貿易自由化の立ち後れが顕著である。その理由は，日本の自由化の例外品目が多いことがあげられる。それが足枷となり，FTA/EPA相手国に日本の関心品目の自由化を求めることができなくなり，交渉が困難になっている[12]。現在問題となっている環太平洋経済連携協定（Trans-Pacific Partnership: TPP）交渉も同様の理由で参加が遅れている。一部の産業の保護主義圧力が日本全体の改革を遅らせているのである。

日本の自由化の遅れ，手詰まり感を打開するために，この際，ADを積極的に活用するという方法も考えてみる必要があるかも知れない。インド政府は急速な経済改革と自由化を行うと同時に，民間に対してセーフガードやAD行使のキャンペーンを行っている。これを参考にするという方法もあるのではないか。日本政府は，ADの積極的活用を民間に推奨し，原則自由化に舵を切るように国内の保護主義勢力を説得すべきかも知れない。日本がより豊かで開かれた社会に変革するためには，「改革の痛みに抗議する保護主義圧力に対する安全弁」として AD を戦略的に用いる知恵も必要となって来たのかも知れない[13]。

（柴山　千里）

注

1） 本章に対して，小林友彦氏，小樽商科大学柴山ゼミ 4 年生に有益なコメントを頂いた。この場を借りて感謝の意を表したい。

2） Finger (1993), p. 4 参照。

3） 以下のデータは WTO Antidumping Gateway 公表の資料（http://www.wto.org/english/tratop_e/adp_e/adp_e.htm）による。

4） 「AD が保護主義圧力に対する安全弁」という議論に関しては，例えば WTO Trade Report 2009, p. 68 参照。

5） AD 協定 2.2.1 参照。具体的には，約 1 年にわたって生産費（固定費及び変動費），管理費，販売経費，一般的な経費を加えた金額未満。

6） 以下の議論は，清野・柴山（1992），石川・菊池・椋（2007）参照。

7） この経緯に関しては，Balceló (1991), Irwin et al. (2008), p. 122 参照。

8） 以上の議論は，例えば Niels (2000) 参照。

9） インターフェイス理論については，例えば Müller et al. (2009), p. 10 参照。

10） 以上の議論は清野・柴山（1992）参照。

11） 民営化しつつある独占国営企業が市場経済国でダンピングをしている場合，AD 政策により輸出国の独占の歪みが緩和されるため，輸入国・輸出国・世界全体の厚生が上昇する場合もありうる。Shibayama and Ishii (2012) 参照。

12） 経済産業省（2011）246 ページ参照。

13） また，小林（2010）は，全国共同農業組合（Japan Agriculture Co-operatives: JA）が貿易自由化政策の流れの中で AD を利用することでプレゼンスを得る方法もあると提案している。

参考文献

石川城太・菊池徹・椋寛（2007）『国際経済学をつかむ』有斐閣。

経済産業省（2011）『平成 23 年版通商白書』山浦印刷。

清野一治・柴山千里（1992）「輸出独占下のダンピングと防止税の効果：市場間および異時点間差別価格の分析」『日本経済研究』No. 23，84-115 ページ。

小林友彦（2010）「グローバル化に対応する JA の役割の研究：農産品へのアンチダンピング措置に注目して」『協同組合奨励研究報告』No. 36，95-108 ページ。

Balceló III, J. J. (1991), "A History of GATT Unfair Trade Remedy Law; Confusion of Purposes," *World Economy*, 14, pp. 311-333.

Bown, C. P. and Tovar, P. (2011), "Trade Liberalization, Antidumping, and Safeguards: Evidence from India's Tariff Reform," *Journal of Development Economics*, Vol. 96, pp. 115-125.

Finger, J. M. (ed.) (1993), *Antidumping: How it Works and Who Gets Hurt*, University of Michigan Press.

Irwin, D., Mavroidis, P. C. and Sykes, A. O. (2008), *The Genesis of the GATT*, Cambridge University

Press.

Moore, O. M. and Zanardi, M. (2011), "Does Antidumping Use Contribute to Trade Liberalization in Developing Countries?," *Canadian Journal of Economics*, Vol. 42, No. 2, pp. 469-495.

Müller, W., Khan, N. and Scharf T. (2009), *EC and WTO Anti-Dumping Law: A Handbook Second Edition*, Oxford University Press.

Niels, G. (2000), "What is Antidumping Policy Really About?," *Journal of Economic Surveys*, Vol. 14: pp. 467-492.

Shibayama, C. and Ishii, Y. (2012), "Dumping in Transition Economies and the Effects of Anti-Dumping Policy," *Discussion Paper*, No. 146, Center for Business Creation, Otaru University of Commerce.

World Trade Organization Homepage　http://www.wto.org/

第10章
多国籍企業と移転価格

はじめに

本章では多国籍企業，特に分権的多国籍企業にとっての移転価格の役割を議論する。分権的多国籍企業とは，多国籍企業内の意思決定において，その一部が親会社（多国籍企業の本社部門）から子会社へ委譲されている多国籍企業のことである。一般的に，移転価格は国家間で法人税率に違いがあるときに，多国籍企業内の親会社と子会社の間，あるいは子会社間での取引を利用して，利益をシフトさせることで，租税負担を低下させ，多国籍企業全体の税引き後利潤を最大化するために利用される可能性があるものと考えられている1)。しかし移転価格には租税回避以外の目的でも使用される可能性が存在する。特に，分権的多国籍企業においては，移転価格は戦略的手段として利用されうる。

第1節では戦略的手段として移転価格が利用されるケースを説明する。次に第2節では多国籍企業の分権化が実際に行われるのかどうかの議論を先行研究を利用して行う。加えて，税率の決定についての独自の分析も行う。最後に，移転価格について近年分析が進んでいる他のトピックにも触れつつ，本章をまとめる。

第1節　移転価格の2つの役割

分権的多国籍企業において，移転価格が一般的に知られている節税を目的とした利益シフト手段としてだけではなく，戦略的手段としても用いられることはSchjelderup and Sørgard（1997）によって示された。そこでは，移転価格の戦略的手段としての利用を考えると，本社部門は最終財市場がクールノー競争の場合はより低い移転価格を，ベルトラン競争の場合はより高い移転価格を設定するインセンティブを持つことが示されている。このような移転価格の戦略的手段としての利用の存在は，多国籍企業に企業内で利益をシフトさせるインセンティブがないとき，つまり両国の法人税率が等しいケース（$t_A = t_B$）においても，移転価格が限界費用に一致しないことから理解することが可能である[2)]。

なお最終的に移転価格が限界費用を上回るか下回るかは，この2つの役割の大きさに依存する。これはクールノー競争においては，自国の税率が外国の税率より高いときには，2つのインセンティブはどちらも移転価格を低下させる方向で働くが，自国の税率が外国の税率より低いときには，2つのインセンティブは異なる方向に働くからである。また逆に，ベルトラン競争においては，自国の税率が外国の税率より低いときには，2つのインセンティブはどちらも移転価格を上昇させる方向で働くが，自国の税率が外国の税率より高いときには，2つのインセンティブは異なる方向に働くからである。

本節ではSchjelderup and Sørgard（1997）の一般形とは異なり，線形モデルを使って，最終財市場でクールノー競争が行われているケースについて，移転価格の2つの役割を簡潔に説明する。

1. 租税回避目的のみのケース

まず，ここでは競争相手が存在せず，多国籍企業が独占企業である場合を考える。この場合，企業間の戦略的相互依関係が存在しないので，移転価格は租税回避目的のみに利用されることになる。なお多国籍企業は，海外における販売量の決定を外国子会社に任せているという点で，分権化されているとする。

多国籍企業は自国と外国の2つの市場に最終財を供給しているとする。ただし外国市場には販売会社である外国子会社を通じて最終財を供給しているとする。両市場の逆需要関数は，それぞれ$p=1-x_1$と$P=1-X_1$であり，基準化のために生産の限界費用および貿易費用をゼロとすると，多国籍企業の自国における税引き前利潤と外国子会社の税引き前利潤はそれぞれ，

$$\Pi^A = (1-x_1)x_1 + mX_1,$$
$$\Pi^B = (1-X_1)X_1 - mX_1$$

と定義できる。なお x_1 と X_1 は，それぞれ自国と外国での販売量であり，m は移転価格である。ここでは分権的多国籍企業を考えているので，第 1 ステージに親会社が移転価格 m を設定し，その価格を所与として，第 2 ステージに外国子会社が販売量 X_1 を決定するものとする。なお自国市場への販売量 x_1 は親会社自身がこの第 2 ステージに決定するものとする。

第 1 ステージで設定された移転価格 m を所与として，第 2 ステージにおいては，それぞれの販売量として

$$x_1 = \frac{1}{2},\ X_1 = \frac{1-m}{2}$$

が選ばれる。これらをあらかじめ予想して，第 1 ステージにおいて多国籍企業の本社部門は，

$$\Pi^C = (1-t_A)\Pi^A + (1-t_B)\Pi^B - \frac{1}{2}m^2 \qquad (1)$$

を最大化する移転価格 m を設定する。なお (1) の右辺第 1 項および第 2 項は，それぞれ税引き後の自国および外国での利潤であり，t_A（$0 \leq t_A \leq 1$）と t_B（$0 \leq t_B \leq 1$）はそれぞれ自国と外国の法人税率である。また右辺第 3 項は移転価格歪曲費用（transfer-price distortion cost）と呼ばれるものである[3)]。このときの本社部門によって設定される移転価格は

$$m = \frac{t_B - t_A}{3 + t_B - 2t_A}$$

と導出できる。

上式の分母は正であるので，移転価格と両国の税率との関係は，

$$m \leq 0 \Leftrightarrow t_A \geq t_B$$

である。従って，このケースにおいて多国籍企業の本社部門が限界費用より高い移転価格を設定するか，それとも低い移転価格を設定するかは，自国と外国，どちらの国の税率が高いかのみに依存することがわかる。自国の税率が外国の税率よりも高ければ（$t_A>t_B$），多国籍企業は企業内で利益を外国へ移すインセンティブを持つので移転価格を引き下げ $m<0$ となり，逆に自国の税率が外国の税率よりも低ければ（$t_A<t_B$），利益を自国に移すインセンティブを持つので移転価格を引き上げ $m>0$ となる[4)]。

2. 2つの役割を持つケース

次に，外国に現地企業が存在し，外国市場が寡占（ここでは複占）競争である場合を考える。この場合，本節第1項のケースとは異なり，外国市場において企業間に戦略的相互依関係が存在するので，移転価格は租税回避目的に加えて，戦略的な目的のためにも利用されることになる。

多国籍企業の自国における利潤と外国における利潤（外国子会社の利潤），そして外国競争企業の利潤は，それぞれ，

$$\Pi^A=(1-x_1)x_1+mX_1,$$
$$\Pi^B=(1-X_1-X_2)X_1-mX_1,$$
$$\Pi^{B^*}=(1-X_1-X_2)X_2$$

と定義できる。なお外国市場は複占であるので，逆需要関数は $P=1-X_1-X_2$ となっており，X_2 は外国競争企業の生産量である。また限界費用はここでもゼロとしてある。既に本社部門によって決定されている移転価格 m を所与として，第2ステージにおいて外国子会社は Π^B を最大化するように，外国競争企業は Π^{B^*} を最大化するように，それぞれの生産量 X_1，X_2 を決定するので，第1ステージにおいて，本社部門はこれらの生産量を考慮しつつ，(1) で表される Π^C を最大化するように移転価格 m を決定する。

移転価格 m を所与として，第2ステージにおいては，多国籍企業および外国競争企業，それぞれの生産量として

$$x_1=\frac{1}{2},\ X_1=\frac{1-2m}{3},\ X_2=\frac{1+m}{3}$$

が選ばれる。これをあらかじめ予想して，第 1 ステージにおいて，多国籍企業の本社部門は，(1) を最大化する移転価格 m を選ぶので，移転価格として，

$$m=\frac{3(t_B-t_A)-(1-t_B)}{13+8t_B-12t_A}$$

が設定されることになる。

上式の分母は正であるので，これより移転価格と両国の税率との関係は

$$m\leq 0 \Leftrightarrow t_B-t_A\leq\frac{1-t_B}{3}\Leftrightarrow t_B\leq\frac{1+3t_A}{4}$$

であることが示される[5)]。

まず多国籍企業が節税以外のインセンティブを持ちうることを示す。多国籍企業が節税インセンティブを持たないとき（$t_A=t_B=t$），移転価格は

$$m=-\frac{1-t}{13-4t}<0$$

であるから，限界費用（ここではゼロ）を下回るように設定されていると言える。つまり，これは本節第 1 項の外国市場が独占のときの結果と大きく異なり，租税回避の目的以外にも移転価格を利用するインセンティブが存在することを意味している。

それでは，なぜこのように移転価格を引き下げるインセンティブを本社部門は持つのか。このように移転価格を利用するインセンティブが存在するのは，多国籍企業の本社部門が，移転価格を低く設定することで，外国市場における自らの現地販売会社である外国子会社の競争条件を有利に変更させることが可能であるからである。つまり移転価格は寡占市場におけるレントシフトの手段として利用されうるのである。移転価格を低く設定することは補助金と同様に外国子会社の限界費用を低下させることになるので，クールノー競争において

はライバルである外国競争企業は生産量を低下させ，外国子会社は生産量を増加させる。これが移転価格の戦略的な利用である。

自国の税率が外国よりも高い場合（$t_A > t_B$）には租税回避のインセンティブも移転価格を引き下げる方向に働くので，移転価格は必ず限界費用を下回るが，自国の税率が外国よりも低い場合（$t_A < t_B$）には租税回避のインセンティブは移転価格を引き上げる方向に働く。この2つの逆向きの効果がちょうど釣り合うとき，つまり $t_B = (1+3t_A)/4$ のとき，移転価格は限界費用に一致する（$m=0$）。第10-1図は両国の法人税率と移転価格との関係を描いたものである。太線上がちょうど $m=0$ であり，太線より上の領域において $m>0$，そして太線より下の領域においては $m<0$ である。なお太線と45度線との間の領域では，外国の税率が自国の税率を上回っているので，租税回避のインセンティブは移転価格を高く設定する方向で存在するが，戦略的手段としてのインセンティブが上回り，$m<0$ となっている。

第10-1図　2国の法人税率と移転価格

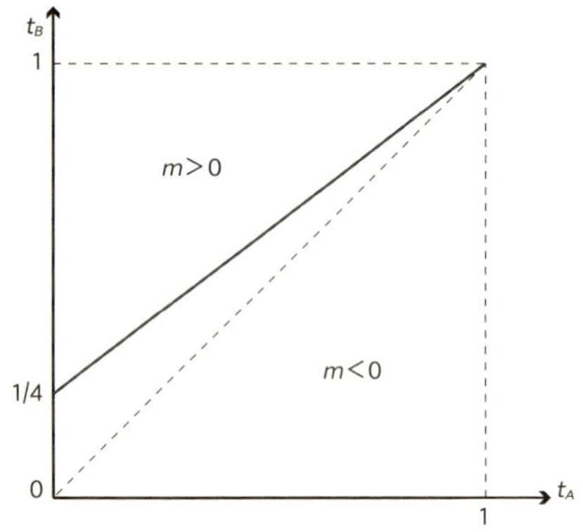

第10-2図は $t_B = 0.3$ のときの自国の税率と移転価格との関係を示したものである。両国の税率が等しくなる $t_A = 0.3$ のときには $m \cong -0.06$ となっており，本社部門は限界費用よりも低い移転価格を設定している。また $t_A = 1/15 \cong 0.067$ のときに m=0 となる。

なお，このモデルにおいては，まず多国籍企業の本社部門が移転価格を設定し，次にその移転価格を所与として，外国子会社と外国競争企業が生産量を決定することになっている。このような意思決定の手番の仮定は，分権的多国籍企業の文献においては標準的な仮定であるが，結論に対して，強い影響を持っている。なぜならば，多国籍企業が移転価格を戦略的な手段として利用することが可能になるのは，外国子会社と外国競争企業の生産量決定の前に，移転価格を決定し，その移転価格にコミットできると考えているからである。

第 10-2 図　自国の税率と移転価格

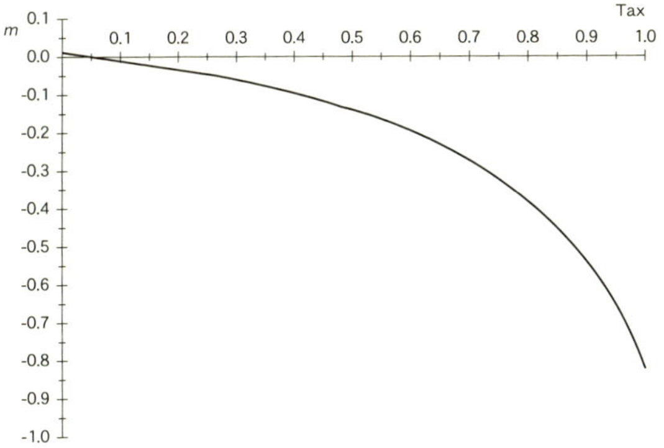

第 2 節　分権化問題

前節においては，分権的多国籍企業が設定する移転価格が持ちうる 2 つの役割について説明した。そこでは分権的多国籍企業は，一般的に知られている租税回避目的の価格操作のインセンティブに加えて，下流部門における外国子会社の競争条件を有利に変更する目的で価格を操作するインセンティブを持っていた。

しかし前節では分権化自体は所与とされており，実際に多国籍企業が分権化を行うインセンティブを持つのかどうかは議論されていなかった。この多国籍企業の分権化問題を分析したのが，Nielsen et al.（2008）である。

本節では Nielsen et al.（2008）のモデルを用いながら，まず分権化のインセンティブに関する議論を行い，その後，税率の決定について追加的な分析を行う。

1. 集権的多国籍企業

まず多国籍企業が分権化を行っていないとき，つまり集権的であるときの，多国籍企業全体としての税引き後利潤を求める。多国籍企業が集権的である場合は，移転価格だけでなく，外国子会社の販売量も親会社である多国籍企業の本社部門が自ら決定する。多国籍企業の本社部門は

$$\Pi^{C} = (1-t_A)\Pi^{A} + (1-t_B)\Pi^{B} - \frac{1}{2}m^2$$

を最大化するように両市場における販売量 x_1 と X_1，そして移転価格 m を，外国競争企業は Π^{B*} を最大化するように販売量 X_2 を同時に決定する。これより，集権的多国籍企業が設定する移転価格は

$$m = \frac{(1-t_B)(t_B-t_A)}{3(1-t_B)-2(t_B-t_A)^2}$$

と導出される。また，このケースにおける多国籍企業の均衡利潤は，

$$\Pi^{C}_{C} = \frac{(1-t_A)}{4} + \frac{(1-t_B)^2[2(1-t_B)-(t_B-t_A)^2]}{2[3(1-t_B)-2(t_B-t_A)^2]^2} \qquad (2)$$

である。なお (2) 左辺の下付きの C は集権化（centralization）を示している。

両国の税率に差が無いとき（$t_A=t_B$），移転価格は $m=0$ となる。これは集権的多国籍企業が自ら生産量を選べる点，また全ての選択が同一ステージで行われるために移転価格が戦略的手段として利用できない点を反映している。

2. 分権的多国籍企業

前節でみたように，集権的な場合とは異なり，多国籍企業が分権的である場合は，親会社は移転価格だけを決定し，外国子会社の販売量は外国子会社自身に決定させる。また，そこでは，外国子会社と外国競争企業の販売量の決定に先立ち，親会社は移転価格を決定し，その価格にコメットできるものとしていた[6)]。

前節で求めたように，分権的多国籍企業が設定する移転価格は

$$m=\frac{3(t_B-t_A)-(1-t_B)}{13+8t_B-12t_A}$$

であり，両国の税率に差が無いとき（$t_A=t_B=t$）においても，

$$m=-\frac{1-t}{13-4t}<0$$

となっていた。つまり集権的なケースとは異なり，租税回避のインセンティブを持たないときでも，戦略的に移転価格を利用するインセンティブがある為に，移転価格は限界費用に一致しない。

また，このケースにおける多国籍企業の均衡利潤は，

$$\Pi^{C}_{DC}=\frac{(1-t_A)}{4}+\frac{(1-t_B)}{9}+\frac{(4t_B-3t_A-1)^2}{18(13+8t_B-12t_A)} \qquad (3)$$

である。なお (3) 左辺の下付きの DC は分権化（decentralization）を示している。

3. 分権化問題

多国籍企業が集権的な意思決定を選択した場合，この多国籍企業の利潤は (2) であり，分権的な意思決定を選択した場合，この多国籍企業の利潤は (3) である。Nielsen et al. (2008) では，外国の法人税率を $t_B=0.3$ とした際のシミュレーションの結果が第 10-3 図のように示されている。

横軸と縦軸はそれぞれ，自国における法人税率（t_A）と多国籍企業の税引き後利潤であり，実線が集権的意思決定を選択したときの利潤 (2) を，点線が分権的な意思決定を選択したときの多国籍企業の利潤 (3) を示している。

自国の税率が相対的に高いときには，多国籍企業は分権化を選ぶことでより大きな利潤を得ることが可能である。しかし，逆に外国の税率に比べて，自国の税率が相対的に十分低いときには，多国籍企業は分権化せず，集権化を選ぶことでより大きな利潤を得る。これは，自国の税率が相対的に十分低いときには，移転価格に関する 2 つのインセンティブが異なる方向に働くので，分権化では租税負担の低下と下流部門における販売量の増加を同時に実現することができ

第 10-3 図　多国籍企業の利潤

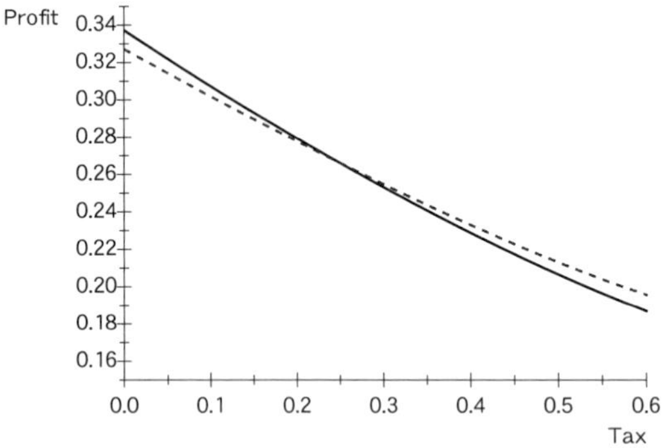

ないため，集権化して全てを本社部門が決めた方が望ましくなるからである。

なお，この境界値は $t_A{}^* \cong 0.208$ であることが示されているので，両国の税率に差が無いとき（$t_A = t_B = 0.3$）には，分権化が選択されることになる。つまり，分権的多国籍企業が戦略的な目的でのみ移転価格を利用する状況において，分権化を内生化しても，結果は不変であることが示された。

なお Nielsen et al. (2008）では本社部門が移転価格にコミットできないケースについても分析が行われており，自国の税率が十分に高い場合には，移転価格にコミットできるケースよりも，できないケースの方が多国籍企業全体の税引き後利潤が大きくなることが示されている。つまり外国の税率を所与すると，自国の税率が上昇していくにつれて，望ましい意思決定方式は，集権化，移転価格にコミットする（できる）分権化，そして移転価格にコミットしない（できない）分権化と変化していくことになる[7)]。

Nielsen et al. (2008）によって示されたこれらの結果は，$t_B = 0.3$ としたシミュレーション分析のみから得られたものであり，解析は詳細には行われておらず，一般性に欠ける面がある。ただし多国籍企業が分権化するインセンティブを持ちうる税率の組み合わせが実際に存在することを示したという点では非常に重要な研究であるといえる。

4.　税率の決定

Nielsen et al. (2008）では，$t_B = 0.3$ を所与とした場合に，$t_A{}^* \cong 0.208$ を境に

多国籍企業にとって最適な意思決定方式が異なることが示されているが，実際にどの税率が実現するのか，つまり政府にとっての最適な税率に関する議論は行われていない。そこで，ここでは税率の決定について簡単な考察を行うことにする。

このモデルにおいて，自国の経済厚生は多国籍企業の利潤に消費者余剰と税収を加えたものであるので，

$$W=CS^A+\Pi^C+R=CS^A+\Pi^A+(1-t_B)\Pi^B-\frac{1}{2}m^2$$

となる。多国籍企業が集権的な意思決定を選択した場合，均衡における自国の経済厚生は，

$$W_C=\frac{3}{8}+\frac{(1-t_B)^2[2(1-t_B)-(t_B-t_A)^2]}{2[3(1-t_B)-2(t_B-t_A)^2]^2} \qquad (4)$$

であり，分権的な意思決定を選択した場合，自国の経済厚生は，

$$W_{DC}=\frac{3}{8}+\frac{(1-t_B)}{9}+\frac{(4t_B-3t_A-1)^2}{18(13+8t_B-12t_A)} \qquad (5)$$

となる。Nielsen et al. (2008) と同じように，t_B=0.3 としたシミュレーションを行うと，結果は第 10-4 図のように示される。

横軸と縦軸は，それぞれ自国における税率と経済厚生であり，実線が集権的

第 10-4 図　自国の経済厚生

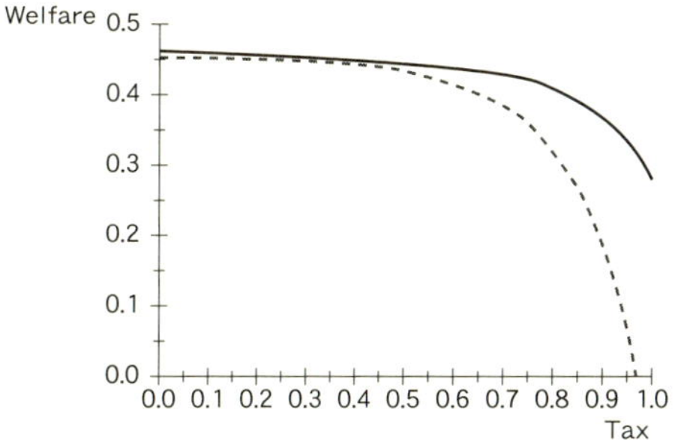

意思決定を選択したときの経済厚生 (4) を，点線が分権的な意思決定を選択したときの自国の経済厚生 (5) を示している。

これより，どちらの意思決定方式においても，税率の上昇させることは，経済厚生の低下を招くことがわかる。また同じ税率であれば，自国の経済厚生にとっては多国籍企業が集権的な意思決定を行ってくれている方が常に望ましい。なお多国籍企業は $t_A^* \cong 0.208$ を境として，分権化を選択するので，その周辺において税率を変化させることは，不連続な経済厚生の変化を招く可能性がある。例えば，わずかに税率を低下させることで，大きな経済厚生の上昇を見込める可能性もある。

もちろん何らかの理由により一定の税収を集めることが必要な場合には，それでも課税する，あるいは税率を引き上げる必要が生じてくる。どちらのケースにおいても自国の税収は $R=t_A \Pi_A$ であり，均衡における税収はそれぞれ

$$R_C = t_A \left\{ \frac{1}{4} + \frac{(1-t_B)^2(t_B - t_A)}{[3(1-t_B)-2(t_B-t_A)^2]^2} \right\}, \qquad (6)$$

$$R_{DC} = t_A \left\{ \frac{1}{4} + \frac{(5-2t_A)(4t_B-3t_A-1)}{(13+8t_B-12t_A)} \right\} \qquad (7)$$

であり，これらは第 10-5 図のように示される。

横軸と縦軸は，それぞれ自国における税率と自国の税収であり，実線が集権

第 10-5 図　自国の税収

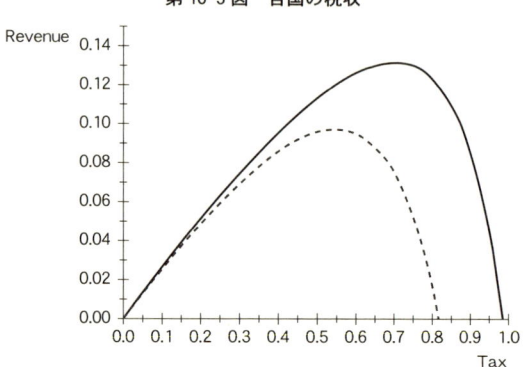

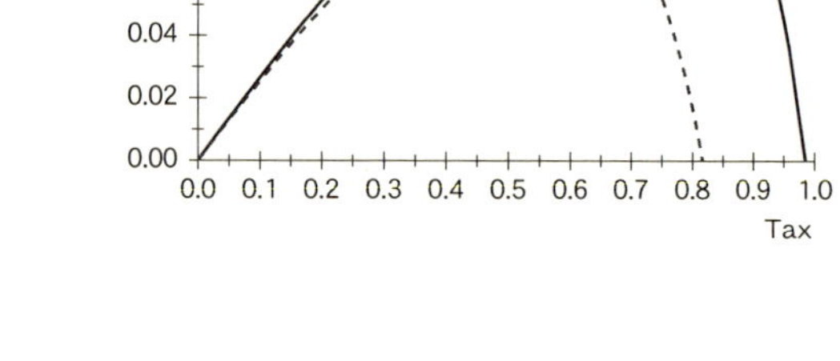

的意思決定を選択したときの税収 (6) を，点線が分権的な意思決定を選択したときの自国の税収 (7) を示している。

これより，同じ税率であれば，集権的意思決定時の方が，分権的意思決定時に比べて税収は常に高いことがわかる。どちらの意思決定においても，ある水準までの税率の上昇は税収の増加に繋がるが，$t_A^* \cong 0.208$ の周辺においては，多国籍企業内の意思決定方式が変わるために，税収が不連続に低下することになる。税率を上昇させることによって，多国籍企業の分権化インセンティブが変化し，分権化が行われ，経済厚生だけではなく，税収自体が低下する可能性が存在することを政府は考慮しなければならない。ただし，これは逆に，税率を引き下げることが，政府の増収につながるケースも存在することを示唆している。また，ある税額を集める際には，多国籍企業の分権化の存在によって，達成のために必要な税率が，より高くなる可能性があることも意味している。

この分析において，外国の税率を所与としている点には当然改善の余地がある。具体的には多国籍企業が分権化に関する意思決定を行う前に，自国政府と外国政府が同時に税率を設定するステージを加えて，ゲームを拡張した上で均衡における法人税率の議論を行うべきである。ただし一方の国のみが税率を選択するというシンプルなモデルでも，政府の最適な行動を考える際には多国籍企業の意思決定の構造を考慮する必要があることは十分に示されている[8)]。

また税率の変更は多国籍企業の意思決定方式だけではなく，立地選択にも当然影響を与える。従って，この 2 つを同時に考慮する分析が望まれる。

おわりに

本章では分権的多国籍企業の移転価格が果たす 2 つの役割について説明してきた。分権的多国籍企業は一般的に知られている租税回避を目的としてだけでなく，最終財市場における子会社の競争条件を有利にする，つまりレントシフトを目的としても移転価格を利用するインセンティブを持っていた。

ある税率において，どちらの目的からも移転価格を同じ方向に動かすことが望ましい場合には，多国籍企業にとって分権化は魅力的であり，実際に分権化を行うインセンティブを持つことになる。しかし，それぞれの目的から移転価格を別々の方向に動かしたいときには，分権化の魅力は低下し，インセンティブが生じないため，分権化自体が行われない。

このような結果は分権的多国籍企業が2種類のインセンティブを持つにも関わらず，自らが操作できる変数が移転価格1つのみであることに関係している。つまり，多国籍企業が他にも操作できる変数を持っていれば状況は変化する。例えば移転価格以外に多国籍企業内で利益をシフトさせることが可能な手段が存在すれば，移転価格を下流部門の競争条件を変化させることのみに利用することが可能となる。逆に移転価格以外に下流部門の行動を変化させることが可能な手段が存在すれば，移転価格を租税回避のためだけに利用することが可能となる。これについては，多国籍企業と移転価格の文献において，それぞれの目的に異なる移転価格を使用することを可能にする，いわゆる“2つの会計簿（two books）”の利用についての研究が行われている[9)]。

本章では Nielsen et al.（2008）のモデルを利用して，多国籍企業の移転価格および分権化の問題と経済厚生および税収との関係について分析を行った。そこでは分権化の可能性が存在するために，僅かな税率の変更が経済厚生や税収を大きく変化させうることを示した。つまり政府にとっての望ましい政策は，多国籍企業内の意思決定の方法によっても変化するのである。

（小森谷徳純）

注

1）　もちろんこのような移転価格を多国籍企業が自由に利用できるわけではなく，その利用を制限するために，各国は移転価格税制を有している。ただし本章では簡単化のために移転価格税制についての議論は行わない。

2）　Schjelderup and Sørgard（1997）は従価関税を考えているため，多国籍企業に輸出価格（つまり移転価格）を引き下げるインセンティブが存在する。従って，自国（輸出国）の法人税率 t_A と外国（輸入国）の法人税率 t_B とが等しいとき（$t_A=t_B$）には，まだ節税のインセンティブを持ち $m<0$ となる。なお移転価格が持つ2つの役割を説明する上では必要性がないので，ここでは関税は省略する。

3）　多国籍企業には，自らが設定した移転価格が適正な価格であることを，税務当局に認めさせる必要が生じうる。移転価格歪曲費用は，そのために必要な弁護士や会計士といった専門家を雇うための費用であると考えることができる。また移転価格が実際の価格から乖離すればするほど，設定した移転価格を認めさせることが徐々に困難になっていくので，この費用も著しく大きくなっていく傾向にある（Nielsen et al. 2008）。なお Schjelderup and Sørgard（1997）では移転価格歪曲費用は考慮されていない。

4） このモデルにおいては，移転価格歪曲費用の存在が，移転価格が内点解として導かれることに非常に強く関係している。仮に移転価格歪曲費用をゼロとすると，多国籍企業の本社部門は $t_A > t_B$ のときには移転価格をできるだけ低く，逆に $t_A < t_B$ のときには移転価格をできるだけ高く設定するインセンティブを持つからである。

5） なお，このケースにおいては，移転価格歪曲費用を考えなくても，二重課税を控除するための外国税額控除制度が存在すれば内点解が導かれることを，小森谷（2008）が示している。

6） 後述するように，Nielsen et al.（2008）では親会社が移転価格にコミットできないケースに関する分析も行われている。

7） なお移転価格にコミットしない分権化の場合は，生産量が決定された後に，本社部門が移転価格を決定すると仮定されている。

8） 政府の最適な政策と多国籍企業の意思決定の構造との密接な関連性に関する論文としては Komoriya（2009）が存在する。そこでは分権的多国籍企業同士の複占競争モデルを用いて，分権化により下流部門の競争が厳しくなりすぎるために，政府がより貿易制限的な政策（例えばより高い輸出税）を選択する可能性が存在することが示されている。

9） 例えば Hyde and Choe（2005）や Durr and Gox（2011）が挙げられる。なお Nielsen and Raimondos-Møller（2012）は多くの国ではこのような2つの会計簿の利用は禁止されていないと述べており，逆に禁止している例としてはベルギーのみを挙げている。

参考文献

小森谷徳純（2008）「分権的多国籍企業の移転価格と企業の異質性」『世界経済評論』52巻8号，56-62ページ。

Durr, O. M. and Gox, R. F. (2011), "Strategic Incentives for Keeping One Set of Books in International Transfer Pricing," *Journal of Economics & Management Strategy*, 20, pp. 269-298.

Hyde, C. E. and Choe, C. (2005), "Keeping Two Sets of Books: The Relationship between Tax and Incentive Transfer Prices," *Journal of Economics & Management Strategy*, 14, pp. 165-186.

Komoriya, Y. (2009), "Export Taxes under Oligopoly with Decentralized MNEs," *Essays on Multinational Enterprises and Firm Heterogeneity*, Ph.D. Dissertation, Hitotsubashi University.

Nielsen, S. B. and Raimondos-Møller, P. (2012), "Multiple Roles of Transfer Prices: One vs. Two Books," in *Fundamentals of International Transfer Pricing in Law and Economics*, Schön, W. and Konrad, K. A. (eds.), MPI Studies in Tax Law and Public Finance, Springer.

Nielsen, S. B., Raimondos-Møller, P. and Schjelderup, G. (2008), "Taxes and Decision Rights in Multinationals," *Journal of Public Economic Theory*, 10, pp. 245-258.

Schjelderup, G. and Sørgard, L. (1997), "Transfer Pricing as a Strategic Device for Decentralized Multinationals," *International Tax and Public Finance*, 4, pp. 277-290.

第Ⅳ部
通貨と金融危機

第11章
ユーロ導入の検証：ユーロはヨーロッパ経済の収斂を促したか

はじめに

1999年に11カ国で導入され，2002年に12カ国で現金の流通が始まった統一通貨ユーロは，2011年1月にエストニアを迎えて17カ国にまで広がっている。ユーロの導入は欧州連合（European Union: EU）が50年にわたって続けてきた経済協力の一つの到達点である。

ユーロ導入から10年以上経ったが，2009年に発生した債務危機がヨーロッパ経済に重くのしかかっている。一般には，「通貨は統一したが財政は統一されていない」ことが制度的な欠陥とされ，これが債務危機の原因だと言われている。しかし，ラインハートとロゴフ（2011）が示しているように，債務危機は経済体制や政治体制にかかわらず恒常的に発生している。欧州債務危機の研究はこれから本格的に進むであろうが，フィンランドなど北欧のユーロ地域（euro area）では財政赤字は深刻ではなく，ユーロに参加していないハンガリーが深刻な債務問題に悩まされたことから分かるように，ユーロと債務危機との関係は単純ではない。

本章では，ユーロに関わるもう1つの論点に焦点を当てる。それは，ユーロによってユーロ地域の経済の構造は収斂したのか，というヨーロッパ経済にとっては古くて新しい問題である。1970年のウェルナー報告で通貨統合に向けた道筋が立てられたが，このとき通貨の統合が先か経済の収斂が先かという議論があった。その後，2つの考え方の折衷案のような形でユーロの導入が進んでいった。ユーロ導入から10年以上経ち，経済データの蓄積が進みつつある今，この議論に対する再評価を行うことが可能となっている。

第1節ではユーロ導入にかかわる2つの考え方を概観する。第2節ではいくつかの指標を使ってユーロ導入後にユーロ地域の経済の収斂が見られたのかどうかを検証する。第3節ではユーロ地域に何が必要なのかを考える。第4節は結論である。

第1節　通貨が先か，経済が先か

フォンテーヌ（2010）[1)]は，EUについての説明をヨーロッパの平和という項目から始めている。EUのホームページでも平和は重要な項目である。どうしてなのだろうか。

中世から近世にかけてのヨーロッパでは多くの戦争が見られた。多くの国を巻き込んだ戦争もあれば，非常に長い期間にわたって続いた戦争もあった。20世紀に入ってからも，第一次大戦，第二次大戦でヨーロッパは主要な戦場となった。特に両大戦では，EUの中核となるドイツとフランスが争い，ヨーロッパの疲弊を招いた。このような事態を二度と招かないように相互関係を深めることがEUの目的であり，その一環として経済の協力が進められた。まずは両国の争いの種であった石炭と鉄鋼を国際的に管理するため，1952年に欧州石炭鉄鋼共同体（ECSC）が創設された。これがEUの始まりである。その後，欧州経済共同体（EEC），欧州原子力共同体（EAEC）も設立され，1967年のブリュッセル条約により欧州共同体（EC）が発足した。その後，1993年のマーストリヒト条約によりECはEUに衣替えし，1999年には統一通貨ユーロが11カ国で導入された。EUの経済統合は純粋に経済学的な視点から決められたのではなく，地域の平和と安定を実現させる手段でもあったのであり，時代時代の決定には政治的なプロセスが重要なカギを握っていた。

ユーロが誕生するまでの歴史については，桜井（1998），ティートマイヤー（2007），マーシュ（2011）などで詳しく知ることができるためここでは省略し，本章に関係のあるウェルナー報告を見て行こう。

ヨーロッパでは，共通通貨導入を目指す機運は古くからあった。1950年代には早くも欧州決済同盟が設立され，為替変動幅の縮小または共通通貨の導入というアイデアがあったが，ポンド危機で立ち消えになった。その後，EU（当時は EEC）は関税同盟や共通農業政策を含む共同市場の成立に注力し，通貨統合に関する具体案は 1970 年のウェルナー報告まで待たなければならなかった[2)]。

EU では，ユーロは経済通貨同盟（EMU）の文脈で語られる。経済統合を段階的に進めて行き，最終的には共通通貨の導入を目指すという考え方だが，その道筋を巡って 2 つの考え方が対立した。一方は先に通貨を統合すれば経済の収斂が自動的に進むというマネタリスト派の考え方であり，他方は経済統合を進めたうえで通貨を統合すべきだというエコノミスト派の考え方である。なお，ここでいうマネタリストという言葉は，マクロ経済の分野で出てくるマネタリストとは関係がない。

エコノミスト派の中心はドイツ（当時は西ドイツ）であり，まず経済政策の調整を最優先で進め，欧州通貨基金を設立，その後，為替変動幅を縮小させ，最終的に共通通貨の導入に至るという 4 段階アプローチを主張した。マネタリスト派の中心はフランスであり，為替変動幅を縮小させた後に経済通貨同盟がスタートし，共通通貨を導入するという 3 段階アプローチを主張した。

ヨーロッパの大国である独仏の対立を背景に，結局ウェルナー報告は 2 つの考え方の折衷案の形で，第 1 段階でマクロ経済政策の調整，第 2 段階で為替変動幅の縮小，第 3 段階で共通通貨の導入という 3 段階アプローチを採用した。政治的な妥協点ともいえる。1970 年代の通貨統合の試みは，その後のニクソンショックや多くの先進国が変動相場制へ移行したことなどにより実現しなかったが，3 段階アプローチは EU に残った。EU（当時は EC）がユーロ導入に向けて大きく進むことになった 1989 年のドロール報告でも第 1 段階はマクロ経済政策の調整，第 2 段階は欧州中央銀行設立を含めた通貨統合の準備，第 3 段階で共通通貨の導入という 3 段階アプローチが採られた。

1993 年には人・物・資本・サービスが国境を越えて自由に移動できる単一市場がスタートした。EU 予算の規模は小さいながらも構造基金や結束基金による不均衡の調節手段も整えており，ウェルナー報告の時代よりも経済の収斂は進んだといえる。ユーロの導入は 1999 年に実現するが，その時点で経済が十分に収斂していたと評価するものは少ないであろう。それでは，ユーロ導入以降，ユーロ導入国の経済，すなわちユーロ地域経済はどの程度収斂を見せたのか，次節で検討してみよう。

第2節　通貨統合後のユーロ地域経済

EUでは1人当たりGDPが重視されている。EU全体の平均を100として計算されるが，75未満の国や地域は構造基金からの支援を受けられる。

第11-1表はユーロ地域の1人当たりGDPの推移を見たものである。ユーロ地域各国の収斂を端的に表す標準偏差は徐々に小さくなっている[3)]。これは，もともと1人当たりGDPが非常に小さかった中東欧諸国のキャッチアップによるものであり，エストニアやスロバキアが大きく上昇する一方でドイツやベルギーの数値は傾向的に下がっていることからも読み取れる。この表からユーロが経済の収斂を進めたと読むことも可能であろうが，中東欧諸国は2004年にEUに加盟しており，その前後の年から多くの投資が入ったことがキャッチアップを促していると考えられる。ユーロがEU加盟よりも重要な要因だとは言えないだろう。

その他にユーロ導入後のユーロ各国経済の収斂度を測る手段として，各国の

第11-1表　ユーロ地域の1人当たりGDP

	1995		2000		2005		2010	
11カ国の標準偏差		19.4		18.7		18.4		16.6
16カ国の標準偏差		29.9		28.9		24.4		20.9
上位5カ国	オーストリア	134	オランダ	134	アイルランド	145	オランダ	133
	ドイツ	129	オーストリア	132	オランダ	131	アイルランド	128
	ベルギー	128	アイルランド	132	オーストリア	125	オーストリア	126
	オランダ	123	ベルギー	126	ベルギー	120	ベルギー	119
	イタリア	121	ドイツ	118	ドイツ	116	ドイツ	118
下位5カ国	エストニア	36	エストニア	45	スロバキア	60	エストニア	64
	スロバキア	47	スロバキア	50	エストニア	62	スロバキア	74
	スロベニア	74	スロベニア	80	ポルトガル	79	ポルトガル	80
	ポルトガル	77	ポルトガル	81	スロベニア	87	スロベニア	85
	ギリシャ	84	ギリシャ	84	キプロス	91	ギリシャ	90

（資料）　EUROSTATデータより作成。EU27カ国平均を100とする数値。11カ国は2002年時点でユーロに参加した12カ国，16カ国は2012年現在のユーロ参加国からそれぞれルクセンブルクを除いたもの。上位5カ国からもルクセンブルクを除いてある。

GDP成長率やインフレ率が用いられることが多い。ここではグラフは省略するが，ユーロ各国のGDP成長率を比較してみると，2000年代の特に後半になると収斂が進んでいるように見える。インフレ率にも大きな差が見られず，同じような方向性を示すようになってきている。しかし，近年のGDP成長率は2003年以降の景気上昇と2007年以降の落ち込み，2012年から13年にかけて再びプラス成長が見込まれるなどの世界的な大きな動きの影響を受けている。インフレ率も世界的なディスインフレ傾向がみられる中で，2008年までの資源価格の高騰と同年夏以降の急落，その後再び緩やかに上昇していることに影響を受け，多くの加盟国で同じような傾向を見せている。つまり域外からの影響を受けて変動しているわけだが，これをもって世界経済との連動を高めつつ収斂が進んでいると評価することも可能かもしれない。しかし，ユーロを導入していない他の加盟国も同じような動きを示していることから，ユーロが収斂を促したとは言い難い。

第11-1図は，ユーロ各国のGDP長期トレンドを示したものである。ここでは，欧州統計局（EUROSTAT）の公開データベースのうち1990年からデータが利用可能な8カ国について計算した。HPフィルターを用いて長期トレン

第11-1図　ユーロ各国のGDP長期トレンド

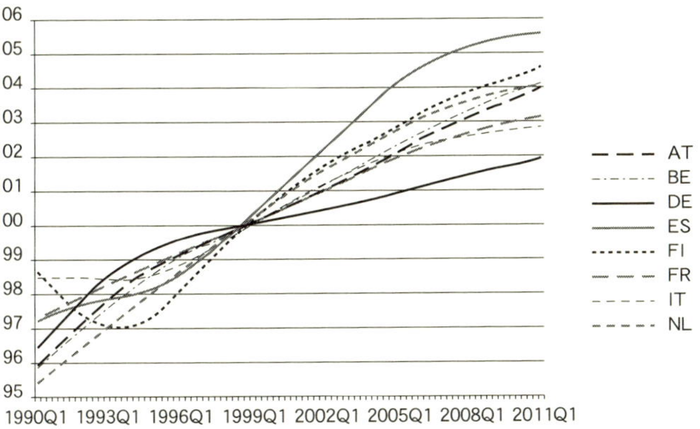

（資料）　データはEUROSTAT。各国の実質GDPの対数値にHPフィルターをかけて1999年第1四半期＝100に基準化したグラフ。
（注）　AT：オーストリア，BE：ベルギー，DE：ドイツ，ES：スペイン，FI：フィンランド，FR：フランス，IT：イタリア，NL：オランダ。

ドを計算し，1999年第1四半期が100になるよう調整した。そのため，グラフは1999年第1四半期で交差しており，その前後でグラフの傾きが変化しているかどうかを見ることでトレンドの変化を確認できる。もし，ユーロ導入前後で特に変化が無ければ各国のグラフの傾きには変化がないことになる。図からは，ドイツとスペインに大きな差が見られることが分かる。ドイツは1990年代にトレンドが低下し，ユーロ導入以降も高まっていない。スペインはユーロ導入前に大きくトレンドが上方に移動しているが，2008年以降はトレンドの低下がみられる。全体としては大きな変化がないように見える。

第11-2表は第11-1図の各国のグラフの傾きを計算したものである。表の左の欄は1999年第1四半期までの36四半期，右側の欄はそれ以降の36四半期の傾きを示している。ユーロ導入以前と比べて，スペイン，フィンランド，イタリアが傾きを大きくして成長トレンドを高めた一方で，ドイツは大幅にトレンドが低下している。8カ国の標準偏差を見ると，ユーロ導入後でやや低下しており，わずかに収斂が進んでいるように見える。ユーロに参加していない他のEU加盟国のうちデータが利用できた3カ国には特に傾向が見られない。全体の結果から，ユーロの導入によってGDPのトレンドはあまり影響を受けていないことが分かる。ただし，2000年代後半は同じ動きをしている国が多いため，将来はトレンドのばらつきが小さくなるだろう。

第11-2表　第11-1図のトレンド線の傾き

国	1990－1999	1999－2007
オーストリア	0.455	0.329
ベルギー	0.456	0.350
ドイツ	0.394	0.153
スペイン	0.301	0.571
フィンランド	0.153	0.414
フランス	0.298	0.285
イタリア	0.170	0.284
オランダ	0.507	0.388
8カ国標準偏差	0.133	0.121
デンマーク	0.458	0.355
スウェーデン	0.185	0.312
イギリス	0.467	0.265

（資料）　第11-1図と同じデータより計算。

このような結果が出る原因の 1 つに，経済は成長しているが各国の産業の割合が収斂していない，ということがある。第 11-3 表は，EU 各国の産業構造の乖離度を表している。欧州統計局は GDP を産業別に分解して公表しているが，ここでは各国の農漁業，建設を除く産業，建設，サービス，金融・不動産，政府サービスの 6 部門の GDP 構成比をユーロ地域のそれと比べて乖離度を計算している。ユーロ地域が基準になっているため，ユーロ地域の乖離度はゼロになっており，数値が高いほど乖離度が高くなる。

ユーロ地域では，イタリア，フィンランド，アイルランド，キプロスなどは乖離度が低くなっている一方，ベルギー，ドイツ，フランスなどは乖離度が大きくなっている。全体としては，一定の方向性は見られない。表の右側はユーロに参加していない 10 カ国の乖離度が報告されているが，こちらも一定の方向性は見られない。

川野（2011）は，2000 年代前半と後半を比べて，ユーロの最適通貨圏はどのように変化しているのか検証している。GDP やインフレ率，第 11-3 表で見た産業構造，直接投資，経済の開放度，金融政策による GDP やインフレ率の

第 11-3 表　EU 各国の経済構造の乖離度

	1995	2000	2005	2010		1995	2000	2005	2010
オランダ	3.0	3.1	2.7	2.3	イギリス	3.7	2.3	4.4	4.7
イタリア	5.9	4.7	3.1	2.8	デンマーク	7.3	5.6	5.4	5.5
ベルギー	2.1	1.8	3.3	3.4	スウェーデン	5.4	5.4	7.0	6.0
フィンランド	7.8	7.9	7.1	5.9	ハンガリー	8.9	7.4	8.2	10.0
ドイツ	4.0	4.4	6.6	6.4	ラトビア	13.7	13.9	16.8	12.2
オーストリア	6.2	6.6	6.1	7.6	ブルガリア	17.4	14.0	13.9	13.5
ポルトガル	8.0	8.5	9.0	7.8	ポーランド	16.2	12.9	13.5	16.0
フランス	6.2	7.0	7.3	7.9	チェコ	14.3	16.0	15.8	17.0
アイルランド	13.7	14.8	8.8	8.0	リトアニア	15.8	15.2	19.9	18.4
スロベニア	8.1	9.0	9.2	9.0	ルーマニア	25.6	19.4	20.4	22.9
キプロス	14.7	13.3	12.0	9.7					
マルタ	11.4	11.5	12.6	9.7	（参考）				
スペイン	9.6	10.2	11.0	9.9	ユーロ地域	0.0	0.0	0.0	0.0
エストニア	11.1	9.9	10.7	10.6	EU15	0.6	0.5	0.8	0.6
ギリシャ	na	15.0	16.8	15.6	EU25	1.0	0.8	0.6	0.6
スロバキア	16.7	14.8	16.8	16.3	日本	na	6.0	na	na
ルクセンブルク	15.2	18.1	17.5	21.5	アメリカ	9.7	10.6	na	na

（資料）　データは EUROSTAT。GDP6 分解の各項目の絶対値の差額を足して 2 で割ったもの。ただし，フランスの 2010 年の欄は 2009 年のデータで代用。

コントロールなどを指数化し，−10から+10までのスコアを各国につけた。表の数値が10に近いほどユーロの最適通貨圏として適している。前にも述べたように，GDPとインフレ率の連動性が高まっていることを反映して，前半よりも後半の方が全体的なスコアが高まっている。特に，イタリア，フィンランド，ポルトガルは大きくスコアを伸ばしている。しかしながら，全体としてみると，大きな傾向は見られない。もともとスコアの高かった国は依然高いままであり，ユーロの最適通貨圏は大きく広がっていない，つまり，経済が収斂した地域は広がっていないといえる。

第11-4表　ユーロの最適通貨圏はどこまでか

国名	後半	前半	変化	国名	後半	前半	変化
ドイツ	8	7	+1	マルタ	1	2	−1
イタリア	8	3	+5	チェコ	0	0	0
オーストリア	7	4	+3	ギリシャ	0	−3	+3
ベルギー	7	4	+3	スロベニア	0	1	−1
フランス	7	7	0	アイルランド	−1	−2	+1
フィンランド	5	1	+4	ラトビア	−1	2	−3
ポルトガル	5	0	+5	ブルガリア	−2		
デンマーク	4	4	0	エストニア	−2	1	−3
スペイン	4	5	−1	ポーランド	−2	−3	+1
イギリス	4	2	+2	リトアニア	−3	3	−6
スウェーデン	3	2	+1	ルーマニア	−3		
ルクセンブルク	2			スロバキア	−3	−4	+1
オランダ	2	4	−2	ハンガリー	−6	−2	−4
キプロス	1	2	−1				

（出所）　川野（2011）139ページ表8を一部修正。空欄はNA。

ここまでいくつかの視点からユーロ地域経済の収斂を見てきたが，少なくとも現在までのデータからは，マネタリスト派の主張は正しくなかったことが分かる。通貨を統合しただけでは，経済の収斂は自動的に進まないのである。

第3節　ユーロで何が変わったか

1人当たりGDPのばらつきが小さくなるということは，もともと発展度合いの低かった国々，ユーロ地域では南欧諸国やアイルランド，スロバキアやエストニアの経済が大きく成長してキャッチアップしていることを指している。

しかしその他の検証で見たように経済の構造が変わったわけではなかった。それではいったい何が起きたのか。

ユーロの導入のメリットとして，為替リスク，為替両替コスト，為替保管コストなどの削減，表示単位の統一による価格透明性の向上などが挙げられるが，南欧諸国にとってはコンフィデンスの向上が最も大きなメリットだった。川野（2012）が指摘しているように，低インフレ，低金利，為替レートの安定，財政赤字の削減からなるユーロ参加条件の多くは，特別な構造改革をしなくても達成することは可能である。ユーロ参加が現実味を帯びてくると，ユーロ参加国へ投資資金が流入する。信用リスクの違いはあるものの，同一通貨であれば金利も同じになるという見込みのもとで，南欧諸国の国債市場に資金が流れ込み，国債価格の上昇，すなわち長期金利の低下が実現した。後から見ると，南欧諸国の信用リスクは過小評価されていたことが分かるが，当時はEUの安定成長協定により財政赤字が大きく増えることはないという予想が大勢を占めた。低金利は投資の増加を促し，高成長と高い消費の伸びを享受することができた。

その一方で，低金利は借り入れコストの低下を意味し，政府部門と民間部門の規律の喪失をもたらした。財政規律は安定成長協定によって担保されているはずであった。安定成長協定では，単年度財政赤字が GDP 比率で 3%を超えると是正手続が発動され，EU への無利子預け金やその預け金の没収などの制裁手続きも準備されていた。しかしながら，政治的な動きにより制裁の発動は阻止され，債務危機が発生するまで一度も制裁は発動されなかった。ユーロと財政の問題ではこの点が最も重要である。つまり，EU 加盟国の財政の統合が問題なのではなく，安定成長協定の形骸化による財政規律の喪失こそが問題なのである。債務危機は支払い能力を超える借り入れによって生じる。ラインハートとロゴフ（2011）が示しているように，債務危機は政治形態や経済システムを問わず発生する。ほとんど注目されていないが，大きな政府を志向する北欧諸国では今回，債務危機は発生していない。債務危機を防ぐには支払い能力に応じた支出を行わなければならないという最も単純な原則の重要性を示唆している。

2000 年代末から 2010 年代初めにかけて，南欧諸国が景気の悪化に苦しむ一方で，ドイツ経済は輸出だけでなく内需も比較的堅調である。ドイツは2000年代前半には低成長にあえぎ，ユーロのコストを一方的に払わされていると指摘されていたが，2000年代末になって力強さを発揮してきた。これまでのEUの歴史の中で，ドイツマルクは断続的に切り上げられてきた。ドイツはヨーロッパ屈指の工業国であり，輸出国でもあった。それがヨーロッパ経済の不均衡を招き政治問題化するたびに，マルクを切り上げて人為的に競争力を低下させてきた。しかし，ユーロ導入によってこのようなマルクの切り上げはできなくなった。そのため，2000年代後半の不況期にマルクの切り上げをしなくて済んだドイツは競争力の人為的低下を免れることができ，マルクの時代よりも比較的高い競争力を維持しているということができる。

しかし，第11-2図は，もう1つの事実を説明している。第11-2図は，各国の労働コストの上昇率を示したものである。

ドイツの労働コスト上昇率は2000年にはユーロ地域とほとんど同じ数値でEU全体の数値より1%弱低かった。しかしその後，ドイツの労働コスト上昇率はユーロ地域やEU全体よりも傾向的に低く，南欧諸国やアイルランドとは大きな差が出ている。つまり，ドイツの競争力向上は労働コストの上昇を防ぐことからきていることが分かる。

第11-2図　ヨーロッパ各国の労働コスト上昇率

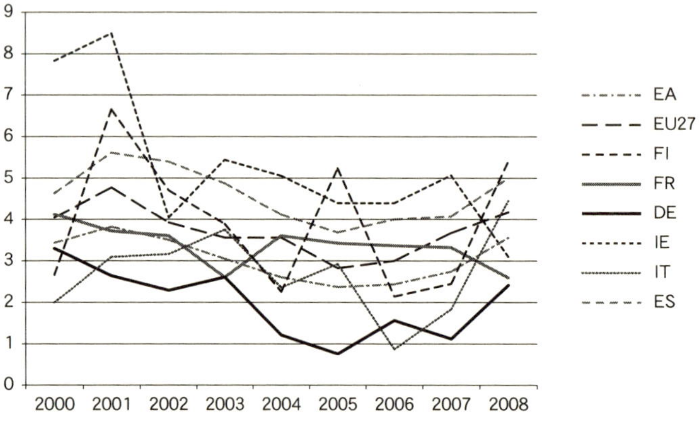

（資料）　EUROSTATのデータより。対前年比（%）。EA：ユーロ地域，EU27：EU27カ国，FI：フィンランド，FR：フランス，DE：ドイツ，IE：アイルランド，IT：イタリア，ES：スペイン。

ドイツでは 1990 年代より断続的に労働市場改革が行われてきている。Ebbinghaus and Eichhorst（2006）はドイツの労働市場改革について詳細にレポートしているが，中でも 2002 年から 2006 年初めにかけてのハルツ（Hartz）委員会による提案がドイツの労働市場改革の中で大きな役割を担っていた。これらの一連の改革にはハルツⅠからハルツⅣまでの名前が付けられた。特にハルツⅣはドイツの労働市場を大きく変えたと言われている。例えば，ハルツⅣの前までは失業給付の金額が失業前の賃金に応じて決められていたがこの制度が廃止され，16 歳から 65 歳までの失業者は一律月額 345 ユーロ（旧西ドイツ地域，旧東ドイツ地域では 331 ユーロ）が支給されることになった。これは最低限の生活に必要な額の見積もりから決められており，配偶者や子供などの家族にも一定金額が割り当てられる。働く能力のある人が地方政府による仕事の紹介を拒否すると給付額が減額される。その他にも，より柔軟な労働市場の創出と給付の削減が実施された。

Krause and Uhlig（2011）によると，これらの改革により，失業者は失業前よりも賃金が低い仕事にも応募するようになり，長期の失業が減少した。ハルツⅣの改革によりドイツの失業率は 2.8%低下したと報告している。失業の低下には，低スキル労働者の賃金が低く抑えられることになったことも寄与しており，低スキル労働者が職を得やすくなった。

当然ながら，このような政策を行ったシュレーダー政権には市民の批判が集中し，労働市場改革はメルケル政権にとって代わられることになった最大の要因と言ってもいい。しかしながら，苦しい数年間が過ぎるとこれらの改革がドイツの競争力を高めることになった。メルケル政権はこれらの改革を反故にしなかったため，ドイツの競争力は徐々に高まっていった。

その一方で，南欧諸国をはじめ多くの国では好景気もあり痛みを伴う改革がドイツのように進まなかった。労働者は厚く保護されており，労働市場には柔軟性が欠けている。ユーロ導入により，ドイツは通貨を切り上げてくれなくなっており，自国通貨の切り下げも不可能となった。南欧諸国に残された手段は構造改革しか残されていない。ユーロは各国経済の差をはっきりと示す。為替レートの調整によるごまかしは効かないのである。

第4節　まとめ

ユーロ導入から10年以上経ち，エコノミスト派とマネタリスト派の論争に答えることが可能となっている。本章のこれまでの分析により，共通通貨の導入によって経済が収斂するというマネタリスト派の主張は成り立たないことが明らかとなった。これまでユーロ参加を申請した17カ国のうち，ギリシャのみが申請を一度却下されている。ユーロ参加の決定は政治的に行われ，ユーロ参加のための収斂基準は不十分だった。ユーロはドイツやベネルクスを中心とする少数の国で始め，参加国の拡大はもっと慎重に決定すべきだったのである。

しかし，現実にはユーロは17カ国で流通している。ユーロには不況期に経済構造の問題を顕在化させるという役割があることが分かっている[4)]。いわば，ユーロは南欧諸国を追い詰めているわけだが，10年前に追い詰められたのはドイツの方だった。金利が低下した南欧諸国やEU加盟が見込まれる東欧諸国に投資が流出し，労働コストの高いドイツは低成長に見舞われた。そのような状況の中でドイツの出した答えが労働市場改革による競争力の向上だった。ユーロ地域がこれからすべきことは，競争力の高いドイツ経済への収斂に向けた構造改革である。2011年に入って，ギリシャでは公務員の削減などの改革が始まった。2012年にはイタリアでも労働市場改革が始まった。債務危機とマイナス成長という困難に直面しながらも，南欧諸国を中心に構造改革を行おうとしていることが，最も前向きなニュースだといえるだろう。

本章では扱わなかったが，EUは2011年12月に「6つの施策（Six-Pack)」を施行し，財政だけでなくマクロ政策にも深く踏み込んだ。5つの規則と1つの指令からなるこの政策パッケージでは，単年度財政赤字だけでなく累積政府債務の削減も義務付けられた。基準を上回った際の制裁は逆特定多数決方式という反対票が特定多数（2012年現在では，反対票が345票中255票以上，ただし過半数の加盟国と人口比で62%以上の条件を満たすこと）に達しない限り発動されるようになった。これにより，制裁の発動がより自動的となった。

さらに，予防的措置として国際収支関連，単位労働コスト，金融指標など 10 のマクロ経済指標が EU によって監視されることとなった。この政策とは別に，2011 年 1 月からは加盟国が財政計画を EU に提出する欧州セメスター制度が始まっており，EU 加盟国には財政政策だけでなくマクロ政策全般にも縛りがかかるようになってきた。

このような構造改革は短期的には景気を悪化させる。ECB（2010）は財政構造改革により当初 2 年間は GDP にマイナスの影響が出ると試算している。しかしながら，その後はいわゆるクラウディング・イン効果が出て GDP にはプラスの影響が出る。特に，財政再建が確実に進んだ後に減税などが実現するという期待があれば累積的なプラス効果は大きくなる。近視眼的な見方に惑わされず，断固とした政策を続けられるかどうかがカギを握っている。

EU は約 10 年の間に熱狂と失望を一度ずつ経験する周期を繰り返しながら深化と拡大を続けてきた。経済の面ではスネークの失敗，欧州経済への悲観（ユーロペシミズム），欧州通貨危機，同時多発テロ後の不況などそれぞれの 10 年の初めの数年に大きな問題が発生し，それを数年かけて乗り越えるというサイクルを繰り返してきた。EU は市場経済の強化だけでなく連帯も重視している。競争力のある域内市場を実現させるための政策と為替切り下げに変わる新たな不均衡調整手段の創設という二方面作戦にどのように対処したらいいのだろうか。研究者にとっても大きなチャレンジである。

（川野　祐司）

注

1）『EU を知るための 12 章』は EU の機関や様々な政策を扱った初学者向けテキストであり，駐日欧州連合ホームページ（http://www.deljpn.ec.europa.eu/）からダウンロードできる。

2） 1962 年に EEC 委員会は経済通貨同盟の成立を目指すアクションプランをすでに作成していた。

3） ルクセンブルクの 1 人当たり GDP はこの間 215 から 279 まで大きく変動しており，ルクセンブルクを入れた標準偏差からは特に何らかの傾向は見られなかった。これは，ルクセンブルクの人口が 50 万人程度と少ないことと，鉄鋼業や金融業など景気による業績の振幅が大きい産業が中心であることによる。本章では，ルクセンブルクは特殊要因として計算から除外した。

4） 川野（2005）は企業の価格改定行動をとりいれたフィリップス曲線の推定によって，EU 各国のフィリップス曲線の形状は好況期には大きく異ならないが，不況期には大きな違いが生じることを指摘した。

参考文献

川野祐司（2005）「ユーロの金融政策が直面する諸問題」『経済論集』東洋大学経済研究会，第30巻，第2号，89-108ページ。
川野祐司（2011）「ユーロ経済の収斂は進んでいるか」『経済論集』東洋大学経済研究会，第37巻，第1号，125-141ページ。
川野祐司（2012）「ユーロの金融政策が直面する次の10年の課題」『経済論集』東洋大学経済研究会，第37巻，第2号，193-211ページ。
桜井錠治郎（1998）『EU通貨統合』社会評論社。
ハンス・ティートマイヤー，村瀬哲司監訳（2007）『ユーロへの挑戦』京都大学学術出版会。
パスカル・フォンテーヌ（2011）『EUを知るための12章』駐日欧州連合代表部。
デイヴィッド・マーシュ，田村勝省訳（2011）『ユーロ―統一通貨誕生への道のり，その歴史的・政治的背景と展望』一灯舎。
カーメン・ラインハート，ケネス・ロゴフ，村井章子訳（2011）『国家は破綻する』日経BP社。
Ebbinghaus, B. and Eichhorst, W. (2006), "Employment Regulation and Labor Market Policy in Germany, 1991-2005," *IZA Discussion Paper*, No. 2505.
ECB (2010), "The Effectiveness of Euro Area Fiscal Policies," *ECB Monthly Bulletin July 2010*, pp. 67-83.
Krause, M. and Uhlig, H. (2011), "Transitions in the German Labor Market: Structure and Crisis," *Deutsche Bundesbank Discussion Paper Series 1: Economic Studies*, No. 34/ 2011.

第12章
欧州政府債務危機の根底にある問題

はじめに

欧州連合（European Union，以下EUとする）では，2007年に始まった金融・経済危機から政府債務危機，そしてついには政権交代のドミノ現象を伴う政治的動揺へと事態が展開している。

ユーロ圏に属する一部の南欧諸国の政府債務が問題視され，それがユーロ圏全体に影響を及ぼし，その結果として，政府債務残高の対GDP比でそれ以上の債務を抱える日本の円が「比較的安全な資産」として買われる。事実だとすれば，実に不思議な現象ではないだろうか。

欧州政府債務危機の問題には，一部の南欧諸国の財政規律の問題だけではなく，複数の主権国家が共通通貨を使用することに伴う根本的な問題が存在する。本章ではこの問題を原理的な部分から説き，そこから導かれる展望を述べることにしたい。

以下，まず第1節では異なるマクロ・ショックに対して，通貨制度の違いが財政・金融政策の効果にどのような違いをもたらすかについて，教科書的なマンデル＝フレミング・モデルに基づいて考察する。そこから得られる含意は，マクロ・ショックに対して，共通通貨圏に属する国々は財政政策に過度に依存する傾向があるということである。

次に第2節では，最適通貨圏の理論からユーロ圏を評価する。ユーロ圏は最適通貨圏としての要件を満たしておらず，それを正常に機能させるためには財政の統合が不可欠であることを明らかにする。

続く第3節では，共通通貨圏における政府債務危機が，自己実現的予想のメカニズムによる，いわゆる複数均衡問題であることを論ずる。それは財政規律の問題であると同時に，いや，それ以上に市場における confidence の変化がその通りに実現してしまう問題であることを明らかにする。

そして最後の第 4 節において，それまでの理論的考察から得られる中・長期的制度改革のあるべき方向性について私見を述べる。財政による国家間再分配の不可欠性，性急な緊縮財政ではなく名目成長率を高める方向での対処，さらに欧州中央銀行（European Central Bank，以下 ECB とする）のあり方や格付け機関の改革等に言及する。

第 1 節　異なるマクロ・ショックと財政・金融政策

第 12-1 図，および第 12-2 図は，ユーロ圏主要国における財政赤字，および政府債務残高の対 GDP 比をそれぞれ見たものである。いずれも金融危機が始まった 2007 年から急激に上昇している。少子高齢化に伴う長期的な傾向を除

第 12-1 図　ユーロ圏主要国の財政赤字（対 GDP 比）

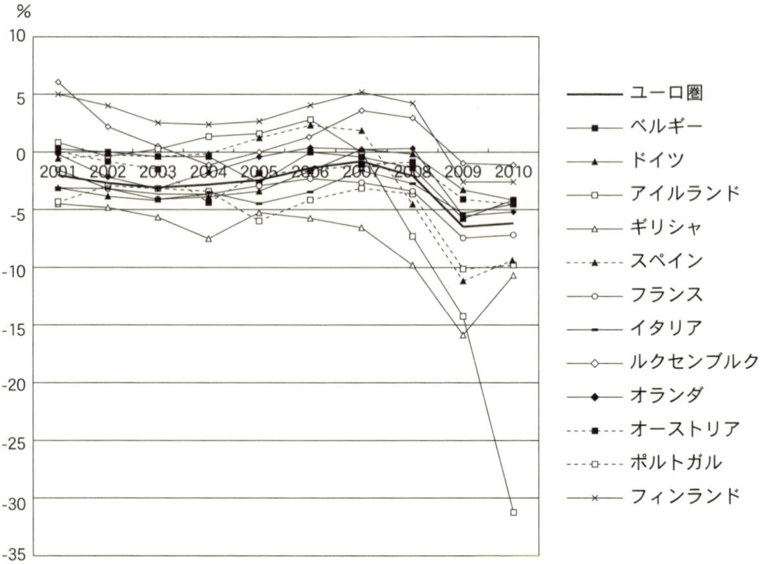

（資料）　Eurostat より作成。

第 12-2 図　ユーロ圏主要国の政府債務残高（対 GDP 比）

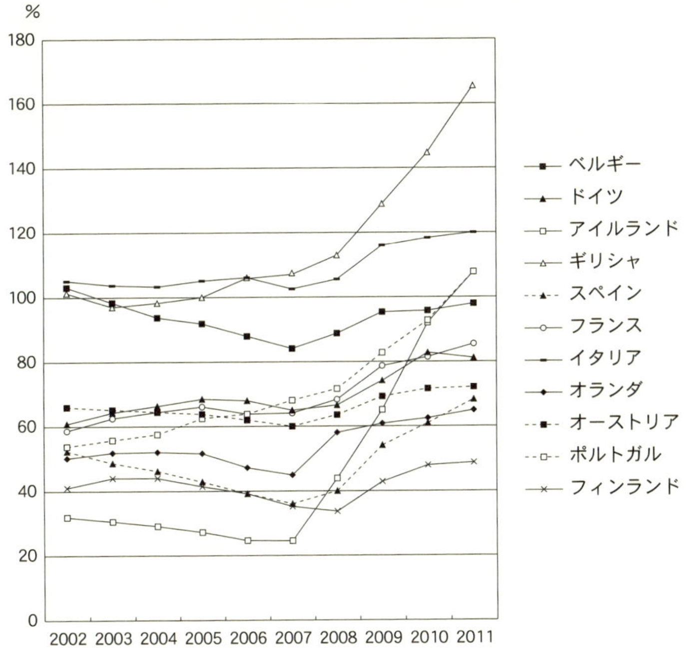

（資料）　Eurostat より作成。

けば，これは明らかに負のマクロ的ショックによるものである。それ自体はどのような経済であっても生じることであろう。しかし共通通貨を導入しているユーロ圏では，自国通貨を持つ国とは異なった要因が根底に存在する。以下そのことを理論的に見ていこう。

第 12-1 表を見ていただきたい。今，A 国と B 国があり，それぞれを異なったマクロ・ショックが襲っているとする。A 国は負のマクロ・ショックを受け，失業率が上昇している。これに対し，B 国では景気が過熱し，インフレーションが問題になっているとしよう。第 12-1 表の一番左側のケースは，A 国と B 国がそれぞれ独自の通貨を持ち，かつ変動相場制が採用されているケースである。両国の独立性が最も高いという意味で，両者を実線で隔てている。真中のケースは，A 国と B 国がそれぞれ独自の通貨を持っている点で同じであるが，両者は互いに為替レートを固定している。両国の依存度が高まるとい

第 12-1 表　異なるマクロ・ショックとマクロ経済政策

<table>
<tr><td rowspan="2"></td><td colspan="2">変動相場制</td><td colspan="2">固定相場制</td><td colspan="2">共通通貨</td></tr>
<tr><td>A 国
失業</td><td>B 国
インフレ</td><td>A 国
失業</td><td>B 国
インフレ</td><td>A 国
失業</td><td>B 国
インフレ</td></tr>
<tr><td rowspan="2">金融政策</td><td rowspan="2">○　緩和</td><td rowspan="2">○　引締め</td><td rowspan="2">×　不可</td><td rowspan="2">×　不可</td><td colspan="2">○　緩和　×</td></tr>
<tr><td colspan="2">×　引締め　○</td></tr>
<tr><td>財政政策</td><td>△　拡張</td><td>△　緊縮</td><td>△　拡張</td><td>△　緊縮</td><td>○　拡張</td><td>○　緊縮</td></tr>
<tr><td>平価変更</td><td>×　不可</td><td>×　不可</td><td>△　切下げ</td><td>△　切下げ</td><td>×　不可</td><td>×　不可</td></tr>
</table>

う意味で，両者は点線で仕切られている。最後に一番右側のケースは，A 国と B 国が共通通貨を用いているケースである。以下，資本移動は自由であることを前提とする。

まず，変動相場制のケースでは，このような状況下で金融政策が有効であることが知られている。A 国での金融緩和は A 国の金利を低下させ，投資支出を増加させる。逆に B 国では金融の引き締めが行われ，これが抑制される。また教科書的なマンデル＝フレミング・モデルでは，これらの効果はむしろこの金利差による A 国通貨の減価，および B 国通貨の増価によってもたらされることになる。A 国では輸出が拡大し，景気回復が期待されると同時に，B 国では安価な輸入品の増加によってインフレが抑制される。

この時，財政政策を通じて状況に対処することもできると考えられる。A 国では財政を拡張し，B 国では緊縮財政がとられる。しかし，ここでその効果が△になっているのは，これも教科書的なモデルでよく知られているように，A 国における財政赤字の拡大は，A 国の金利に上昇圧力をもたらし，それが A 国通貨を増価させることを通じて輸出需要が抑制されるためである。同様の理由で B 国における緊縮の効果も海外要因によって抑制されることになる。もっとも初等的なマンデル＝フレミング・モデルでは，これらの財政政策の効果はゼロになる場合がある[1)]。

次に真中の固定相場制のケースであるが，この時両国は独立した金融政策を行うことができなくなる。これも「経済政策のトリレンマ」として知られているように，自由な資本移動の下では為替レートの固定と独立した金融政策は両立しない。他の方法としては，財政政策でこれに対処することができるし，平価を変更（A 国で切下げ，B 国で切上げ）し，A 国の輸出拡大，B 国の輸入増大を期待することもできる。しかしここで重要なことは，いずれもその効果は△とせねばならない点にある。

両国の非対称的な財政政策は，金利差の拡大を通じて資本移動を引き起こす。為替レートを固定するためにはそれを相殺するための介入を必要とする。つまり，財政政策に過度に依存することは介入の負担を増大させることになろう。平価の変更もそれが繰り返されれば，景気の状況に応じて切上げ，切下げの予想を引き越し，そのたびに投機的資本移動を誘発することになり，やはり介入の負担を増大させる。伝家の宝刀として用いるのでない限り，それは為替レートの永続的な固定とは両立しない。金融市場がグローバルに展開すればするほど，そこでの膨大な取引額に対して介入による影響力は弱まらざるを得ない。そうであれば，介入を通じて為替レートの固定を維持するためには，何よりも為替レート固定に対する市場の信頼を維持することが重要になるのである。財政政策や平価変更は，いずれも外国為替市場にとっての攪乱要因となり，為替レートの固定を維持する観点からは無条件に有効であるとは言えないであろう。

最後に一番右の共通通貨であるが，この場合言うまでもなく金融政策は1つしか行うことができない。金融の緩和はA国の不景気を救済するが，B国のインフレを加速するであろう。逆にB国のために金融を引き締めれば，A国の景気はさらに悪化することになる。もはや為替レートは存在しないため，平価の変更は伝家の宝刀にも使えない。ところがこの場合，財政政策は特に有効になるのである。もはや固定すべき為替レートが存在しない以上，財政政策のもたらす市場攪乱効果に留意する必要はない。また共通通貨への参加国が多数であれば，一国の財政拡張が共通通貨を全体として増価させる懸念は，変動相場制の場合よりも小さいと考えられるであろう。

結論として，共通通貨の下では各国は一時的マクロ・ショックに対して，唯一有効である財政政策に「過度に」依存せざるを得なくなるということである。固定相場制の時には，平価維持の観点から控えめに行うインセンティブが存在し得たが，共通通貨の下ではそれは存在せず，むしろこれを安心して（?）大胆に行うことができてしまう。また，他の手段が利用可能でない以上そうせざるを得ないのである。金融危機がもたらした負のマクロ・ショックに続いて財政危機が訪れたのは，共通通貨に内在する本質的メカニズムの必然的帰結に他ならないのである。加えて，変動相場制下で独立の金融政策が行えるのであれば，拡張的財政政策はポリシー・ミックスとしての金融の緩和を伴うことで金利の上昇を抑えることができるのに対し，共通通貨の下ではそれも不可能である。これは，財政政策への依存度に応じた国家間の金利格差を拡大する結果をもたらす。

第2節　最適通貨圏とユーロ圏

最適通貨圏とは，共通通貨を導入することで独立した金融政策を放棄することのコストが相対的に低いと考えられる地域である。換言すれば，第12-1表で示されているような異なるマクロ・ショックに対して，これを金融政策によらずに解決する何らかのメカニズムが期待できる領域である。これまでの研究で幾つかの条件が指摘されている。

① 労働の移動可能性

② 財政による再分配

③ 景気循環の同調性

④ 経済の開放度

まず ① の労働の移動可能性であるが，A 国の労働者が B 国で職に就くことができれば，A 国の失業問題は解消し，B 国における賃金上昇圧力も抑えることができる。ただし，ショックが永続的ではなく短期的なものである場合，それが労働者の移住に結びつく可能性は低くなると考えられる。現状では共通市場となっており，労働の移動が原則としては認められている EU であるが，最も重要な要因として言語，文化の違いにより労働の移動は極めて限定されている。いずれにしても，この点に関してユーロ圏がこの条件を満たしているとはとうてい考えられない[2)]。

次に ② の財政による再分配であるが，これは景気が過熱している B 国において増加した税収をもって A 国における財政支出を賄うというものである。ドイツにおける財政調整制度や日本における地方交付税交付金のように，1つの国内であれば比較的一般的に行われていることである。他方で，国家間でこれを行うためには，徴税に関して国家を越えた権限が必要となる。いうまでもなく，EU は現在そのような権限を持っていないし，ユーロ圏に属する国の多くは（属していない国はなおさら）それを望んでもいない。

続いて ③ の景気循環の同調性とは，文字通り景気変動が同方向に生じる傾向があり，結果として第 12-1 表にあるような異なるマクロ・ショックに襲われる頻度が少ないという意味である。換言すれば，そもそも独立の金融政策を用いて解決すべき問題それ自体が生じにくいということである。ここで指摘しておくべきことは，市場のメカニズムには均質化のメカニズムと同時に集積化のメカニズムも働くということである。共通市場となり，域内の貿易，資本移動が自由化された結果として，域内の格差を縮小させるような力が働くことは事実であろう。そのような力が優勢となれば，ユーロ圏の景気循環パターンは似てくる可能性がある。他方で，秋葉原に家電販売店が集中し，シリコンバレーに IT 関連企業が集まるように，集積のメリットが追求される結果，地域的特化の力が優勢となれば，（国ごととは限らないが）地域間の産業特性が大きく異なり，景気循環のパターンは地域ごとに異なるものとなるであろう。現在のユーロ圏がこの条件を満たしているか否か，そして今後満たす方向に向かうのか否かについては，今なお実証研究の成果を待たねばならない。

最後に④であるが，経済の開放度が高いということは，価格，所得が輸出入に多くを依存していることを意味し，為替レートの変動がもたらす国民生活への影響が大きいということである。そのような場合，価格，所得の安定につながるという意味で共通通貨を用いるメリットが高いことになる。また，すでに述べたように独立した金融政策が主に為替レート変動を通じて作用することを考え合わせると，経済開放度の高い国では金融政策の副産物としての価格，所得の変動が大きいことになり，結果として独立した金融政策を放棄することのコストが小さいとも言える。ユーロ圏諸国の経済開放度は，日本やアメリカに比べても総体的に高い。ただし，現在問題になっている南欧諸国（ギリシャ，スペイン，ポルトガル，フランス，イタリア）の開放度は，いずれもユーロ圏の平均を下回っている[3)]。

以上のことを考慮すると，ユーロ圏の最適通貨圏としての成績はお世辞にもよいとは言えない。現時点で強いて満たされている条件を挙げるならば，④のみということになろう。しかし，それでさえ共通通貨を用いることのメリットに関わる条件であって，異なるマクロ・ショックへの対応という意味では，それを克服する手段を完全に奪われていること意味する。③が近い将来に十分に満たされるとする確実な根拠がない以上，人為的な政策としてユーロ圏を最適通貨圏に少しでも近づけることができるのは，②を実現すること以外には無いのである。財政の統合を伴わないような共通通貨圏は，同様の危機を今後何度も繰り返すことになるであろう。ギリシャを救済することを拒否するドイツ国民の姿を見ていると，「それなら同じ通貨など使わない方がよい」と言わざるを得ない。

第3節　通貨同盟における政府債務危機

通貨統合下にある国家の債務危機問題には，よく知られた複数均衡の問題がある[4)]。

独立した通貨を持つ国，例えば日本において政府債務危機が予想されたとしよう。投資家は日本の国債を売却する。そうして得た円は、日本の他の資産に再投資されるか，あるいは外国為替市場で他の通貨と交換される。この時，いずれの場合にも円という通貨は日本にとどまるのであり，これによって日本国内で流動性不足が生じることはない。また，その過程で生じる円安は景気の回復を後押しすることができるし，何よりも最後の貸し手としての日本銀行が通貨を発行して国債を買い支える能力が存在する以上，危機がエスカレートする可能性は限られたものになるであろう。そして投資家がそれを認識していれば，日本国債は売却されにくくなり，政府債務危機が生じる確率も低いものになる。

これに対して，通貨統合下にある国，例えばギリシャにおいて政府債務危機が予想されたとしよう。投資家がギリシャの国債を売却して，それを他国に投資した場合，通貨ユーロは文字通りギリシャから引き揚げられてしまうのであり，ギリシャは流動性不足に直面せざるを得ない。そしてギリシャは不足した通貨ユーロを発行する能力を有してはいないのである。これは金利の上昇を通じて，債務返済の負担をさらに高めることになり，デフォルトが起こる確率をさらに高めることになる[5)]。

ここではいわゆる予想の自己実現メカニズムが働いていることが重要である。投資家が債務危機を予想すれば，→ 国債の売却 → 流動性不足 → 金利の上昇 → 債務負担のさらなる増加という循環で，債務危機は現実のものとなってしまう。つまり，一方で投資家が債務の返済を信頼している場合の均衡，すなわちそこでは国債は売却されず，政府がデフォルトを回避することができる均衡と，他方で投資家がデフォルトを予想し，そのように予想したがゆえにそれが自己実現してしまう均衡とが存在する。これが複数均衡問題である。

欧州政府債務危機について考えるとき，一部の国において財政規律が緩いことのみが注目されがちである。しかし，それだけではなく，予想の自己実現のメカニズムを通じて，財政規律の程度そのものとは無関係に政府債務危機は生じ得るのであり，そしてそれは市場のセンチメントを通じて他国へも容易に波及していく。1990 年代後半のアジア通貨危機，とりわけタイに始まりそれが周辺国に波及していったメカニズムは，それらの国々のファンダメンタルズのみでは説明がつかないものであったのと同様である。それは共通通貨を導入していることの制度的，構造的問題であることを認識する必要がある。

第 4 節　対応と展望

本節では，個々の詳細な対応策や提言ではなく，本章における考察から導かれる原理的問題を述べるにとどめたいと思う。

まず財政規律の問題である。EU は 2011 年 12 月 9 日に閉幕した首脳会議で，ユーロ圏 17 カ国を含む 26 カ国が財政規律を強化する政府間協定を結ぶ方向で合意した。英国だけが最後まで反対したが，この政府間協定では財政赤字が GDP の 3%を超えた場合は自動的に制裁を科すことになっている。制裁の実効性についても不明な点が多いだけでなく，財政主権の侵害として多くの国ですでに国民の反発を招いている。

筆者は，財政規律の確立は中・長期的観点から行われるべきであり，現時点で厳しい規律を課すことはむしろ逆効果であると考える。第12-3図にあるように，ユーロ圏の失業率は2008年以降上昇傾向にあり，2010年のそれは13.3%に及んでいる。スペインでは26.7%という数字である。

確かにギリシャのように，その時の与党が公務員雇用を選挙戦の道具にしたり，徴税システムが整備されておらず，加えて地下経済の規模が大きいなどの問題は解決を要するであろう[6)]。しかし経緯はどうであれ，現時点での早急な緊縮策は結果として景気をさらに悪化させ，結果として財政再建の目的は達成されないであろう[7)]。

第12-2表からわかるように，債務の削減は改革によってのみならず，1人当たりGDPで見た生産性の総体的に低い国の経済成長によってももたらされている。経済的キャッチアップが未だ達成されていないと考えられるアイルランド，ギリシャ，ポルトガル，スペインについてはなお経済成長が債務削減を後押しする余地があると思われる。

また，第1節，第2節で見たように，共通通貨の下では景気対策として財政政策への過度の依存が生じ，最適通貨圏でないユーロ圏が少しでもその機能を維持するためには財政による再分配が不可欠であった。その意味でも，その国の経済規模に応じたユーロ債の発行を認め，加えて，同じく経済規模に応じて

第12-3図　ユーロ圏の失業率

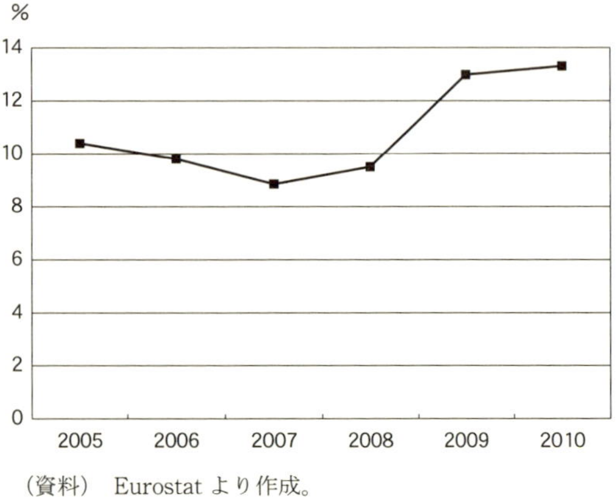

（資料）　Eurostatより作成。

第 12-2 表　EU 主要国における債務削減（金融・経済危機以前）

	ドイツ	デンマーク	オランダ	スウェーデン	オーストリア	ベルギー	フィンランド
債務のピーク	68.0	72.4	96.5	84.4	68.4	134.1	57.7
削減幅	0.4	31.4	49.1	39.3	6.3	46.8	18.0
債務のピーク年	2005	1998	1993	1996	1996	1993	1994
1 人当 GDP	77	87	89	79	87	82.0	68.0
成長率	3.3	1.6	2.2	3.1	2.2	2.0	3.5
改革時期	なし	1998	1994	1996	なし	90 年代半ば	1991
	フランス	アイルランド	ギリシャ	ポルトガル	スペイン	イタリア	イギリス
債務のピーク	66.4	94.5	103.7	64.7	67.4	121.8	49.3
削減幅	2.8	69.6	6.6	0.8	27.9	15.3	6.1
債務のピーク年	2005	1991	2001	2005	1996	1994	1997
1 人当 GDP	73	61	59	50	63	76.0	78.0
成長率	1.6	6.3	3.8	1.1	2.7	1.4	0.9
改革時期	なし	80 年代初頭	なし	なし	2003	2002	なし

＊債務のピークは対 GDP 比（%）。
＊削減幅は債務ピーク年から 2006 年にかけての対 GDP 債務率の変化（ポイント）。
＊ 1 人当 GDP は，債務ピーク年のアメリカを 100 としたもの。
＊成長率は，債務ピーク年から 10 年，または 2006 年までの期間。
（出所）　Eichengreen et al. (2011) より抜粋。

EU 税，ないしユーロ税を徴収し，これを必要に応じて再分配するなどの制度整備は不可欠であると思われる。そのような再分配メカニズムを伴わない共通通貨圏は，長期的に維持不可能である。

次に金融政策面における ECB のあり方について論じたい。今回の金融危機に際して ECB はかなり迅速・大胆に対応したと言えるが，やはりさまざまな制約にさいなまされ，結果として不十分であるといわざるを得ない。2010 年 5 月にギリシャ，ポルトガル，アイルランドの長期国債を買い取り，2011 年 8 月にはイタリアとスペインの国債を購入した。このことは多くの批判を受けたが，独立の金融政策を行えないユーロ圏において，これは必要不可欠なことである。

筆者は，今以上に国債を買い取り，金融・信用緩和を行うべきであると考える。共通通貨の観点からそれが景気の過熱に結びつく国については，財政やその他の金融規制によってそれを引き締めればよい。第 12-4 図を見ると，ユーロ圏では徐々にインフレ率が上昇している。しかし経済を成長軌道に乗せ，財政再建を後押しする観点からも，インフレ率の上昇にはまだ余地があると思わ

第 12-4 図　ユーロ圏のインフレ率

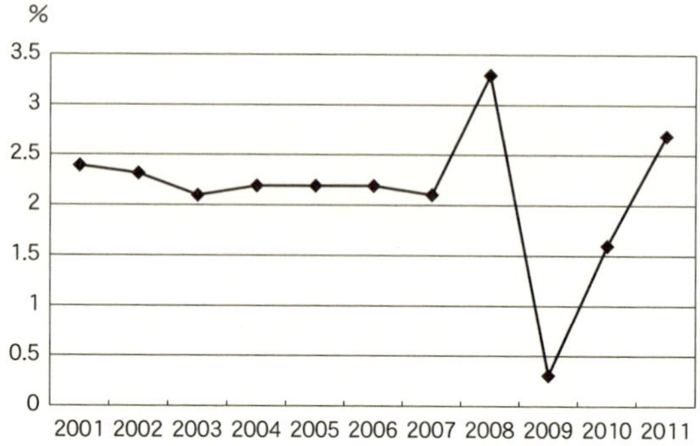

＊ HICP インフレ率
（資料）　Eurostat より作成。

れる。

そして，多くの反対を覚悟で述べるならば，マイルドなインフレ（現状では 4%前後）による債務軽減は，それが名目成長率を高める限りにおいて，重債務国の財政再建の後押しをするという意味で有効な手段であると考えられる[8)]。それはおそらく悪名高い最悪な手段であるが，チャーチルの言葉を借りれば，「他をすべて除けば（except for all the others）」であろう。不況下の国民による税負担増や一部投資家・国家による債権放棄が，すべての点でそれに勝っているとは言えないのではないだろうか。

とはいえ，ECB は物価の安定をその最優先の使命と謳っている（2%以下で 2%に近い）。しかし，これは日本もそうであるが，独立性を持った中央銀行が物価の安定性のみに責任を持つというのは不適切なのではないだろうか。それは独立性を持った中央銀行が，フィリップス曲線上の特定の位置を指定する権限を持つことになり，結果として失業率も決めてしまうことになる[9)]。しかも物価の安定が最優先であるため，そこでの失業率には頓着しないであろう。独立性を維持するのであれば，物価と雇用最大化の両方に責任を持つべきであるし（アメリカのように），物価のみに責任を持つのであれば，望ましい物価水準は政府，国民がこれを決定し，中央銀行はその達成手段についてのみ独立性を持つべきであろう。

次の問題として，安定・成長協定，自己資本比率，物価の安定，これらはいずれも規律付けのメカニズムとしては有効であるが，本来経済活動の結果として定まるべき内生変数を固定しているという意味では，その調整を他の変数に転嫁していることになる。そして少なからぬケースにおいて，それは景気変動増幅的（procyclical）に機能する。景気が悪化して財政赤字が拡大するときに緊縮財政を義務付けられたり，景気の悪化によって資産価値が低下しているときに，貸出しの抑制を引き起こすなどである。これらをその時その時の景気状況に応じて，より弾力的に運用することが必要であるように思われる[10)]。

最後に第3節で見たように，政府債務危機が自己実現的予想に基づいて引き起こされ，波及していくことを考えれば，格付け機関についても改革が必要である。なぜなら自己実現的予想にとって格付けは，資産価格変動を安定化させるのではなく，むしろ不安定化させるメカニズムをもっているからである。本来，合理的投機は，価格低下時に買いを，価格上昇時に売りをもたらすことで，価格安定化の機能を持ち得る。この時「強気」と「弱気」の混在が望ましいと考えられるが，格付けに依存した投機は，とりわけ危機の時には市場のconfidenceを大きく変化させ，不安定にする。そしてそれは自己実現的予想により増幅した形で実現してしまうのである。経済が格付け機関に過度に依存することは不健全である。また，格付け会社が寡占状態にあることも望ましくない。one way betを避けるためには，格付けに関して今以上に競争的メカニズムが働くことが望ましい。

幾つかの国のユーロ圏離脱が取りざたされているが，財政の統合と国家間再分配を拒み続けるのであれば，それも仕方がないかも知れない。しかし，EUはこれまで何度も危機に見舞われながら，その度にそれをきっかけとして僅かずつではあっても，統合を深めてきた経緯がある。今回もそうなるのではないか，と筆者は楽観している。しかし，上述したような中・長期的観点からの制度改革が不可欠であることは強調しておかねばならない。

（西　　　孝）

注

1）ここで平価変更を「不可」としたのは，言葉を字義通りに解釈した結果である。変動相場制においても為替レートを特定の方向に誘導する，いわゆる為替政策が可能であるが，ここではそれは金融政策に含めている。いずれにしても変動相場制において言葉の厳密な意味における「平価」は存在しないし，その「変更」という概念もなじまない。

2）Kruguman and Obstfeld（2003）は，地域的な失業率の違いはアメリカ国内におけるよりも，EU域内におけるそれの方が大きいという実証研究を紹介している。また，移住する人びとの割合は，アメリカや日本におけるよりもイギリス，フランス，ドイツにおいてはるかに低いという数字を指摘している。

3）内閣府　政策統括官室（2011）による。

4）De Grauwe（2009），およびDe Grauwe（2011）に簡潔に述べられている。以下の論述もこれに基づいている。

5）De Grauwe（2011）は，金融危機後の政府債務（対GDP比）において，スペインよりもイギリスの方が高いにもかかわらず，10年もの国債の金利においてはスペインの方がイギリスよりもはるかに高くなっている事実を指摘している。そしてその違いを，イギリスが自国通貨を持っていることに帰している。

6）この点については，高屋（2011）121-123ページを参照されたい。

7）救済に伴うモラル・ハザードの問題は，筆者も十分認識している。問題は優先順位であって，現状ではそれが一部支援国によって強調され過ぎているように感じている。「規律は中・長期的」，「救済は短期的」でなければ，事態は改善しないというのが本章の主張である。しかしそれがもたらす政策の通時的非整合性の問題については，注10も参照していただきたい。

8）そうであると考えるべき根拠となるデータが，Eichengreen et al.（2011），p. 62-63に示されている。

9）この議論には，予想インフレ率の変化に伴うフィリップス曲線のシフトを考慮していないという批判があるかも知れない。しかし予想インフレ率が現在のインフレ率，および中央銀行の政策スタンスに依存することを考慮すれば，同様のことが依然として妥当するものと思われる。

10）もちろんこのことは，政策の通時的整合性を損なうというよく知られた問題を引き起こすであろう。しかし，市場が十分に合理的ではないと考えるべき多くの理由（パニック，センチメントの上下）があるとき，これはさほど問題にならないのではないかと思われる。

参考文献

高屋定美（2011）『欧州危機の真実—混迷する経済・財政の行方—』東洋経済新報社。

内閣府政策統括官室（2011）『世界経済の潮流　2010年』http://www5.cao.go.jp/j-j/sekai_chouryuu/sh10-01/index.html

De Grauwe, P. (2009), *Economics of Monetary Union*, 8th edtion, Oxford University Press.（田中素香・山口昌樹訳『通貨同盟の経済学—ユーロの理論と現状分析—』勁草書房，2011年。）

De Grauwe, P. (2011), "The Governance of Fragile Eurozone," *CEPS Working Document*, No. 346. http://www.econ.kuleuven.be/ew/academic/intecon/Degrauwe/PDG-papers/Discussion_papers/Governance-fragile-eurozone_s.pdf

Eichengreen, B., Feldman, R., Liebman, J., von Hagen, J. and Wyplosz, C. (2011), *Public Debts: Nuts, Bolts and Worries*, Geneva Reports on the World Economy 13, International Center for Monetary and Banking Studies.

Krugman, P. and Obstfeld, M. (2003), *International Economics—Theory and Policy—*, 6th edition, Adison Wiseley.

第13章
為替変動の恐怖

はじめに

新興国のような小国開放経済では，その経済活動において，先進国とは明らかに異なる多くの問題が存在する。中でも，新興国のマクロ経済に対して深刻な影響を与えるのは，為替レートの変動である。GDPに対する輸出や輸入の割合が非常に大きいうえに，国際通貨を持たないため，貿易や資本取引の場において，外貨建てで決済を行わなければならない。こうした国々にとって，為替レートの急激な変化は，当該国のマクロ経済を危機的な状況にまで追い込む可能性がある。

この事実は，多くの新興国が事実上の固定相場制，特に米国ドルに対する事実上の固定相場制度（de fact dollar peg）を採用していることへとつながっている。アジア通貨危機以前において，また2000年以降においても，東アジアの多くの新興国は，米ドルに対する事実上の固定相場制度を採用していることが，McKinnon and Schnabl（2004）やShimizu and Ogawa（2011）によって指摘されている[1)]。

グローバリゼーションの進展によって貿易の多角化が一層進んだ東アジア諸国にとって，単一通貨に対する固定相場制度の危険性は通貨危機の際に数多くの先行研究によって指摘され，一度は放棄したはずである。そうであるにもかかわらず，何故再びそうした為替政策運営を行っているのだろうか。また，そのような為替政策運営やその背景は，過去の通貨危機や世界的経常収支不均衡，世界金融危機といった国際経済における多くの問題とどのようにリンクしているのだろうか。本章では，こうした背景と，それがもたらす深刻な現象について見ていくことにする。

本章の構成としては，次節にて新興国が貿易面で抱える為替リスクとそのマクロ経済への影響について説明し，続く2節で資金調達における為替リスクとそれが通貨危機や金融危機とどのように結びついているのかを見る。3節では，為替変動の恐怖に対する新興国の対応と世界経済の問題の関係を考え，最後の節でまとめを行い，本章の結びとする。

第1節　新興国の貿易における為替リスクとマクロ経済への影響

新興国の為替リスクに関する問題として，一般に想像しやすいものは貿易における為替リスクである。新興国では内需が小さいためにその経済成長の手段を輸出に依存し，また消費や生産のための財に関しても外国に依存するという傾向が強くある。第13-1図では日本，米国と東アジア太平洋地域[2)]の新興国の貿易額の対GDP比を1990年から2010年にかけて表示している。これは各国の貿易開放度[3)]の推移として見ることができ，この図からも分かるように，新興国と先進国の間では明らかに経済の貿易に対する依存度が異なっている。具体的には，日本や米国の貿易の対GDP比はせいぜい20～30%程度を

第13-1図　日本，米国，東アジア太平洋地域の貿易の対GDP比の推移

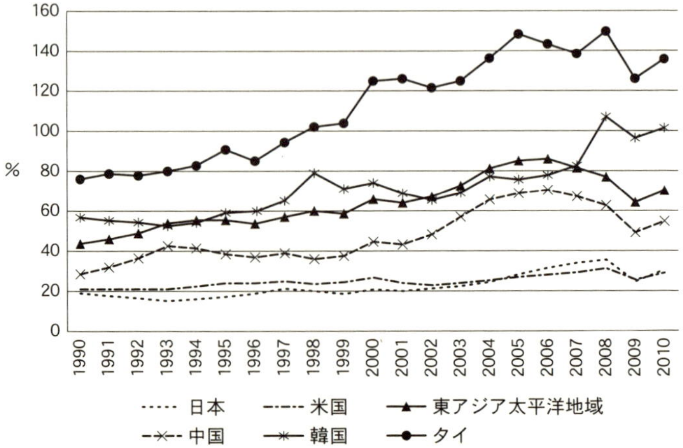

（資料）World Bank, World Development Indicatorsより作成。

推移しているに過ぎないが，2010 年時点で中国では 55%程度，韓国ではほぼ 100%，タイに至っては 135%となっている。また，東アジア太平洋地域の新興国の平均でも概ね 70%を記録しており，新興国にとって貿易の経済に与える影響が如何に大きなものかを伺うことが出来る。

さらに，国際通貨を持たない新興国にとって，外国との貿易取引に使用する通貨は自国通貨ではなく，米ドルやユーロ，円といった国際通貨を決済手段として用いることになる。こうした新興国の決済通貨については多くの先行研究が指摘している通り，特に米ドルの比率が非常に高い。例えば，Fukuda and Ono（2005, 2006）では，韓国やタイについてその貿易取引シェアとは関係なく米ドルが非常に高い割合の決済通貨として利用されていることを示しており，2001 年時点での韓国の財輸出に占める米ドル決済の割合は 87%で，タイについては 97.1%となっている。また，大野（2009）においても，2004 年時点で韓国の輸出に占める米国向け輸出の割合は 20%程度にもかかわらず，米ドル決済割合は約 84%にもおよぶことを指摘しており，貿易取引における決済通貨としての米ドルの地位が非常に高いことが分かる。

こうした貿易上の決済通貨における米ドルの存在が大きいのは，新興国のみではない。第 13-2 図は，2011 年下半期の日本の輸出入における決済通貨比率を表している。これから読み取ることが出来るように，日本のように国際通貨を持っていても，貿易取引における決済通貨では米ドルが選好される傾向が強

第 13-2 図　日本の対世界貿易における決済通貨比率

（2011 年下半期，単位：%）

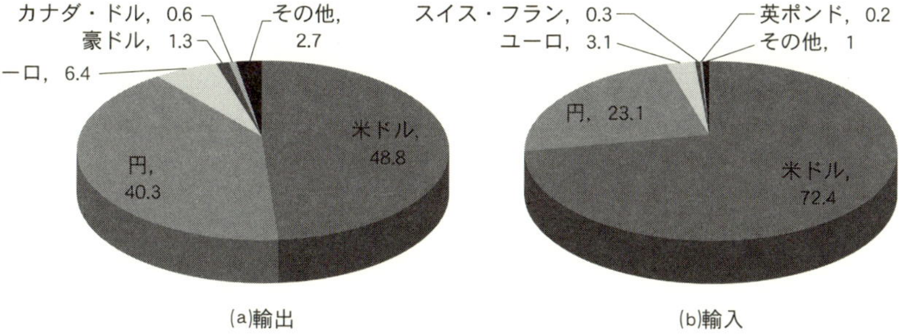

（資料）　財務省「貿易取引通貨別比率」より作成。

いのである。こうした事実を裏付けるものとして，Fukuda and Ono（2006）では，タイが2001年時点の日本向け輸出において71.8%を米ドルで決済し，日本円決済の割合はわずか20.5%に留まっていること，さらには2002年時点において同輸出は米ドル71%，日本円20.9%と殆ど変っていないことが示されている。

では，何故新興国は貿易における決済通貨として，米ドルを選択する傾向が強いのだろうか。取引コストという観点に立って考えれば，Krugman（1980）やMatsuyama，Kiyotaki and Matsui（1987）が指摘しているように，特定通貨が決済通貨として採用されると，その後慣性を持って使用され続けるという性質によるものであると考えられる。第二次大戦以後，米国は世界において圧倒的な大国として存在し，それゆえ決済通貨としても非常に大きなウエイトを占めることになった。このことは東アジアについても同様であり，主な貿易取引先は米国であった。しかし，90年代後半から東アジア諸国が急速な発展を遂げ，貿易が多角化した現在においても，その決済通貨としての米ドルの地位は揺らいでいない。これは単に東アジア諸国が国際通貨を持たないことが原因ではなく，上記で挙げた慣性が働いており，取引コストが低く流動性の高い通貨として米ドルが選択されているためだと考えることが出来る。

国際通貨を持たず，かつ貿易依存度が非常に高い新興国において，為替変動が当該国のマクロ経済に非常に強く深刻な影響を及ぼすことは，容易に想像することが出来よう。新興国においてはその内需は小さいため，輸出拡大による経済成長を振興することは重要な課題となっている。したがって，輸出競争力を確保する為替レート水準を維持することが政策の目的となりえるのである。実際に多くの新興国にとって，産業政策はそのまま貿易政策でとなっている。またCalvo and Reinhart（2002）が指摘しているように，新興国経済における消費は外国からの輸入に依存しているため，為替レートの変動は消費者物価水準に直接大きな影響をもたらすことになる。逆に言えば，為替レートの大きな変動を抑制することは，国内での急激なインフレ率の上昇を抑えることへとつながっているのである。こうした物価水準安定の目的からも，政策当局は為替変動を抑制するような為替制度運営を行う動機を持つことになると考えられる。

第2節　外貨建て資金調達による通貨ミスマッチとバランスシート効果

新興国にとって深刻な為替リスクの問題は資金調達面においても存在する。国内に十分な貯蓄が存在しない，または国内金融市場が流動的でない場合に，国内投資のための資金調達を行おうとすれば，国際金融市場で債務調達を行うことになる。しかしながら，新興国が外国に対して債務を負う場合，それらの債務は自国通貨建てではなく，国際通貨であるユーロ，円，とりわけ米ドルで表示されることが圧倒的に多い。これは新興国による選択ではなく，貸し手側の選好によるものである。先進国の資金提供者は，通貨の切り下げや過度なインフレによる新興国通貨の減価を恐れている。また，流動性の低い新興国通貨は安全とは言えず，より流動性の高い通貨を選好する。結果，貸し手が為替リスクを被らないために流動性の高い国際通貨建てで，なおかつ長期ではなく短期での貸出を行うことになる[4)]。つまり，資金調達を行う新興国の銀行や企業は，そのバランスシート上の資産項目は自国通貨建てである一方，負債項目には為替リスクのある外貨建て債務を抱えることになり，バランスシート上での通貨のミスマッチを抱えることになる。加えて，投資計画やそれに付随する銀行貸し出しは通常長期に亘る契約であるため，短期債での資金調達は期間という意味でもミスマッチを発生させることになる。

新興国における資金調達のダブル・ミスマッチの問題は，国際金融では広く知られている現象である。Eichengreen and Hausmann (1999) や Eichengreen, Hausmann and Panizza (2005) では，このようなミスマッチが発生している原因を，それが政策上の失敗といった債務国側の問題から生じているのではなく，それをはるかに越えた国際金融市場の上述の問題から生じている，という意味で「原罪 (Original Sin)」[5)] と呼んでいる。

一方，新興国側にもこうしたミスマッチを生む原因は勿論存在する。それは国内金融市場の不完全性によって，固定金利の債券市場がない，もしくはその流動性がほとんどないため，先物市場もまた成り立たず，仮に存在したとしても流動性がない，という問題である。

まず，固定利付債券市場が未発達であるのは，新興国の企業規模が小さいことに加えて，会計制度の発達が不十分であるために，民間で債券発行を行うことが困難であることに起因している。これにより，長期に亘る投資計画を行う企業は，その期限に合わせた固定利付債券を発行することが出来ないため，企業は短期の銀行借入をロール・オーバーすることで運用するか，短期金利に連動した変動金利での借入を行うことがしばしば観察される。また，政府部門においても，マクロ経済環境が非常に不安定である新興国では，金利の変化が頻繁に起こるために，その債券を固定金利で発行することが困難であり，極めて短期の金利を反映して中期債券の金利が修正されることになる[6)]。

この国内債券市場が存在しない環境は，国内資本市場にとって明らかに悪影響を及ぼすが，同時に，自身の抱える為替リスクをヘッジしたいと考える経済主体の先物取引にも影響してしまう。これは，自国通貨を先物で売るというカバー取引を，銀行が容易に行えない為に発生する。例えば，自国通貨を先物で売る場合，銀行側は現在時点において自国通貨建て金融資産を保有し，期日までの金利を稼ごうとするが，流動性の無い国内固定利付債券市場では，こうした都合の良い国内金融資産を調達することが困難となる。つまり，通常はカバー付きの金利平価式[7)] より導かれる先物価格の決定が出来なくなるのである。したがって，自国通貨建ての債券市場が発達していない新興国においては，非常に大きな為替リスクに直面するにもかかわらず，為替リスクのヘッジも出来ない[8)] ということになる。こうした事実も，国際金融市場で貸し手側の通貨選好に影響している。

では，このような外貨建てでの資金調達を抱える新興国は，具体的にどのような問題に直面するのだろうか。通貨のミスマッチによる影響は，開放経済特有のバランスシート効果をもたらすことが，多くの先行研究によって指摘されている。

いま自国通貨建てで資金調達が行える先進国をあえて考えてみよう。当該国企業の資産は外貨建てで保有し，外国に対する債務を自国通貨建てで行う経済を考え，その国の輸出財に対する世界需要が落ち込んだ結果，当該国通貨の減価が発生したとする。この通貨価値の減価は，保有外貨建て資産の増価を意味しているので，当該国通貨建てで考えれば資産は増大していることになる。一方，負債については自国通貨建てなので，減価による影響を受けることはない。したがって，貿易面で発生した世界需要の減少による影響は，為替の減価発生を通じて資産価値を高めることで相殺されることになる。つまり，もし自国通貨建てでの資金調達が可能な経済であれば，貿易と資金調達の間で為替リスクに対するある種の保険機能が働くことになるのである。

しかしながら，外貨建て負債を抱えている一方，外貨建て資産を多く持たず，バランスシート上に通貨ミスマッチが発生している新興国の銀行や企業にとっては，このような需要減少による当該国通貨減価が全く逆の効果を発生させることになってしまう。負債は外貨建てであるため，減価は自国通貨建てでの負債の増大を意味することになり，急激な減価は膨大な債務の増大につながる。こうした状況では，自己資本比率は急激に悪化することになるため，デフォルトリスクを恐れる外国の投資家は，高いリスク・プレミアムを要求することになり，結果的には資本が流出してしまう。一度資本が逃避し始めると，資金調達が行えなくなった新興国の企業や銀行は立ち行かなくなるため，実際にデフォルトが発生し始めることになる。こうした一連の効果はバランスシート効果と呼ばれる。先行研究においても，Eichengreen and Hausmann (1999) が，ダブル・ミスマッチを抱える新興国の，特に国内銀行のバランスシート上で減価による純債務の急増が発生した場合に，銀行の破綻等による金融仲介機能の低下通じて，国内生産や消費の停滞を引き起こし，それ自体が資本流出を加速させる可能性が高いことを指摘している。

急激な資本逃避は，その債務返済のために当該国通貨を膨大に売ることを意味しているため，減価が一層急激に引き起こされることになる。つまり，新興国がこうした外貨建てで負債を負うことは，通貨危機と金融危機を連鎖的に発生させることへと結びついているのである。97 ～ 98 年にかけてのアジア通貨危機の際に，深刻な金融危機を伴って事態が深刻化したのは，このような背景によるものである。

また，こうした新興国における通貨減価とミスマッチに直面したバランスシートの関係は，新興国の金融政策にも大きな影響を与えることになる。国内企業が多くの外貨建て債務を抱えている状況下では，政策当局による金融緩和は，通常の波及チャネルを通じて景気拡大効果を持つ一方で，資本流出による為替の減価が発生するため，バランスシート・チャネルを通じて景気を引き締める方向に働いてしまう。例えば，金利の引き下げは，通常であれば国内金融市場での借入を促すが，同時に資本流出を引き起こすために自国通貨の減価が発生する。これは外国通貨建て負債を多く抱える企業のバランスシートを悪化させるため，デフォルト確率を高めて，リスク・プレミアムが上昇することになる。結果，対外借入による投資が困難となる状況を生み出してしまい，景気を逆に引き締めてしまう可能性がある。つまり，外貨建て資金調達による通貨ミスマッチの問題は，金融政策の運営を非常に複雑で困難なものへと変えてしまうことになる。

このように，新興国は貿易や資金調達において大きな為替リスクを抱えており，これらの為替リスクは当該国のマクロ経済に対して，深刻な影響を与えてしまう。国内金融市場の不完全性や為替リスクヘッジ手段のなさも踏まえて考えれば，為替変動によるショックを打ち消すための非公式的なヘッジ手段を，自国の経済主体に提供する誘引を政府は持つことになる。つまり，新興国にとって為替変動の抑制はその政策目的となりえるのである。Calvo and Reinhart (2002) は，こうした為替変動の深刻な影響を恐れるがゆえ，変動相場制ではなく固定相場制を選択してしまう現象を「為替変動の恐怖 (Fear of Floating)」と呼んでいる[9)]。現実において，東アジア新興国が貿易・資金調達の面で高い比率を誇る米ドルに対して連動性を高めてしまうことは，国際金融市場における通貨選好と為替変動に対する恐怖が生み出した結果であると言える。

第3節　世界的経常収支不均衡と世界金融危機との関係

ここまで，新興国にとっての為替変動の恐怖と為替政策の選択について見てきたが，以降ではそうした新興国の行動が世界経済にもたらしている影響について考えていく。上述のアジア通貨危機での経験は，東アジア新興国の成長戦略に大きな影響を与えた。以下の第13-3図は東アジア新興国[10)] と中国におけ

第 13-3 図　東アジア新興国における貯蓄投資バランス

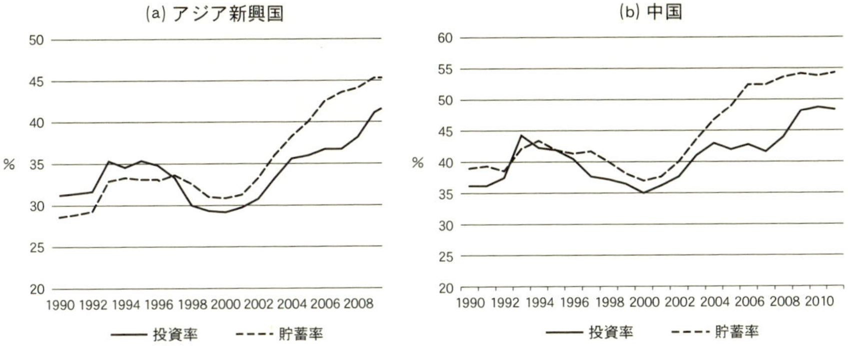

（資料）　IMF, World Economic Outlook Database September 2011 より作成。

る貯蓄投資バランスを表している。この図から，アジア地域では 1998 年のアジア通貨危機を境に貯蓄投資バランスが逆転していることが見て取れる。これはアジア通貨危機が，国内貯蓄不足を資本流入で補っていたことで発生した対外債務の累積に起因するものであったためである。この反省を踏まえ，通貨危機以後は貯蓄投資バランスを逆転させ，膨大な外貨準備を積み上げる戦略へとシフトした。1998 年以後，東アジア新興国で経常収支が黒字化したのはこのような背景を持つ。

しかしながら，こうした東アジア新興国の行動は，急速に経常収支の黒字を拡大することを意味するものでもある。これを理解するために，経常収支と貯蓄投資バランスの関係について考えてみよう。資本取引が自由な開放経済では，自国における資金不足を外国からの資金供給で補うことが可能であるため，国内における投資と貯蓄は必ずしも一致する必要はない。ある時点における貯蓄超過は，国内生産に比べて国内需要（消費や投資）が相対的に小さいことを意味しており，超過した生産分は外国需要に向けられていることになるため，当該国では経常収支黒字が発生していることになる。したがって，貯蓄投資バランスと経常収支は対応関係にある。

このような経常収支黒字および赤字の世界的な偏在の拡大は，世界的経常収支不均衡（Global Imbalance）として知られるものである。第 13-4 図は米国とアジア地域，資源国[11)] における経常収支の推移を示している。この図からも，通貨危機後に東アジア新興国において経常収支が黒字化したことが分かる。中でも，中国の経常収支黒字拡大が著しいものであることが見て取れる。さらに2000年代に入り，資源国においても資源価格の高騰により，その経常収支黒字が増大し，結果急速に貯蓄超過の状態が拡大している。また，米国の経常収支赤字がこうした黒字拡大と合わせ鏡のように拡大していることが示されている。つまり，膨大に積み上がった輸入によって得た余剰資本は，米国へと集中的に向かっていったことが分かる。

何故，新興国の貯蓄は国内投資へ向けられず，米国へ流れてしまうのか。この問題について，まずは新興国の政策当局による要因を考えてみよう。東アジア新興国は，主に対米輸出によってその経済成長を達成する戦略をとっている。この際，経常収支黒字が発生するが，これは米ドルに対し自国通貨高圧力を生むことになる。第2節でも見たように，輸出競争的な為替レートを維持したいと考える新興国は，これを回避しようと考える。結果，為替介入により米国債を購入するため，第13-5図のように外貨準備として積み上がり，米国へと資金が還流されることになる。Dooley, Falkerts-Landau and Garber (2003) では，アジア，特に中国における外貨準備の増加と米国経常収支の関係に注目し，このことを説明している。

つまり，新興国の政策当局が決済通貨である米ドルの為替変動を抑制し，輸

第13-4図　主要国・地域の経常収支の推移

（単位：10億ドル）

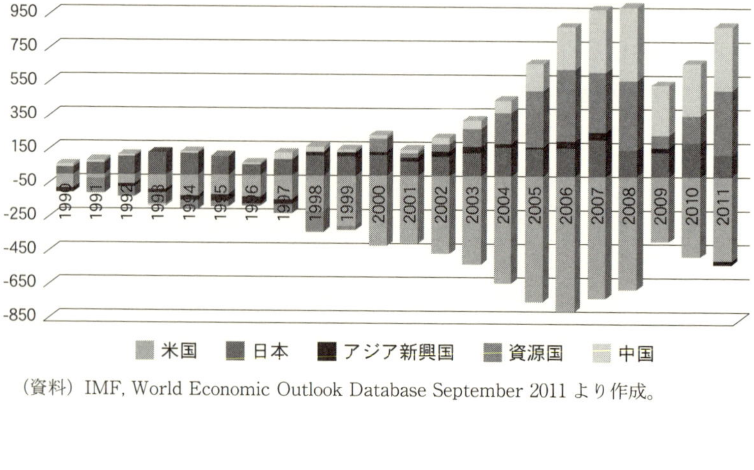

（資料）IMF, World Economic Outlook Database September 2011 より作成。

第 13-5 図　アジア新興国における外貨準備残高の推移

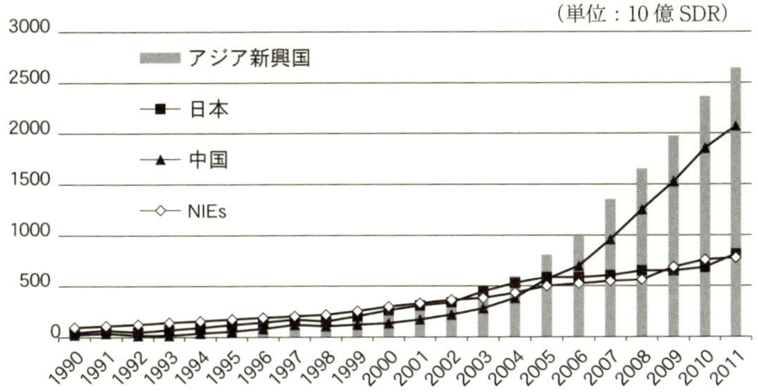

（資料）　IMF, International Financial Statics より作成。

出競争力を確保しようと行動することが，経常収支黒字をさらに拡大する一方，結果として，米国政府部門の拡大する財政赤字とそれ伴って拡大した米国経常収支赤字を，ファイナンスすることへとつながっているのである。

では，IT バブルや世界金融危機の引き金となった住宅バブルの際に，民間部門である米国の株式市場や住宅市場へと新興国の資金が向かっていった原因は，一体何であるのか。この現象は民間部門における資金フローであるため，上記理由では説明できない。この現象の原因は，第 2 節で述べた金融資産に対する国際金融市場の選好が関係している。上述の通り，現在においても新興国における資本市場は十分に整備されているとは言えず，また未発達であるため流動性も乏しい状況にある。一方，米国の金融市場は高い流動性を持ち，また決済通貨でもあり，新興国通貨は米ドル通貨へ連動しているために安全性も高い。結果，貯蓄の運用先として国内ではなく，米国の金融資産が選択され，米国へ資金が流入することになる。こうした米国の金融資産に対する選好は，逆に言えばそれ以外の市場，特に経常収支黒字国において投資対象が乏しい状況であることを意味しており，Caballero, et al. (2008) は，これを安全資産不足（Asset shortage）仮説と呼んでいる。

したがって，国内金融市場が未発達であることが，こうした新興国側の資産選択に強く影響してしまっていると考えられる。また，為替変動の恐怖から米ドルへの連動を高めたことが，米国金融資産に対する新興国側の為替リスクを軽減する結果となっており，より安全な資産として国内ではなく，米国金融資産へと貯蓄が向けられていくことを促していると言える。Obstfeld and Rogoff (2009) では，こうした新興国による過剰貯蓄と米国への大量の資金流入が，2004 年以降の世界的な金利低下の要因[12)]となっており，米国の住宅投資バブルを加速させる一因となっていたと指摘している。

第 4 節　まとめ

本章では，新興国の直面している為替変動の恐怖と，新興国のそれに対する対応が，世界的経常収支不均衡や世界金融危機とどのようにリンクしているのか，について説明してきた。新興国の直面している為替変動に対する恐怖は，世界経済全体にとっても，今や無関係ではない。特に，現地通貨建て債券市場が発達していないことに起因する問題は，新興国，世界経済双方にとって極めて深刻な結果をもたらしてしまう。

アジア通貨危機以降，東アジアでは債券に関するミスマッチの解消のため，現地通貨建て債券市場の発達に力を入れてきた。日本を除く東アジアの債券市場規模は，全体で 1997 年の 4,910 億ドルから 2011 年第 3 四半期で 5 兆 4,790 億ドル[13)] へと 11 倍にまで増大している。しかしながら，世界全体から見れば東アジア全体（日本除く）でさえ 8%程度の規模にとどまっており，日本の 12%にすら届いていない状態にある。世界金融危機で明らかになったように，新興国が輸出で獲得した余剰資金は国内へと還流せず，米国へと流れてしまっている。流動性のある発達した国内債券市場の構築は，資金調達におけるミスマッチを解消するためだけでなく，流動性のある先物市場を構築することにもつながるため，アジアのみならず，為替変動の恐怖に直面している多くの新興国にとって，まさに急務であると言えるだろう。

（中村　周史）

注

1）　前者では通貨危機以前（1994 年～ 1997 年）と以後（1999 年～ 2003 年）について米ドル，ドイツマルク，円に対する東アジア各国通貨の連動性を，後者では 2007 年から 2009 年にかけて米ドル，ユーロ，円に対する東アジア各国通貨の連動性を，それぞれ日次データを用いて分析し，結果，米ドルについて各通貨は有意に強く正の相関を持つことを示している。

2）世界銀行の定義する東アジア太平洋地域（米領サモア，マレーシア，サモア，カンボジア，マーシャル諸島，ソロモン諸島，中国，ミクロネシア連邦，タイ，フィジー，モンゴリア，東ティモール，インドネシア，ミャンマー，ツバル，キリバス，パラオ，トンガ，北朝鮮，パプアニューギニア，バヌアツ，ラオス，フィリピン，ベトナムから構成）を示す。

3）貿易開放度とは（輸出額＋輸入額）／名目 GDP として計算される指標である。

4）これは国際通貨を持つ先進国では直面しない問題であり，米国は勿論，日本は円建て，英国はポンド建て，ドイツはユーロ建てでの資金調達が可能である。

5）債務国側にとっては資金調達における初期制約となっていると考えることもできる。通貨ミスマッチは，現在による外貨建て資金調達という信用制約が生んだ結果である。

6）例えば，額面上は 1 年物の政府債であっても，オーバーナイトの金利に連動するような債券が発行されている。

7）カバー付き金利平価式は，具体的には以下のように表される。

$$i_t - i_t^* = \frac{F_{t,\,t+1} - S_t}{S_t}$$

ここで，i と i^* はそれぞれ t 時点の自国金利と外国金利を意味し，$F_{t,\,t+1}$ は t 期に決定され，$t+1$ 期において決済される先物の為替レートであり，S_t は t 期におけるスポットの為替レートである。つまり，カバー付き金利平価式は，裁定の結果，内外金利差と直先スプレッド率が等しくなることを示すものである。したがって，自国で固定利付の金融資産を保有することが困難であれば内外金利差が定まらず，直先スプレッドの先物価格を決定できないことが分かる。

8）一方，先進国間では両国に流動性が高く発達した債券市場が存在するため，先物の為替取引を行うことは容易である。短期先物市場だけでなく，長期先物市場であっても，流動性の高い国債市場が存在するため，両国の国債の金利差に等しくなるような先物プレミアムでの取引が活発に行われている。

9）同様の主張は，Eichengreen, Hausmann and Panizza (2005) や McKinnon (2005) においてもなされており，バランスシート効果の発生とそれに伴う深刻な経済へのダメージを危惧する新興国の政策当局にとって，弾力的な為替政策を取ることは環境的に困難であり，通貨危機後のように一時的にそれを採用したとしても，結局は経済の安定のために元の事実上の固定相場制へと回帰してしまうことを指摘している。

10）アジア新興国は香港，韓国，シンガポール，台湾及び ASEAN-5（インドネシア，マレーシア，フィリピン，タイ，ベトナム）で構成される。

11）アジア新興国は第 13-3 図と同じ構成国である。また資源国については，中南米諸国（アンティグア・バーブーダ，アルゼンチン，バハマ，バルバドス，ベリーズ，ボリビア，ブラジル，チリ，コロンビア，コスタリカ，ドミニカ国，ドミニカ共和国，エクアドル，エルサルバドル，グレナダ，グアテマラ，ガイアナ，ハイチ，ホンジュラス，ジャマイカ，メキシコ，ニカラグア，パナマ，パラグアイ，ペルー，セントクリストファー・ネイビス，セントルシア，SVG，スリナム，トリニダード・トバゴ，ウルグアイ，ベネズエラ），中東及び北アフリカ諸国（アルジェリア，バーレーン，ジブチ，エジプト，イラン，イラク，ヨルダン，クエート，レバノン，リビア，モーリタニア，モロッコ，オマーン，カタール，サウジアラビア，スーダン，シリア，チュニジア，UAE，イエメン），及びロシアで構成されている。

12）Bernanke (2005) では，通貨危機後の世界的な過剰貯蓄が世界金利低下をもたらしたとしている。

一方，Obstfeld and Rogoff（2009）は，2003年までの世界的な低金利はITバブルによる景気後退を避けるためのFRBの低金利政策と連動しており，FFレートと連動しなくなった2004年以降が過剰貯蓄の影響によるものであると指摘している。

13） ADB, Asian Bonds Online より引用。

参考文献

Bernanke, B. (2005), "The Global Saving Glut and the US Current Account Deficit," Board of Governors of the Federal Reserve System, Washington, DC.

Caballero, R. J., Farhi, E. and Gourinchas, P. O. (2008), "An Equilibrium Model of "Global Imbalances" and Low Interest Rates," *American Economic Review*, 98 (1), pp. 358–393.

Calvo, G. A. and Reinhart, C. M. (2002), "Fear of floating," *Quarterly Journal of Economics*, 117, pp. 379–408.

Dooley, M., Falkerts-Landau, D. and Garber, P. (2003), "An Essay on the Revised Bretton Woods System," *NBER Working Paper*, No. 9971.

Eichengreen, B. and Hausman, R. (1999), "Exchange Rates and Financial Fragility," *NBER Working Paper*, No. 7418.

Eichengreen, B., Hausman, R. and Panizza, U. (2005), "The pain of original sin," Eichengreen, B., Hausman, R. eds., *ther people's money: Debt denomination and financial instability in emerging market economies*, University of Chicago Press, Chicago and London, pp. 13–47.

Fukuda, S. and Ono, M. (2005), "The Choice of Invoice Currency under Uncertainty: Theory and Evidence from Korea," *Journal of the Korean Economy*, 6, pp. 161–193.

Fukuda, S. and Ono, M. (2006), "On the Determinants of Exporters' Currency Pricing: History vs. Expectations," *Journal of the Japanese International Economy*, 20, pp. 548–568.

Krugman, P. (1980), "Vehicle Currencies and the Structure of International Exchange," *Journal of Money, Credit, and Banking*, 12, pp. 513–526.

Matsuyama, K., Kiyotaki, N. and Matsui, A. (1993), "Toward a Theory of International Currency," *Review of Economic Studies*, 60, pp. 283–307.

McKinnon, R. (2005), *Exchange Rates under the East Asian Dollar Standard*, Cambridge, MA: MIT Press.

McKinnon, R. and Schnabl, G. (2004), "The East Asian Dollar Standard, Fear of Floating, and Original. Sin," *Review of Development Economics*, 8 (3), pp. 331–360.

Obstfeld, M. and Rogoff, K. (2009), "Global Imbalances and the Financial Crisis: Products of Common Causes," Federal Reserve Bank of San Francisco Asia Economic Policy Conference Paper.

Shimizu. J. and Ogawa, E. (2011). "Stability of East Asian Currencies during the Global Financial Crisis." *Frontiers of Economics and Globalization -The Evolving Role of Asia in Global Finance*, 9, pp. 157–180.

第V部

新興国と開発

第14章
躍進する新興国と'中所得国の罠'

はじめに

グローバリゼーションの進展は新興国の台頭を誘発した。とりわけゴールドマン・サックスによって名づけられたBRICs4カ国の成長は著しく，同社の予測では2050年には4カ国が米国とともに世界GDPの上位5カ国を占める。こうした新興国の台頭は他方，国際資源・環境問題を一層深刻化させるとともに，グローバル・ガバナンスのあり方を多極化したものに変える。これは既に，WTOドーハラウンド交渉やIMFや世界銀行のガバナンスに端緒がみられる。

新興国の長期的成長には人口動態，とくに'人口ボーナス'の影響が重要であり，これはBRICs諸国間でも異なる。また，近年'中所得国の罠'として指摘される，中所得国が高所得国に移行することの難しさがあり，快調な成長軌道にある中所得国も，この罠に陥る可能性がある。'中所得国の罠'を検討し，最大の新興国，中国を取上げ，その成長の持続可能性を第12次5カ年計画の新発展戦略の検証を通じて論究する。

第1節　躍進する新興国経済－BRICsと共に夢を

90年代に始まる急速なグローバリゼーションによって直接投資や証券投資，貿易が世界規模で拡大した。こうした中で，成長を加速させ，国際資本市場の関心を高めるようになったのが中国，インド，東南アジア，旧東欧社会主義国，南米諸国などのいわゆるエマージング・マーケット[1)]，新興国である。

第 14-1 図　世界の実質 GDP の推移

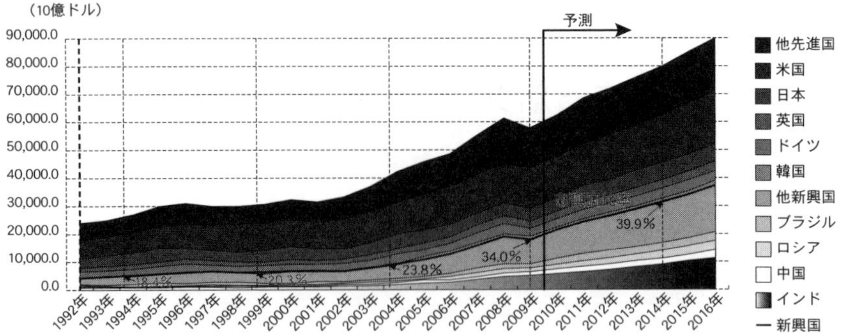

備考：各年の自国通貨の実質 GDP 成長率とドル建て GDP 名目額から，2005 年基準のドル建て GDP 実質額を計算。
資料：IMF「WEO, April 2011」から作成。

（出所）『通商白書』2011 年。

さらに 2003 年のゴールドマン・サックスの『BRICs と共に夢を』と題したレポート[2] でブラジル，ロシア，インド，中国の頭文字をとった BRICs 4 カ国の GDP が 2040 年までには先進 6 カ国（米国，日本，ドイツ，イギリス，フランス，イタリア）の GDP を上回るという衝撃的な予測をしたことが，投資家やビジネス界の注目を集め，BRICs という言葉が広く知られるようになった。その後，中国は 2009 年にドイツを抜いて世界一の輸出国になり，2010 年には日本を抜いて世界第 2 の GDP 大国になるなど BRICs の高成長はゴールドマン・サックスの予測さえ上回った。2011 年の GDP ランキングでは 2 位の中国に続き，ブラジル 7 位，インド 9 位，ロシア 10 位とトップ 10 の 4 カ国を BRICs が占めている。BRICs が世界 GDP に占めるシェアは 1990 年代の 11%から既に 25%に上昇しており，人口も 4 カ国で 29 億人，世界人口 70 億人の約 40%を占める。

ベルギーのビューロー・ヴァン・ダイク社のデータでは 2009 年の純利益世界上位 100 社には BRICs 企業が 21 社が入り，2000 年の 5 社から 4 倍になった。米国フォーチュン誌の 2012 年版世界企業 500 社番付では中国が 73 社と日本の 68 社を抜いて初めて首位米国につぐ 2 位となり，日本は 3 位に後退した。

新興国の外貨準備は 2011 年末で 7.4 兆ドル[3]，このうち世界最大の中国は 3.2 兆ドル，4 位ロシア 5,130 億ドル，6 位ブラジル 3,579 億ドル，7 位インド 3,458

億ドルと先進国の 3 倍に達している。新興国は直接投資の受入国のイメージが強く，事実 2010 年は史上初めて，新興国を主とする途上国の受入額が先進国を上回った。受入れ上位 20 カ国では，中国が米国に次ぐ 2 位，香港 3 位，ブラジルが 5 位，ロシアが 8 位，サウジアラビア 13 位，インド 15 位，メキシコ 19 位，チリ 20 位となっている。他方，新興国は投資国としても存在を増しており，投資国上位 20 カ国には香港は 4 位，中国は日本（7 位）を抜いて 5 位，ロシア 8 位，韓国 18 位となっている[4)]。国際 M&A でも 2010 年の新興国企業のシェアは 29%である。こうした多様な新興国の台頭や世界危機を踏まえた現時点での将来予測はどうであろう。

世界銀行の『世界開発の展望 2011―多極化：世界経済の新たな構造』は 2011 年から 2025 年までの平均成長率を新興国 4.7%，先進国 2.3%と予測し，世界産出に占める新興国の割合も 2011 年の 37%から，2025 年には 45%になり，世界貿易は先進国と新興国がほぼ半分ずつになるとしている。また 2025 年までに世界経済の成長の寄与の半分以上は，BRICs にインドネシア，韓国を加えた 6 大新興国（BRIICKs）によるものとなり，これら 6 カ国の GDP は 2025 年までにユーロ圏 17 カ国に匹敵するとしている。2012 年の世界銀行／中国国務院の共同研究『2030 年の中国』は 2030 年に中国の GDP が米国を抜くとしている。2003 年のレポートを修正したゴールドマン・サックスの 2011 年の予測では 2050 年の GDP は 1 位中国，2 位米国，3 位インド，4 位ブラジル，5 位ロシアとなり，BRICs が世界 GDP40%を占めるとしている（第 14-2 図）。

さらに，英国エコノミスト誌のシンクタンク EIU がまとめた『2050 年の世界』（2012 年）では 2050 年の 1 人当たり GDP（購買力平価ベース）は 1 位韓

第 14-2 図　2050 年の GDP 予測

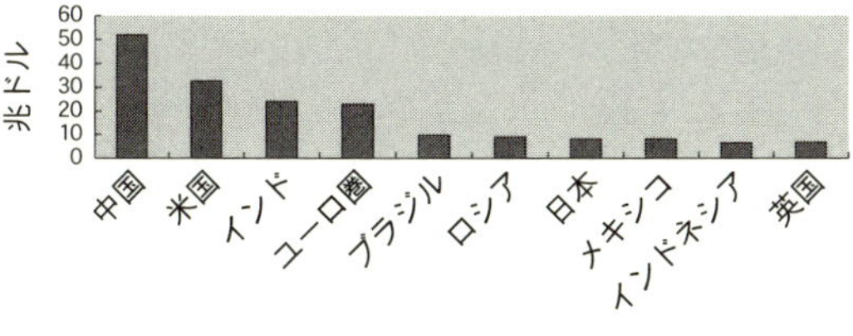

（出所）　ゴールドマン・サックス調査部。

国，2位米国，3位ドイツ，4位フランス，5位ロシア，6位イギリス，7位イタリア，8位日本，9位中国，10位ブラジルとされ，世界GDPの半分をアジアが占めるという。

第2節　新興国の台頭と変貌する世界

1. 新興国と国際資源・環境問題

こうしたBRICsを始めとする新興国の高成長は，必然的にエネルギーや資源，食糧需要を増大させる。2000年代に入って，世界金融危機までの原油価格や食糧価格の趨勢的上昇は中国，インドなどの成長を反映したものである（第14-3図）。危機直後は投機的上昇の後，一旦は下落するが再び趨勢的上昇に戻りつつある。

国際エネルギー機関（IEA）および米国エネルギー省のエネルギー需要予測を総合すると，2005～2030年における世界のエネルギーの需要の成長率は年平均1.75%前後で，先進国の需要は頭打ちとなり，新興国・途上国が需要増加の大半を占める。2030年時点の原油需要予測も現在，世界シェアの50%弱を占める先進国が40%程度に低下するのに対し，中国は16%，インドは7%程度といずれも倍増し，2国で世界の約4分の1を占めるとみられる。

世界人口は2011年の70億人から2050年の90億人へ増加すると予測される

第14-3図　穀物価格・原油価格（WTI）の推移

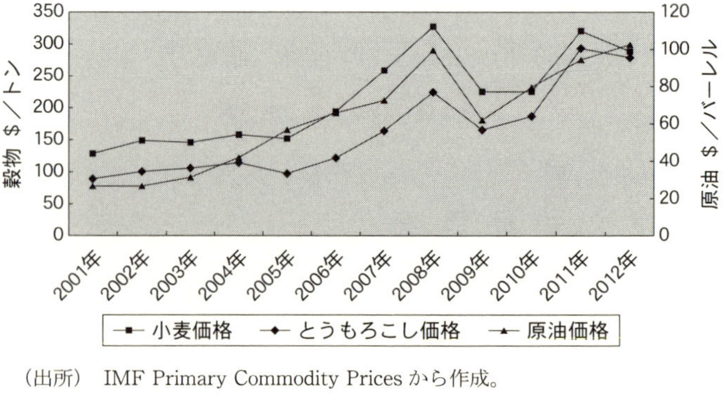

（出所） IMF Primary Commodity Pricesから作成。

が，食糧需要は人口増加だけでなく，新興国で急増する中間層の食生活の高級化により肉や乳製品の消費が増え，家畜飼育用の穀物需要が増加していること，また石油価格高騰による燃料用アルコールの生産が拡大し，原料としての穀物需要が増加していることから，今後も増大が見込まれる。一方，食糧供給は世界穀物生産が2011年23億トンと史上最高となったが，今後は水不足や耕地不足，異常気象，原油価格上昇による生産コスト増などから制約があると予想される。増産余力の高いロシア，ブラジル，アルゼンチンが世界的な需要増加に対応して農業生産を増加させなければ，途上国や先進国の貧困層は新興国の成長により深刻な影響を被ることになろう。

新興国の台頭はまた，温室効果ガスの増大など環境負荷も高める。特に，エネルギー効率が低く，環境対策が不十分であることからその影響は大きく，過去の温室効果ガスのほとんどは先進国が出したものであるが，既に現在，二酸化炭素排出量では，中国は米国を抜き世界最大の排出国（24%）で，これに2位米国（18%），3位インド（5%）・4位ロシア（5%）が続き，ここでもBRICsの存在が急拡大している。今後25年間で，新興国が温室効果ガスの75%，中国だけで世界全体の3分の1を占めるとみられている。このように，新興国の台頭は国際資源・環境問題を一層，深刻化させる可能性が高い。

2. 多極化する世界のグローバル・ガバナンス

先進国は1973年の第一次石油危機による経済危機へ対処すべく1975年にフランス・ランブイエにて先進6カ国（G6）の先進主要国首脳会議（サミット）を開催した。後にカナダを加えG7となり，もともとは，国際経済問題を議論する場であったが，安全保障問題などの政治討議などより広範な問題を扱うようになった。さらに1998年のバーミンガム・サミット後はロシアを含めG8（主要国首脳会議）と称されるようになる。

97年のアジア金融危機への対応を協議するためG8に中国，インド，ブラジル，南アフリカ，メキシコ，アルゼンチン，韓国，インドネシア，オーストラリア，サウジアラビア，トルコ，EUを加えたG20財務大臣・中央銀行総裁会議が初めて開催され，その後も毎年開催されている。米国サブプライムローン問題に始まる金融危機が世界に波及すると，危機への対応を協議するため米国オバマ大統領の招請により2008年にG20首脳会議（G20サミット）が開かれ，主要経済国がとるべき対応を協議した。G7は世界GDPの約50%だが，G20では約80%を占める。G20サミットはこれまでの先進国主導のグローバル・ガバナンスが，新興国を含むものに変容する大きな切っ掛けとして歴史的意義をもつといえる。

2010年のG20ソウル・サミットはIMFにおける新興国・途上国の代表性の拡大を目的とする理事会の改革に合意し，これを受けて，12月15日のIMF総務会において協定改正案が承認された。ストロスカーン専務理事（当時）は「この改革はIMF65年の歴史で最も抜本的なものであり，グローバル経済における新興国・途上国の拡大する役割を認識し，IMFでの影響を増大させるもので，これまでの影響力シフトで最大なもの」と語った。これには，クォータ（出資額）上位5カ国には，無投票での理事の任命が認められていたのを止め，24の全ての理事を加盟国による投票で選任する組織改革と中国，インド，ロシア，ブラジル，メキシコ，韓国，トルコなどのクォータを6%以上増額し，この分を先進国のクォータから減額させる出資比率見直しが含まれ，これによって欧州は2つの理事ポストを失うことになる。この改革，とくに組織改革の実現には出資比率85%以上の同意が必要なため17.67%のシェアをもつ米国が事実上の拒否権をもつことから2012年末までの実施は微妙である。

これまで世銀の総裁は米国，IMFの専務理事は欧州から推薦されることが不文律だったが，2012年の世銀総裁選では，米国の押すWHOで活躍後，ダートマス大学学長を務める韓国系米国人ジム・ヨン・キム候補に対し，世銀史上初の対立候補となるナイジェリアのオコンジョイウェアラ財務大臣が挑んだ。結局は米国の候補が就任することになったが，この間，中国外務省報道官が，「G20ロンドン・サミットでは，世界銀行を含む国際金融機関の責任者の選挙は，“公開・透明に行い，優れた人を選出する”という原則が定められた。発展途上国の意見を十分に聞き入れ，世界銀行での途上国の発言権と代表性を確保すべきだ」との中国の考えを示したし，ファイナンシャル・タイムズやウォールストリート・ジャーナルさえキム候補を批判するなど，新興国の台頭によって，これまでの世銀ガバナンスにも大きな変化が生じる兆しになった。

WTO初のラウンド交渉となったドーハ開発ラウンドは2001年に始まり，2011年に決裂した。この背景にはカンクン閣僚会合で米国，EUの農業提案をブラジル，インドなど新興国が拒否するなど米国，EUと途上国を代表しようとする中国，ブラジル，インドとの対立がある。

2008年からBRICs 4国，2011年からは南アの首脳を含めたBRICs会議が開催され，欧米主導の世銀，IMFなどに対抗してBRICs銀行の設立に合意するなど，米国ないし先進国主導だった国際経済秩序に対してもその発言力を高めようとしている。国際金融システムでも，今後20～30年の間に，ドル単独の基軸通貨はなくなる一方，中国人民元の国際化は不可避であろう。

新興国の成長が今後も持続すれば，地球規模課題への取り組みや国際的制度・ルール造りなどのグローバル・ガバナンスはこれまでのように少数の先進国がコントロールするのでなく，より多くの国あるいは非国家のアクターが参加する多極化したものに変容しよう。このことは望ましいながらも，WTOドーハ開発ラウンドの失敗や世界経済危機から，新興国は保護主義や国家資本主義の傾向を強めており，今後は先進国と途上国の対立がより先鋭化する惧れもある。

第3節　新興国成長の持続可能性

1. 人口転換と人口ボーナス

BRICsなど新興国の躍進は持続するであろうか。先ず，長期的成長にとって重要な人口動態の影響を検討しよう。出生率・死亡率の変化により，多産多死，多産少死，少産少死と推移する人口転換の最終局面では先に低下している死亡率に遅れて，出生率が低下し，若年依存人口は減少する。総人口に占める生産年齢人口（15－64歳）比率の上昇（従属人口比率の低下）は1人当たり産出を増大させる。ライフサイクル仮説が示唆するように消費率の高い従属人口に比し，生産年齢人口比率の上昇は貯蓄率を上昇させ，投資率の上昇をファイナンスするか，経常収支の黒字化に寄与する。また，労働供給の増大により賃金上昇圧力は低く，資本利潤の低下は抑えられる。投資が拡大し，成長は加速する。これが人口ボーナスや人口配当と呼ばれる効果である[5)]。

人口転換が東南アジアや南アジアよりも早く始まった東アジアでは特に重要である。ブルーマンドとウイリアムソン[6)] は東アジアの奇跡の半分は人口ボーナスで説明されるという。

BRICs などの長期的成長に対する人口の影響をみよう。

2050 年にかけて人口が一貫して増加するのはインドだけであり，2026 年に中国を抜き，2060 年には 17 億人に達するとされる。インドでは 25 歳以下が約半数を占め，今後の 40 年間に生産年齢人口の比率は 40%増加するため，人口ボーナスのポテンシャルが高い。

ブラジルの 2 億人弱の人口のうち半数は 30 歳以下で，人口ボーナスの享受が続く。人口増加は今後，25－35 年で安定する。

ロシアの総人口は減少しているが，2008 年までは生産年齢人口も雇用者数も増加した。しかし既に人口のボーナスは終焉を迎えた。人口は今後も年 0.5%の減少が続くとみられる。政府予測では生産年齢人口は移民流入を含めても 2010 年の 1.02 億人から 2030 年には 0.91 億人に減少する。

中国は現在，依存人口比率が最も低い人口ボーナス期にあるが，2015 年以降，生産年齢人口総数は下降を続け，労働力の供給は減少に転じる。中国の人口は 2030 年前後にピークに達し，その後は人口減少とともに急速な少子高齢化が進む。

このように BRICs 間でも差があり，インド，ブラジルは今後も人口ボーナスが期待できるが，ロシアは既に人口ボーナス後の高齢化期に入り，中国もやがて高齢化期を迎える。BRICs の年齢の中央値は現在の 32 歳から 2060 年には 45 歳と，先進国が 40 歳から 44 歳になるのに比べて高齢化は急である。高齢化は韓国，シンガポール，東南アジアなどでも進む。イノベーションなど生産性の上昇がなければ依存人口の増大は経済の不活性化につながる。

2.‘中所得国の罠’

これまで引用したゴールドマン・サックスの予測はレポートに示されているようにコブ・ダグラス型生産関数によるものである。具体的には

$$Y=AK^{\alpha}L^{1-\alpha}$$

（YはGDP，Aは全要素生産性，Kは資本ストック，
Lは労働力，αは資本分配率，$1-\alpha$は労働分配率）

であり，労働力は米国統計局の人口予測値を，資本ストックは投資率（2003年レポートはブラジル19%，インド22%，ロシア25%，中国36%（2010年まで，以降は30%に逓減）と償却率から，資本分配率は3分の1，全要素生産性（TFP）は米国の長期TFP成長率1.33%から1人当たり所得の米国との比率の変化率の収束速度を1.5%として推計，さらに，為替レートは米国の長期の労働生産性上昇率2%との差を実質為替レートの変化率として推計されたものである。なお，長期供給は資本，労働，技術，資源によって決まるが，この生産関数には資源が含まれていないことに留意する必要がある。中国が米国の消費水準を享受するには地球があと2−3個必要といわれるように資源が新興国自身の制約要因であることは成長の持続可能性を考えるうえで重要である。

この生産関数から導かれ成長要因の分析に用いられるのがソローの成長会計式であり，それによる分析が大きなインパクトを与えたのはアジアの成長要因を分析したボストン大学のヤングらの研究結果で，これがクルーグマンの『幻のアジア経済』で紹介され，東南アジアの高成長が資本を主とした生産要素投入型成長であって，全要素生産性の上昇による生産性向上型のものではないことが注目され，97年のアジア経済危機の伏線ともなった。成長会計式では残差項として求められるTFPをゴールドマン・サックスの予測は上述のような簡単な推計によっているが，この技術進歩を含む生産性上昇こそBRICsをはじめ新興国の今後の成長を論じるうえで決定的に重要であり，近年‘中所得国の罠’として注目される議論の核心である。

‘中所得国の罠’は，2007年の世界銀行報告『東アジアのルネサンス』でギルとカーラスが，中所得国が一定期間の高成長に続いて，停滞ないし低下を迎え，低成長率から抜け出せない状況を指して用いた。その後，中所得国の長期的発展の課題として認識されるようになり，中国など新興国の政策立案者もそのリスクを議論するようになっている。なお，世界銀行は，1人当たり国民所得により低所得国（996ドル未満），中所得国（996ドル以上12,196ドル未

満），高所得国（12,196ドル以上）と分類しており，これによれば世界213カ国中，中所得国は104カ国となる。

アジア開発銀行の報告書『アジア2050』もこれを受け，アジアが‘罠’を回避して，成長が持続する「アジアの世紀シナリオ」と「中所得国の罠シナリオ」を対比し，前者では2050年のアジアのGDPは174兆ドルになるが，後者の場合は65兆ドルにとどまるとしている。

カリフォルニア大学のアイヒェングリーンらは，1957年以降に多くの国が，1人当たりGDPが1万2,000－1万6,000ドルに達すると失速，成長率は少なくとも2%低下し，この減速がTFP成長率の減速を伴い，下位中所得国にとどまるとしている。

低所得国は一般に資源や生産性の低い農業のモノカルチャーといった脆弱な経済構造にあり，ヌルクセの貧困の悪循環，人的資本やインフラの不足，ガバナンスに問題のある政府，高い人口増加率などによって‘貧困の罠’にとらわれている。80年代半ばから，グローバリゼーションとともに成長を高めた新興国のコンテクストから‘貧困の罠’脱出の軌跡をなぞれば，先ず直接投資により，部品・原料を輸入，組み立て加工し，輸出をおこなう繊維・衣料，履物，食品などの労働集約的軽工業生産が始まり，貧困層に雇用の機会が生まれる。さらに工業化の進展による労働需要の増大によって，生産性の低い農業部門から余剰労働力（偽装失業）が生産性の高い都市の工業部門へ移動するが，農村の低生産性を反映して賃金の上昇は限られ，高い資本収益率が持続し，投資が急速に拡大するアーサー・ルイスの無制限労働供給による経済発展が実現する[7)]。ここからさらに投資の集積と生産の増加による規模の経済が生まれ，生産が拡大し，生産の対象も軽工業から電機・電子，機械，輸送機械などに広がり，部品の国内生産，サプライチェーンの形成も始まる。労働集約財の輸出と産業の再編や外来技術の吸収・適用・スピルオーバー効果，ガバナンスの改善，都市化などによる生産性の上昇や人口ボーナスによって生産・所得が増加し，消費の増加が国内市場規模を拡大させ，貯蓄・投資の増加という好循環が生じて，中所得国に到達する。やがて農村の過剰労働力は枯渇し，都市の実質賃金が上昇を始める‘ルイスの転換点’を迎える。さらに上位中所得国に至れば高品位な製品輸出を行う段階に達する。急速な成長はキャッチ・アップ効果とも呼ばれる。他方，成長に伴う課題である格差拡大，環境汚染，都市化の問題点なども顕著となる。

こうして中所得国に達すると，賃金コストの上昇から労働集約的製造業の比較優位が低下する。低付加価値のローエンドな標準化された労働集約財輸出では低所得国に，高度な技術を要する高付加価値のハイエンドな技術集約的製品では先進国に対抗できない。この段階では農工間労働移動や後発性の利益による技術的キャッチアップによる生産性上昇も消失する。もっともサービス産業の比較優位が増すが，サービス産業の生産性上昇率は一般に製造業よりも低い。加えて，高齢化は労働力の減少や貯蓄・投資の低下につながる。また，投資主導型成長は，資本収益率の逓減によって，十分な全要素生産性の上昇や国内消費の増大がなければ，国内投資の収益性は低下し，持続可能な成長は実現しない。

この段階に至ると持続的成長のためには成長モデルの転換つまり，全要素生産性の持続的上昇と外需依存から内需主導による自立的成長パターンへの転換が不可欠になる。このためには，国内投資に対応する貯蓄率，資本の効率的な配分と利用，技術吸収力だけでなく，イノベーション能力が必要となる。

この半世紀，多くの低所得国が“貧困の罠”を脱し，中所得国になったが，さらに高所得国に到達した国は極めて少ない。東南アジアも，中南米の国々もこうした中所得国の罠に捕らわれたままであり，日本，韓国，台湾，シンガポールは，‘中所得国の罠’から抜け出した数少ない例である。最大の課題は労働力や資本などの生産要素依存型成長から技術進歩やイノベーションによる生産性向上型成長への転換であり，中所得国の罠はこのタイムリーな転換が難しいことを示している。

第 4 節　中国と‘中所得国の罠’

最大の新興国，中国はこの‘中所得国の罠’を回避できるだろうか。上述のように中国は現在，人口ボーナス期にあるが，2015 年以降，中国の生産年齢人口は下降を続け，20 年後から急速に少子高齢化が進む。中国は 2011 年に

第 14-1 表　中国経済成長の要因分解

	GDP_1	資本 $_2$	労働力 $_3$	TFP_4 成長率
GDP と各要因の成長率				
1978-1985	9.8	8.5	3.1	3.5
1985-1989	7.9	9.2	5.4	0.2
1990-1997	11.5	11.3	1.1	4.3
1997-2000	8.0	10.9	1.1	1.0
2000-2007	10.4	12.5	0.9	2.5
1978-2007	9.8	10.5	2.3	2.6
各要因の経済成長に対する寄与				
1978-1985		51.6	12.8	35.6
1985-1989		70.3	27.2	2.5
1990-1997		59.0	3.8	37.2
1997-2000		82.2	5.4	12.4
2000-2007		72.6	3.6	23.8
1978-2007		64.2	9.2	26.6

（出所）　李善同，何建武著「DRC-CGE モデルに基づく 2030 年までの中国経済成長の将来性展望」[8)]。

1 人当たり GDP が 4,400 ドルに達し，中所得国に位置づけられる。2016 年には，アイヒェングリーンのいう中所得国の罠の危険水域に到達するであろう。さらにアイヒェングリーンは成長率低下の可能性は 29%以上の高い投資率が持続する国で高く，消費率が 60%を超える国では最も少なく，また実質為替レート為替が過小評価されている場合の方が高い，ともしているが，これらはいずれも中国に該当する。先ず，これらの指摘について検討したい。

改革開放以降の成長要因の分解では，1990 年代以前までは，人口ボーナスの影響を受け，労働力の増加の経済成長に対する寄与度は高かったが，最大の要因は資本で，その寄与度は 60%を超え，2000 年代では 70%に達している。TFP 成長の寄与は 20－30%である。TFP 成長には多くの要因があり，生産要素の再分配，改革による効率の向上，外資導入による技術波及，人的資本の向上，教育水準向上が労働力の質を高めたこと，インフラの整備などがある。

中国の需要構造は，2000 年までは消費が 60%程度だったが，その後低下し，近年は 40%台になっている。対称的に投資は 35%程度から，40%台に増加し，純輸出は 1990 年から 2004 年までの 2%台であったが，2005 年からは 7－8%に増加，投資主導型の成長となっている。高投資は総需要を支えるが，高投資が非生産的な資本ストックを蓄積させていれば，その後の総供給の増加

第 14-2 表　中国の需要構造

年　度	1978	1980	1990	2000	2001	2002	2003	2004	2005	2006	2007	2008	2009	2010
消　費	62.1	65.5	62.5	62.3	61.4	59.6	56.9	54.4	52.9	50.7	49.5	48.4	48.0	48.7
投　資	38.2	34.8	34.9	35.3	36.5	37.8	40.9	43.0	41.6	41.8	41.7	43.9	47.7	47.8
純輸出	−0.3	−0.3	2.6	2.4	2.1	2.6	2.2	2.6	5.5	7.5	8.8	7.7	4.3	2.6

（出所） 2011 年中国統計年鑑。

を妨げる。

人民元問題は既に米中間の課題になっているが，人民元の実質為替レートが過小評価されているとすると，資源が低付加価値の労働集約的組立産業に向かい，より技術的に高度な部門に移動しないため技術の梯子を上昇する誘因を生じないことになり，こうした為替政策は短期的な成長を高めても，長期的には成長を失速させ，TFP 成長を低下させるといえよう。

次に，これらを踏まえ，これまでの成長を纏めてみる。成長は外資導入による輸出の拡大と，公共投資と設備投資を合わせた投資の増大に依存したもので，技術革新などによる生産性の向上や国内消費の拡大に主導されたものではなかった。素材産業から電子・電機，自動車などの組み立て産業に至るまで，消費を上回る生産能力が形成され，投資の拡大に依存してきたため投資効率は低下し，エネルギー消費効率や生産効率が低いため，原油や鉄鉱石の輸入が急増して資源価格高騰の一因になるとともに，環境汚染が深刻化している。外資導入は沿海部が中心で，労働力の供給源である内陸部は取り残され，所得格差が拡大している。これには都市への出稼ぎ農民の戸籍転入を認めない制度があり，彼らの賃金が低く抑えられ農村住民の所得は向上せず，内需拡大の足かせにもなっている。所得格差を是正し，消費を喚起して内需主導型の成長に移行しなければ，成長の制約要因がますます大きくなる。省エネや環境保全技術の導入・普及も急務である。次に，こうした課題への中国政府の対応を検討しよう。

温家宝中国首相は第 12 次 5 カ年計画（11－15 年）を発表する際に，成長の「量」ではなく「質」の大切さを強調し，これまで「保八」としてこだわった 8%の GDP 成長率目標を 7%と従来より低く設定した。10 の任務として ① 内需拡大，② 農業近代化の推進，③ 近代的産業システムの発展と産業コア競争力の向上，④ 均衡のとれた地域開発，⑤ 資源節約・環境保護型社会への転換，⑥「科学教育立国」と「人材強国」戦略の実施，⑦ 社会事業建設の推進と基礎公共サービスシステムの整備，⑧ 文化大発展の推進，⑨ 社会主義市場経済体制の精緻化，⑩互恵的でWIN・WINの開放戦略の実施があげられている。中国当局も，これまでの成長パターンは持続可能ではないことを認識しており，既に第11次計画で「持続的成長に向けた成長方式の転換」を打ち出した。第12次5カ年計画には，さらに徹底させた発展戦略の転換がみられる。

戦略転換として，第1に外需依存の投資主導型成長から消費主導の内需型成長への成長モデルの転換があり，第2に，戦略的新興産業に ① 省エネ・環境保護，② 新世代情報技術，③ バイオ，④ 最先端の製造業，⑤ 新エネルギー，⑥ 新素材，⑦ 省エネルギー自動車，加えてサービス産業の振興を挙げ，第3に地域開発として，大都市と中小都市から構成される複数の都市圏構想を盛り込んでいることがポイントである。

第1点の外需・投資主導型成長から消費主導の内需型成長への転換は，戸籍などによる農工間労働移動の制度的障壁を残すものの，ルイスの転換点を超えて上昇する賃金や，さらに今後の労働力人口の減少などから，これまでの低賃金・労働集約財輸出の成長パターンが持続できないことを踏まえたものである。高い投資率は高い貯蓄率によっているが，その主因は個人よりも企業の貯蓄率の上昇で，国民所得の労働分配率の低下とその反対の資本分配率の上昇からも，家計に見えない課税を課し，企業利益を有利にしていることがわかる。このことは格差拡大の要因にもなる。第12次計画では可処分所得の伸び率目標がGDP成長率の目標を上回る水準にすると設定されているのも，消費主導への転換を意図したことであろう。消費の増大は貯蓄の減少となるが，フェルドシュタインとチャールズ・堀岡によって示されたクロス・カントリー・データにみられる貯蓄と投資の間の強い相関関係からは，貯蓄の減少は投資の減少につながることになる。消費主導型成長の成否は，より低い投資水準であっても労働生産性を向上させることができるかによる。

第2の産業政策は省エネ・環境対策と成長の両立を目指したものであり，このことも，これまでの資源エネルギー集約型成長が持続しないことを認識してのものである。計画ではエネルギー原単位を2050年までに75−80%減少させるとしている。また，2030 年までの追加的エネルギー消費の 50%，2050 年までの追加エネルギー消費の全てを再生可能エネルギーによるという計画が実現したとすると，中国は 1 日当たり 1,500 万バーレルの石油消費を削減でき，これは世界需要の 20%を減らすことになる。サービス産業の振興は消費主導の成長に対応し，また雇用創出効果を企図したものといえる。

第 3 の地域開発について重要なのは，都市化は供給サイドでは生産や輸送における規模の経済や範囲の経済，産業集積による効率化をもたらし，投資の効率，収益性を高め，さらには人材の吸収，集積による知識産業の育成，技術の波及効果がイノベーションにつながり成長に寄与する点である。国連人口基金によれば，上位中所得国に相当する 1 人当たり GDP が 3,500 ドルに達したところで，都市への集中化は変局点を迎え，さらに高所得国にあたる 1 人当たり GDP が 1 万－1 万 1,000 ドルに達する辺りで集中化はほぼ停止する。このように都市化は経済成長を加速させ，高所得国に達するまで都市化のボーナスをもたらす。1978 年の中国の都市化率は 18%であったが，2009 年には 46.6%まで上昇した。今後，約 3.5 億の農村人口が都市人口へ移動し，2030 年の都市化率は 65%前後に達すると予想される。都市化はインフラ整備などが適切に行われれば中国経済の成長の大きな源泉になるであろう。都市化の進展は産業構造を変化させ，農業に代表される第 1 次産業従事者の減少とサービス業など第 3 次産業の拡大は，格差縮小と中国社会の本格的な消費社会への移行につながる。

このように，計画は従来の成長パターンからの転換戦略として妥当なものである。2012 年に世界銀行と中国国務院発展研究センターによる『中国　2030―近代的で調和のとれた創造性のある高所得社会の建設』が公刊された。これは 2010 年にゼーリック総裁が中国に呼びかけた共同研究の成果である。報告は第 12 次 5 カ年計画を始点に 2030 年に向けた政策枠組みとしての戦略的方向と共に，改革のシークエンスとタイムフレームを示している。

これによると成長率は 2011－2015 年の 8.5%から 2026－2030 年には 5%程度に低下する。資本の持続的蓄積は資本装備率の上昇によって，以前よりその貢献は低下する。労働生産性は物的，人的資本の増加によって継続的に上昇する。賃金の上昇と生産性向上は中間層を増大させ，これが耐久消費財と GDP

の消費比率を増加させる。生活の質の改善を求める中間層の成長は耐久消費財や住宅，余暇や教育・医療の需要を高め，中国企業が規模の経済，イノベーションや技術革新によって国際競争力を高める要因になる。教育水準の上昇は労働集約的から技能集約的，さらにイノベーションへと向かう。今後20年間に中国では大学卒業生が2億人増加するが，これは米国の労働力を上回る。

リスクとして①マクロ経済のショックに次いで，②‘中所得国の罠’をあげており，「新たな成長のためには，投入財の利用効率の改善や人的投資の増大，イノベーション，高付加価値のサービス産業へのシフトが必要である。こうした対応は中国の今後6−7%程度の持続的成長を可能にする。」としている。③さらに中国の成長パターンに関するリスクをあげ，これまでのエネルギー・資源集約型成長が資源の枯渇と深刻な環境問題につながり，成長の重大な制約になることも指摘する。この報告は第12次5カ年計画の方向性と軌を一にしている。

‘中所得国の罠’を回避し，高所得国への移行を実現するには，水やエネルギー，資源・環境の制約が大きいが，第12次5カ年計画での成長パターンの転換戦略は望ましい政策処方であり，イノベーション主導型成長に移れば『中国2030』が描く，‘近代的で調和のとれた創造性のある高所得社会’も可能であろう。

（吉竹　広次）

注

1）もともとは81年に国際金融公社のアントワーフ・ヴァン・アグトマエルが途上国エクイティ・ファンドに付した名称。
2）Wilson D. and Purushothaman R. (2003), *Dreaming With BRICs: The Path to 2050*, Global Economics Paper No. 99, Goldman Sacks，NY，USA.
3）World Bank, World Development Indicators.
4）UNCTAD, World Investment Report 2011
5）後述のソロー成長会計式では，労働力の増減としての人口変動の影響は含まれるが，人口ボーナスの効果は入らない。
6）Bloom, D. and Williamson, J. (1997), “Demographic Transitionsand Economic Miracles in Emerging Asia,” *World Bank Economic Review*, 12, pp. 419–455.
7）Lewis, W. A. (1954), “Economic Development with Unlimited Supplies of Labor,” *Manchester School of Economic and Social Studies*, 22, pp. 139–191.
8）李善同，何建武著（2011）「DRC-CGEモデルに基づく2030年までの中国経済成長の将来性展望」

『中国の長期的経済発展に関する研究』内閣府経済社会総合研究所。

参考文献

ジャン=イヴ・カルファンタン著／林昌宏訳（2009）『世界食糧ショック』エヌティティ出版。
ADB (2011), Asia 2050: Realizing the Asian Century, Manila, Asian Development Bank.
Eichengreen, B., Park, D., and Shin, K. (2011), "When Fast Growing Economies Slow Down: International Evidence and Implications for China," NBER Working Paper, No. 16919.
Gill, I. and Kharas, H. (2007), *An East Asian Renaissance: Ideas for Economic Growth*, Washington DC, The World Bank.
The World Bank (2011), *Multipolarity: The New Global Economy*, Washington DC, The World Bank.
The World Bank/ Development Research Center of the State Council, the People's Republic of China (2012), *China 2030 Building a Modern, Harmonious, and Creative High-Income Society*, Washington DC, The World Bank.
United Nations Population Fund (2011), *The Sate of World Population 2011*, New York, NY UNPF.

第15章
地球温暖化と新旧模索

はじめに

2008年より京都議定書にもとづく温室効果ガスの削減が開始されたが，2012年をもって第1約束期間が終了する。21世紀に入ってからの地球温暖化に関する国際的な議論は，一部の国々（京都議定書の附属書I国）だけでなく，新興国などより多くの国を含む温暖化防止に向けた実現案の構築に向かっている。

本章では地球温暖化対策に関し，1. 京都議定書の成立とその実施，2. 京都議定書発効以後の動向，に分けて実態を整理する。次に，地球温暖化対策における新（新興国）と旧（京都議定書の附属書I国）の対応を，考察する。

第1節　京都議定書の成立とその実施

国際社会の環境政策は1国内の環境政策と異なり，環境問題の認知や協議の枠組設定（枠組条約）と具体的な行動計画（議定書）の2段階アプローチが基本である。オゾン層保護の場合は1985年のウィーン条約でオゾン層保護の一般原則（枠組条約）が決定され，続いて1987年のモントリオール議定書でフロンなどの具体的な削減措置を定めた。地球温暖化防止の場合，1992年採択，1994年発効した気候変動枠組条約で条約の目的や一般原則を設定し，締約国会議（COP: Conference of Parties）を交渉の場とすること，詳細はその後に作成される議定書で決定することとしている。また枠組条約では温室効果ガスの安定化を目標とする，先進国は二酸化炭素の排出量を1990年の水準に戻す，締約国会議で具体的な交渉をおこない，国別の削減目標を示すことなどがまとめられた。

具体的な行動計画は 1997 年京都で開催された気候変動枠組条約第 3 回締約国会議（COP3）で，京都議定書として実現した。その概要は第 15-1 表に示すが，① 温室効果ガスは二酸化炭素，メタン，亜酸化チッソ，及び代替フロン 3 種（HFC（ハイドロフルオロカーボン），PFC（パーフルオロカーボン），六フッ化硫黄）の合計 6 種で，量的には二酸化炭素が圧倒的に多い，② 1990 年の排出量を基準とし 2008 ～ 2012 年に削減を実施，③ 森林等の二酸化炭素吸収を算入する，④ 条約の附属書 I 国（先進国と市場経済移行国（旧ソ連，東ヨーロッパ）で数値目標[1]を個別に設定，先進国全体で少なくとも 5%削減をめざす，⑤ 柔軟性措置（京都メカニズム）としてクリーン開発メカニズム（CDM）（先進国が途上国での排出削減事業に投資を行い，事業により生じた排出削減枠を先進国が得る），共同実施（先進国が他の先進国の排出削減事業に投資を行い，事業により生じた排出削減枠を事業のホスト国から投資国へ

第 15-1 表　京都議定書の概要

対象ガス	二酸化炭素，メタン，一酸化二窒素，代替フロン等 3 ガス（HFC，PFC，SF_6）
吸収源	森林等の吸収源による二酸化炭素吸収量を参入
基準年	1990 年（代替フロン等 3 ガスは 1995 年としてもよい）
約束期間	2008 年～ 2012 年の 5 年間
数値約束	先進国全体で少なくとも 5%削減を目指す 日本△ 6%，米国△ 7%（*）京都議定書非締約国，EU △ 8%　等
京都メカニズム	国際的に協調して費用効果的に目標を達成するための仕組み ・クリーン開発メカニズム（CDM） 先進国が，途上国内で排出削減等のプロジェクトを実施し，その結果の削減量・吸収量を排出枠として先進国が取得できる ・共同実施（JI） 先進国同士が，先進国内で排出削減等のプロジェクトを共同で実施し，その結果の削減量・旧狩猟を排出枠として，当事者国の間で分配できる ・排出量取引 先進国同士が，排出枠の移転（取引）を行うことができる
締約国の義務	全締約国の義務 ○排出・吸収目録を作成・更新する計画の作成 ○緩和・適応措置を含む計画の作成・実施・公表　等 附属書 I 国又はⅡ国の義務 ○数値約束の達成 ○2007 年までに，排出・吸収量推計のための国内制度を整備 ○途上国への資金供与　等

（出所）　環境省編『平成 23 年度版　環境白書』2011 年。

移転させる），国際排出量取引（先進国間で排出量の売買が出来る）を組み込む，⑥55カ国以上の国が締結，締結した附属書Ⅰ国の1990年の二酸化炭素排出量が附属書Ⅰ国全体の55%以上，の2つの条件を満たして90日後に発効，などである。京都メカニズムの目的は排出削減のコストを最小化することであり，地球全体で温室効果ガスが削減できればよく，削減場所は関係無いことから，地域別の削減コスト差を経済的に利用できるようになっている。日本は1998年に署名し，国内の法律や制度を整備した上で，2002年に締結した。その後2004年11月18日にロシアが締結し発行条件を満たしたことから，90日を経て2005年2月16日に京都議定書は発効した。

温暖化防止の国際協力に関しては，気候変動の周期性（温暖化と寒冷化）と温室効果識別の問題，温室効果ガスと温暖化の因果関係の解明，温暖化影響の地域格差など，不確実性が依然存在する。しかしながら温室効果ガスは50～200年間大気中に保存されるため，現在不確実でも，因果関係が将来完全に証明された時には温室効果ガスが多すぎて間に合わないため，不確実なもとでも予防的に早めに対応することが必要である。

温室効果ガス削減に関し，留意すべき点がいくつか存在する。

第1は削減の成果が決してバラ色では無いことである。近年温室効果ガスは1年当たり30億炭素トン強蓄積されており，IPPC（Intergovernmental Panel Climate Change：気候変動に関する政府間パネル）の予測では2100年までに現在の排出量を8割削減したとしても平均気温は2.5℃上昇する。いわば大量に削減しても地球環境は良くはならず若干悪化，しかし減らさなければ危機的状況に陥ることから，着実な努力が続けられなければならない。

第2は温暖化ガス削減の技術革新や開発に過度に期待すべきではない点である。京都議定書実施で温室効果ガス削減が新たなビジネスチャンスを作り出し技術革新や開発が促進する可能性もあるが，既存技術はかなりの時間で永続性を有する。例えばハイブリット車や電気自動車が登場しても燃料供給システムが追いつかなければ，普及はおぼつかない。

第3には巨大排出国の削減メカニズムへの取り込みである。2007年以降で世界第2位の排出国アメリカは2001年に離脱し，第1位の中国は未加盟である。さらにインド，メキシコ，インドネシアなど人口規模が大きく，今後の経済発展により急速に排出量が拡大する国も多く存在する。先進国の削減実績や国際技術協力が途上国を説得する糧となり，環境重視の産業社会をグローバルスタンダードとして伝道する努力が必要である。

第2節　京都議定書発効以後の動向

21世紀に入ると，温暖化対策は新たな局面を迎えた。例えば京都議定書の附属書I国の二酸化炭素排出量は，1990年では全世界の42％であったが，2007年には28％に低下した。これは附属書I国以外（アメリカや途上国など）も含めた地球的な温暖化対策の必要性を表すものであり，京都議定書第2約束期間も含めて議論が進められていった。

京都議定書が発効した2005年，気候変動枠組条約第11回締約国会議（COP11）がモントリオールで開催され，京都議定書の運用ルールを確定するとともに，2013年以降の温暖化対策が議論の俎上に上った。COP11では，京都議定書第1回締約国会合（COP/MOP1）で京都議定書の運用ルールを確定するとともに各種委員会の設置などが決定された。また京都議定書以後の温暖化対策に関しては，アメリカや途上国など全ての国が参加する「長期的協力に関する対話」を開始することが決定した。

その後，数次のCOPを経て，2009年デンマークのコペンハーゲンにおいて，気候変動枠組条約第15回締約国会議（COP15），京都議定書第5回締約国会合が行われ，この会合においてまとめられたいわゆるコペンハーゲン合意の線で，今後の議論の方向性が模索されている。コペンハーゲン合意の概要は，① 世界全体の気温の上昇が2度以内にとどまるべきであるとの科学的見解を認識し長期の協力的行動を強化する，② 附属書I国は2020年の削減目標を，非附属書I国は削減行動を，2010年1月31日までに事務局に提出する，③ 附属書I国の行動はMRV（測定／報告／検証）の対象となる，④ 先進国は途上国に対する支援として，2010～2012年の間に300億ドルに近づく新規かつ追加的な資金の供与を共同で行うことにコミットし，また，2020年までには年間1,000億ドルの資金を共同で調達するとの目標にコミットする，気候変動枠組条約の資金供与の制度の実施機関として「コペンハーゲン緑の気候基金」の設立を決定する，⑤ 2015 年までに合意の実施に関する評価の完了を要請する[2)]，というものであった。

2011 年に南アフリカのダーバンにおいて，気候変動枠組条約第 17 回締約国会議（COP17），京都議定書第 7 回締約国会合が行われ，①「強化された行動ためのダーバン・プラットホーム特別作業部会」の設置，② 京都議定書第 2 約束期間の設定に向けた合意，③ カンクン合意実施のための決定などが合意[3)]された。① は地球温暖化対策に関する枠組みを構築する作業部会であり，遅くとも 2015 年中に作業を終えて，法的効力を有する合意を 2020 年から発効させる作業の道筋を合意したものである。② は削減目標の設定を COP18（2012 年，カタールのドーハ）で行うとともに，日本，ロシア，カナダは第 2 削減期間に不参加となった。③ のカンクン合意は 2010 年メキシコのカンクンにおいて COP16 が行われ，「緑の気候基金」，先進国と途上国による各国独自の自主的な削減目標の設定と報告，などコペンハーゲン合意を更に具体化させたものであり，カンクン合意実施のための細目の検討と合意がなされた。

地球温暖化対策に関する現在の流れを整理すると以下の第 15-1 図のようになり，2013 年以降は現行の京都議定書方式から自主的削減の傾向が強まり，2020 年以後は現時点で，統一的な削減方法の模索が続けられている。

第 15-1 図　京都議定書以後の動き

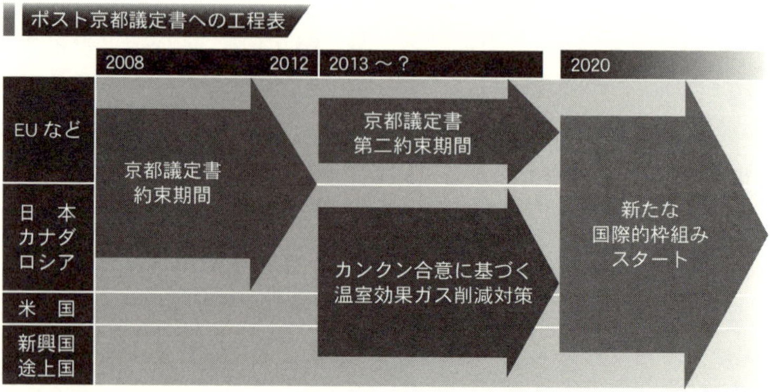

（出所）「国連気候変動枠組条約 COP17 ～ポスト京都議定書へ確かな前進」外務省『わかる！国際情勢』Vol. 83，2012 年 2 月 10 日。

第3節　新（新興国）と旧（附属書Ⅰ国）の模索

2011年3月11日の東日本大震災は，地球温暖化対策に大きな試練を与えた。日本は福島第2原発事故による原発に対するエネルギー供給信頼の揺らぎ，原発存廃の論議，加えて現状の経済社会生活を維持するための火力発電の強化など，温暖化防止に向けたスタンスが揺らいでいる。世界情勢を見ても欧州は金融経済危機による政治の混乱，アメリカは大統領選による国内政治の季節，中国を始めとするアジア諸国は世界景気不安による経済活動の停滞など，いずれの世界地域でもグローバルからナショナルへの内向きシフトが散見される。例えば2001年に始まったWTOのドーハ開発ラウンドは，2008年のリーマンショック以来内政重視の傾向が高まり，開始以来10年を過ぎてさえ，事務局長自らが近い将来の合意不可能に言及している。地球温暖化対策もある意味で経済問題である以上，国家間の利害対立は避けられず，早期に方向性を示すことはなかなか難しい。

ドーハ開発ラウンドが停滞する中でFTAが進展を遂げるのと同様，地球温暖化対策も第1約束期間でアメリカが，第2約束期間で日本，カナダ，ロシアが離脱した。一方，EUは第2約束期間を継続し，離脱した国に加えて中国やインド，ブラジルなど多くの国で様々な自主的目標を提示している。最も目標提出を行った国全体でも，コペンハーゲン合意の2℃以内の水準達成は難しい。

地球温暖化対策の実現にむけて，2つの要素が重要であろう。第1の要素は，既存の多国間連携の枠組を有効に活用することである。ドーハ開発ラウンドでもG8，G20，APECなど様々な場で議論されているが，なかなか側面支援の動きには至っていない。日本はEAS（アジア首脳会議：East Asia Summit[4]）で「東アジア低炭素成長パートナーシップ構想」[5]を提案したが，こうした多国間連携での支援も必要である。

第2の要素はキー・カントリーの存在である。多角的貿易交渉では東京ラウンドまではアメリカが，ウルグアイ・ラウンドでは4極（アメリカ，EU，日本，カナダ）が交渉をリードしてきたが，ドーハ開発ラウンドではキー・カントリーが増えすぎて，事実上不在となってしまった。地球温暖化対策では，EU，アメリカ，中国などの新興国，いずれがキー・カントリーとなり得るのであろうか。

第2次大戦後に途上国としてスタートした日本は，現在までの60年のうち，概ね前半を途上国として，後半を先進国として過ごしてきた。高度成長期の公害問題の経験は新興国へのアドバイスとなり得るものであり，安定成長期や失われた20年の経験は先進国へのアドバイスとなろう。日本は公害問題と長期経済停滞の深刻さを通じ，問題解決に長期的視座が重要なことを認識した。20世紀末から東日本大震災まで，地球温暖化問題での南北の架け橋，コーディネーターの役割を担ってきた日本は，試練の中でも近視眼的対応に追われず，長期の視点を発信していかねばならないだろう。

（小野田欣也）

注

1） 主な数値目標については，ポルトガル+27%，ギリシャ+25%，フランス0%，イギリス−12.5%，ドイツ−21%，EU合計で−8%，ロシア0%，ポーランド−6%，オーストラリア+8%，カナダ−6%，日本−6%，アメリカ−7%，などである。

2） 日本政府代表団『気候変動枠組条約第15回締約国会議（COP15）京都議定書第5回締約国会合（CMP5）等の概要』2009年12月20日，による。

3） 日本政府代表団『気候変動枠組条約第17回締約国会議（COP17）京都議定書第7回締約国会合（CMP7）等の概要』2011年12月11日，による。

4） ASEAN10カ国（インドネシア，マレーシア，フィリピン，シンガポール，タイ，ブルネイ，ベトナム，ラオス，ミャンマー，カンボジア），日本，中国，韓国，豪州，ニュージーランド，インド，米国，ロシアの18カ国。2009年で世界の二酸化炭素排出量の約63%を占める。

5） 概要は，① 各国の低炭素成長を支援するために地域内で資金，人的，知的資源を動員する，② 低炭素技術の発展と普及を促進する，③ 政府，研究機関，民間企業，NGOなどが協働して政策形成を実現してゆく，など。（外務省「東アジア低炭素成長パートナーシップ対話」概要，平成24年4月16日）

参考文献

環境省編『環境白書』（各年版）。
環境省総合環境政策局編『環境統計集』（各年版）。
前田章著（2010）『ゼミナール環境経済学入門』日本経済新聞出版社。
倉阪秀史著（2008）『環境政策論（第2版）』信山社。
吉田文和・宮本憲一編（2002）『環境と開発』岩波講座　環境経済・政策学第2巻，岩波書店。

第16章
日中韓の技術革新：展望と政策

はじめに

21世紀に入ってから中国経済の台頭が目覚ましい。2000年頃における中国の国内総生産は日本の約3分の1に過ぎなかったのが，わずか10年後の2010年に中国の国内総生産は日本を抜いて世界第2位の経済大国へと躍進した。そして，市場経済化を急速に進めてきた中国は2001年12月に世界貿易機関に加盟をして，中国は世界の工場として世界貿易において圧倒的な存在感を示すようになってきた。

中国経済の急成長とともに，日本・中国・韓国（日中韓）の経済統合も深化しつつある。日中韓における世界全体からの輸入額に対して日中韓からの輸入額のシェアを見ると，1990年は14.6%，2000年は21.9%，そして2007年には25.0%まで増加してきている。輸出額で同様のシェアを見た場合，1990年に11.1%，2000年に17.0%，そして2007年に19.2%と同じように増えている。また，世界全体の国内総生産額に対して日中韓合計の国内総生産シェアは2007年度に21.1%まで達している。世界経済において重要な経済グループである日中韓経済は，ますます相互依存度を深めきていることが分かる[1)]。

本章の目的は，経済的な相互依存度を高めつつある日中韓の技術革新を分析することである。これまで日中韓における自由貿易協定の可能性について，国際貿易や投資，農業問題といったトピックを中心とした分析が行われてきた[2)]。一方，経済成長の源泉は革新的な技術による新しい製品やサービスの創造に移りつつあり，経済統合を進める中で日中韓の技術革新が今後どのように変わっていくのか重大な課題となっている。にもかかわらず日中韓3カ国の技術革新に焦点を当てた議論は多くない。経済的に急速なキャッチアップを実現している中国は，科学技術や生産技術といった技術革新能力でも日本や韓国にキャッチアップしているのだろうか？そもそも日中韓それぞれの技術革新能力はどのような分野にあり，それがどのように変化してきたのだろうか？こうした疑問に対して実証的な証拠を与え，それを基礎として日中韓における技術革新の展望と政策を検討することが本章の目的である。

技術革新を分析するため，本章は日本の特許庁に記録されている特許データベースを用いる。本分析から日中韓における技術特化パターンや特許引用パターンを明らかにして，日中韓における革新的技術の特徴と知的ネットワークを見る。今後，先端的な技術開発を日中韓の企業が共同で開発する可能性を検討しながら，日中韓の技術革新をさらに推進していくための政策を提言したい[3)]。

第1節　日本の特許データベース

技術革新を数量的な尺度で客観的に分析する時に，研究開発費や研究開発に従事する研究員の数などがしばしば尺度として用いられることがある。これらの尺度は研究開発のインプットにあたる。一方，特許は政府機関が発明者に対してその発明の排他的利用の権利を認めることを証する文書であり，特許の可否は，発明の新規性や有用性の有無によって決定される。特許は技術革新についてその技術分類などより具体的な情報を提供してくれ，研究開発のアウトプットと言える。Griliches（1990）は特許統計を経済分析に応用した先駆的な学者であるが，特許情報が発明活動の成果を計る適切な指標になりうることを主張した。そのため本章は特許データに焦点を当てて分析を進める。

本章で使う日本の特許データベースは日本の特許庁に依拠している[4)]。このデータベースには1964年から2009年の間に日本の特許庁に申請されたすべての特許について書誌情報が記録されている。このデータベースには5つのデータ表があり，それらは，（1）特許申請，（2）特許登録，（3）申請者，（4）特許権保持者，そして（5）引用情報に関するものである。第16-1表は上記各表の標本数とデータ項目を示している。

第 16-1 表　特許データベースの記述項目

	項目	標本数
特許出願	出願 ID，出願日，審査日，請求項番号，技術分類	11,254,825
特許登録	出願 ID，登録 ID，登録日，特許存続期間満了日，請求項番号，技術分類	3,507,33
申請者	出願者 ID，出願者氏名，出願者住所	1,006,572
特許権者	特許権者 ID，特許権者氏名，特許権者住所	8,437,721
特許引用	引用特許登録 ID，被引用特許登録 ID，引用タイプ	13,771,216

（出所）　知的財産研究所「IIP パテントデータベース」から作成。

本章の関心のひとつは，中国，日本，韓国の間で流れた技術量であり，特許の引用情報をその尺度として用いる。その際に，ある特許の「国籍」を特定する上で，特許の出願者または発案者の「国籍」を重視するか，「居住国」を重視するかをまず決める必要がある。「国籍」であれば申請者または発案者の登録国籍であり，一方，「居住国」であれば申請者または発案者がその発明を行った際の居住していた国家となる。その発明について国籍と居住国が重なる場合，「国籍」はその発明が行われた場所を示す有用なてがかりとなるが，正確にその発明が行われた場所を知ることは難しい。人の国際的な移動が活発な研究開発分野では，申請者または発案者がどこに所属しているかを単に示しているにすぎないと見た方がよい。

本章の焦点は発明が行われた地理的な場所であるため，特許の国籍として「居住地」を使うことにした。住所の項目を取りだし，すべての特許に国際標準機構の 2 桁の国分類コードを割り当てた。本研究では主として企業の技術革新活動が焦点のため，「国籍」の付与に当たっては発案者ではなく申請者をもとにした。特許の記録によっては住所のデータ項目が得られなかったためそれらの標本を除外した結果，データセットの標本数は 350 万件ほどに減った。

重要な国籍を明確にするために，特許申請において上位 10 カ国を分析してみると，1970 年に，外国からの申請者による特許の中でアメリカの海外居住者が半分以上を占めており，ドイツとイギリスがそれに続く。申請者上位 10 位はすべて OECD 加盟国からの申請である。1980 年，1990 年の期間も大きな変化はなく，ただ，ソ連が上位に入った点のみが異なる。しかし 2000 年までの間に状況は劇的に変化しており，1994 年に韓国が上位 10 位に初めて姿を現す。その後，韓国居住者への特許数が着実に増えていき，第 3 位にまで上り詰め，同時に台湾が第10位に入ることになった。2000年以降，上位10カ国の順位はほとんど変化がなくなり，この期間で中国は一度も上位10カ国に入らなかった。

日中韓に焦点を当てて承認された特許数の傾向を示したのが第16-1図である。当然のことながら，日本居住者に承認された特許数は非常に多く，1990年代以降は10万件以上の特許が認可されている。一方，韓国居住者や中国居住者が日本の特許庁に申請して承認された特許は増加傾向を示している。その数はまだまだ日本居住者に対する特許数にははるかに及ばないが，韓国や中国における技術革新能力がだんだんと高まってきていることを示唆している。

第16-1図　承認された特許数の傾向

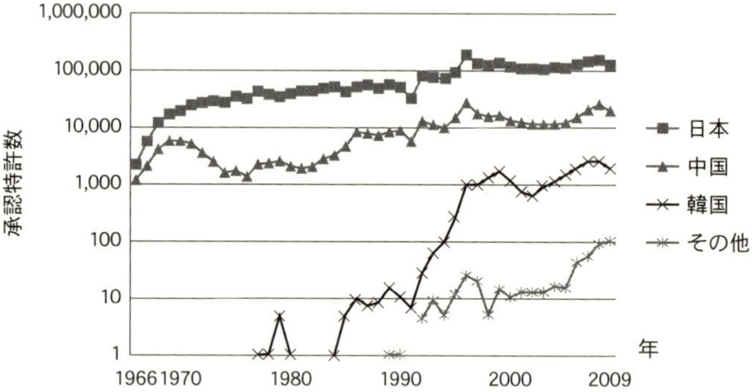

（出所）　筆者による計算。

第2節　日中韓の技術特化パターン

認可された特許の技術分類を手がかりに技術特化のパターンがどうなっているか見たい。はじめに日本の特許から見ていく。2000年代に認可された特許に対して上位5位に入る技術分類を取り出して，技術分類別の特許シェア（%）を各年代別に示したのが第16-2図である。1970年代に日本人に与えられた特許を見ると，日本の強みは電子部品や半導体，次いで測量機器，光学部品やカメラ部品にあった。1980年代の日本の技術特化は1970年代とあまり変化しておらず，電子部品，半導体，測量，光学，撮影技術が最も活発な特許分野であった。1990 年代と 2000 年代の技術特化もさほど変化していない。しかし 2000 年代のひとつの例外は，「電子回路，情報伝達技術」の分野でシェアがわずかに増えたことである。

第 16-2 図　日本の特許における技術特化：技術分類別の特許シェア（%）

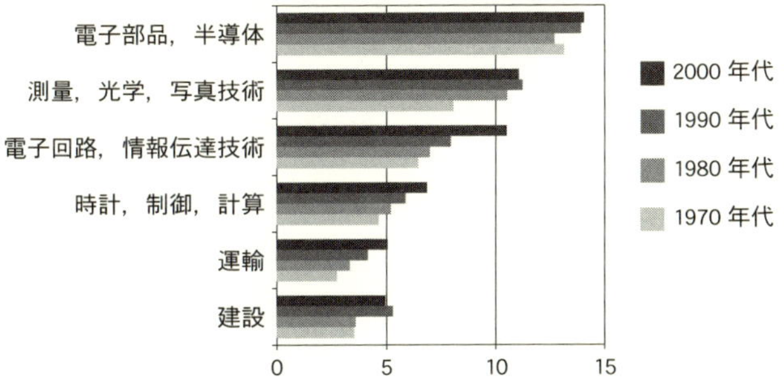

（出所）　筆者による計算。

次に中国の技術特化を見よう。第 16-1 図で示したように 1970 年代と 1980 年代に中国居住者に対して認可された特許はほとんどない。そのため，1990 年代以降に限定して中国の居住者に与えられた特許の技術特化パターンを第 16-3 図で示した。1990 年代，中国の技術特化は「電子部品，半導体」や「電子回路，情報伝達技術」にあった。2000 年代にはいっても同様の傾向が観察される。つまり，中国の技術特化は「電子回路，情報伝達」の分野で活発化してきている。他の分野に比べてこの分野は中国でもっとも強い技術分野であ

第 16-3 図　中国の特許における技術特化：技術分類別の特許シェア（%）

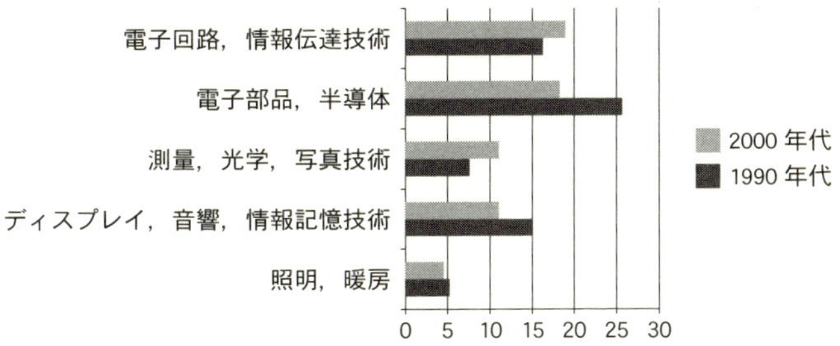

（出所）　筆者による計算。

第 16-4 図　韓国の特許における技術特化：技術分類別の特許シェア（%）

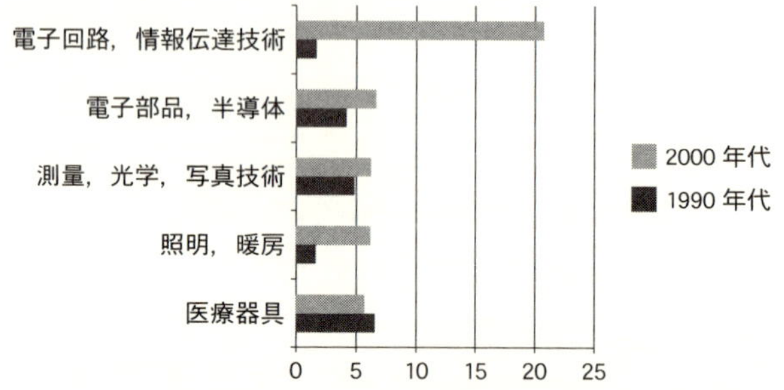

（出所）筆者による計算。

り，この技術特化パターンは日本の技術特化パターンと似ている。

つぎに，韓国居住者の技術特化の傾向を見よう。中国の特許と同様に1990年代以降に認可された特許に焦点を当てて，2000年代に技術分類で上位5位に入る特許のシェアを第16-4図で示した。1990年代の韓国の有力な特許分野は，「電子回路，情報伝達技術」や「測量，光学，写真技術」，そして「医療器具」などが挙げられる。2000年代にはいると韓国の技術特化はやや変化して，「電子回路，情報伝達技術」の技術分類が首位となった。それに続いて，「測量，光学，撮影」，「照明，暖房」，そして「医療器具」という順番になる。これらの分野が韓国居住者の特許取得数の半分以上を占めるようになってきており，1990年代以降にこの分野における韓国の技術力が強化されてきたことを物語っている。

技術特化の様相を詳細に調べると，中国，日本，そして韓国が技術特化の点で極めて類似していることが分かる。日本の技術的特化は1970年代から2000年代にいたるまで変化していない。しかし韓国の特化の分野を見ると，1970年代に韓国は電子や情報伝達分野で特許を取得したことがなかったにも係わらず，1980年代以降になるとこれらの分野での特許を取得し始める。それ以来，韓国は電子，半導体，情報伝達機器の開発に成果を上げるべく努力してきた結果，韓国の技術の特化は日本の技術特化のパターンを投影したものとなったと考えられる。

韓国の技術進化と同様に，中国も技術能力の変容を経験した。時の経過とともに力点は移り変わってきたが，電子回路と情報伝達技術にだんだんと収斂してきている。この分野での技術特化は日本と韓国の技術に集中しているかに見える。現在中国の技術力はこのひとつの技術分野にのみ集中しているが，将来，中国は他の技術分野での能力を伸ばすことであろう。韓国と中国の技術特化が日本のそれと極めて類似したものになると仮定すると，中国，日本，韓国の3国間の技術の交流が，特に「電子，半導体，情報伝達技術」の分野において一層活発になることが期待できる。

第3節　日中韓の特許引用パターン

国境を越える技術ネットワークは科学技術の進歩に大きな影響を及ぼすと考えられる。しかし，どのような技術が国境をまたぎ，その技術が国際ネットワークを伝わってどれほどの量が利用されたのかを正確に計測する基準はない。知識の流れや創意工夫の営みは無形であるという性格上，技術革新ネットワークを定量的に評価するのは難しい。このように計測するデータが欠けている現状において，特許に含まれる書誌的情報が客観的に知識の流れの追跡を可能にするデータソースの1つを提供してくれる。なぜなら，特許にはその発明にいたる過程で使用した既存の知識を示す引用情報が含まれているからであり，例えば，アメリカの特許情報における特許引用データはこれまで研究にひろく利用されている（Hall，Jaffe，and Trajtenberg，2001）。本節では日中韓の知的ネットワークの現状を分析するため，特許引用を調べて特許につながった発明同士がどのように関連しているかを定量的に把握していく。

日中韓における技術の流れの度合いを測るために，特許データベースに含まれる特許引用情報に注目しよう。各特許は特許申請を行う際に，その発明に関連した先行特許を複数引用することができ，引用された特許は先行技術と呼ばれている。データ分析のため，特許に関する基本情報について，引用する特許を引用される特許に接続した。結果として，全体で約670万の引用＝被引用特許の組が標本として残った。このデータには居住地に基づいた特許の国籍が登録されているため，引用した特許と引用された特許の関係を国籍の観点から把握することができる。

特許出願した年を年次の指標として，1965年からの特許1つ当たりの平均引用数の推移を見た。過去平均引用数は1つであったが，近年になって増加してきている。2009年には平均的に1つの特許が4つの特許を引用している。引用数の傾向を見ると近年になって引用数が減少しているように見えるが，これは主に審査手続きの遅滞と引用する際の時間のラグによるものである。

日中韓における特許引用パターンについて分析を進めるため，日本，中国，そして韓国の各居住者に認可，登録された特許が，先行特許をどれくらい引用しているのか見ていく。第16-5図は，日本居住者の特許が先行する他の特許をどれくらい引用しているのか，被引用特許の国籍別に分けて平均引用数を示した。比較のために，日中韓の特許以外に米国居住者の被引用特許も示した。日本居住者の特許は他の日本特許を引用する傾向がだんだんと強くなってきている。また，日本の特許は米国の特許を比較的多く引用しており増加傾向である。一方，韓国の特許への引用数はほぼひとつであり，その傾向は微増である。引用する特許の数がだんだん増えてきていることは，韓国の特許の技術能力レベルがだんだんと向上していることを物語っている。最後に中国の特許への引用頻度を見ると，認可および登録される中国の特許数が絶対的に少ないことを反映して，引用頻度は変化を見せていない。

次に，中国居住者の特許に対する引用の実績を第16-6図で示している。サ

第16-5図　日本居住者の特許による平均引用数：被引用特許の国籍別パターン

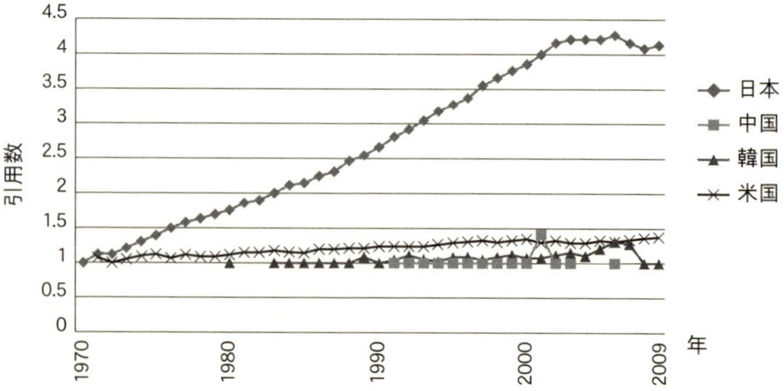

（出所）　筆者による計算。

第 16-6 図　中国居住者の特許による平均引用数：被引用特許の国籍別パターン

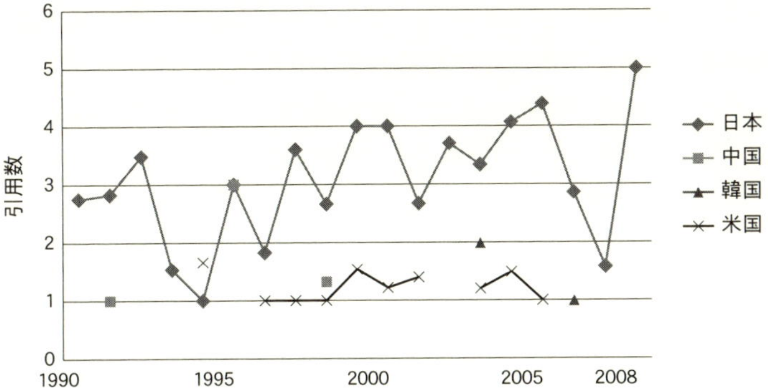

（出所）　筆者による計算。

第 16-7 図　韓国居住者の特許による平均引用数：被引用特許の国籍別パターン

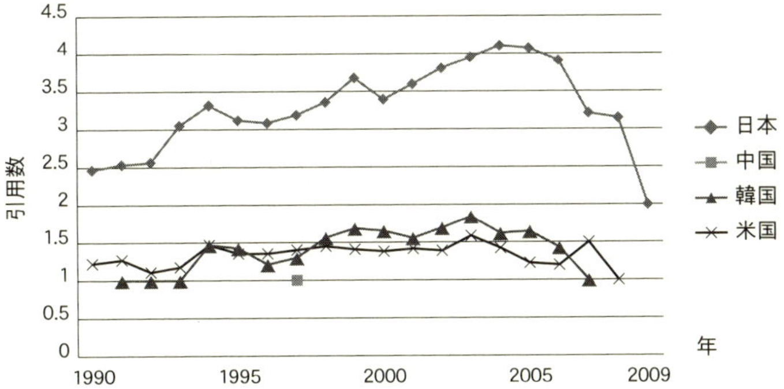

（出所）　筆者による計算。

ンプル数が少ないためトレンドに傾向がないように見えるが，中国の特許はやはり日本の特許を主として引用しており，中国，韓国，米国居住者が持つ特許をほとんど引用していないことが分かる。韓国居住者の特許に対して引用頻度の結果は，第 16-7 図に示した。韓国の特許も多くは日本人の特許を引用している一方で，ほかの韓国の特許を引用しており，その頻度は韓国以外の国の特許への引用数よりも多いことがわかる。事実，審査手続きの遅滞と引用する際の時間のラグの影響を受ける最新年の特許を除けば，韓国の特許は 1998 年以来，アメリカの特許より頻繁に自国の特許を引用している。

第2節で日中韓の技術特化を分析した結果，日中韓3国が共通して「電子機器，情報通信」の分野に強味を持つことが分かっている。では日中韓における技術交流の面でもこの分野で情報の流れが比較的大きいのだろうか？この疑問に答えるために，「電子回路・情報伝達技術」および「電子部品・半導体」に限定して，日本の特許が中国と韓国の特許を引用した割合を調べてみた。また，中国と韓国の特許についても同様に調べた。その結果，引用されている特許とその技術分類によって引用を分類して精査すると，「電子回路・情報伝達技術」および「電子部品・半導体」の分野で日中韓の間の引用数が増加傾向であることが確認できた。この分野で日中韓3国は相互に依存し合いながら新しい技術の開発にしのぎを削っており，こうした現象が特許の引用パターンに反映されているのかもしれない。

まとめと政策提言

上記の分析から，中国，日本，そして韓国の技術特化のパターンは近年ますます類似してきていることが分かる。つまり，日本の技術的特化は1970年代から2000年代にいたるまでほとんど変化していないが，韓国の特化の分野は1980年代から劇的に変化して，日本の技術特化のパターンを投影したものとなってきた。また韓国の技術進化と同様に，中国も技術能力の変容を経験し，電子回路と情報伝達技術へと徐々に収斂しつつある。現時点で，日本はこの地域における先導的な技術の供給者であり，それに韓国，中国の順で後を追われている。しかし，中韓の技術開発は急速に進んでいる。中国は技術能力の点では初期段階であるが，だんだんと日韓にキャッチアップしてきている。

引用パターンにおける中国，日本，韓国の特許が果たす役割を分析した結果，日本の特許の場合，日本以外の特許に対する全体の引用において，中国と韓国の特許への引用の割合は非常に小さいが，増加傾向にある。中国と韓国の特許については，日中韓（自身の国は除く）に対してなされた引用の割合は顕著に大きい。つまり，これまで日本が中国と韓国に対して技術的優位性を持っていたため，日本の特許が中韓の特許を引用する頻度は低かったといえる。しかし，中国と韓国居住者によって開発された技術の重要性は高まりつつあり，また，中国，韓国の特許にとって日本は貴重な情報源となっていると言える。

日中韓で技術特化のパターンが類似化する傾向は，日中韓の企業間における技術開発競争の激化だけを意味するわけではない。日中韓の企業の技術レベルが近づいてきたことで，先端的な技術開発を共同で開発する土壌が日中韓で整ってきているとも考えられる。日中韓が各国内で閉じた技術革新を推進するよりも，日中韓の技術革新ネットワークを向上させることで各国の技術革新の速度を上げて，経済成長の促進へつなげていくべきであろう。

企業のグローバル競争という視点から見ても，日中韓の企業が好ましい技術開発競争を行い，必要な分野において共同技術開発を進めることは望ましいと言える。なぜなら，日中韓の各国内でしか互換性のない新製品や技術は，日中韓の各市場内で成功したとしても，非関税障壁として，3 国間の経済統合を妨げる。さらには，それらの製品や技術が国際標準規格にならない限り，欧州や米国などの世界市場で成功することは難しい。WTO の TBT 協定によって，国際標準規格と整合性のない製品規格を採用する経済では，1 国でしか通用しない技術的標準や規格は技術的障壁と見なされる危険性もある。

日中韓の経済統合を進め，さらに世界市場における競争力を確保するには，3 カ国が協調して新しい製品や技術に関する規制・規格を作成し，さらにはその国際標準化を推し進める必要がある。その際，既存の技術や規格に対して日中韓の協力を進めることは，特定の国の利益に偏った政策協調となるため，地域協力の観点から望ましくない。そのため，3 カ国は新興産業を中心に協力を進めるべきであろう。

上記の分析を踏まえて，日中韓の技術革新をさらに促進するために 3 つの政策提言ができる。第 1 に，日中韓における産業協力の優先分野を明確にすべきである。つまり，今後ますます重要になると思われる気候変動や高齢化社会の問題，科学技術のさらなる飛躍に応じるために，日中韓は新興産業分野で 3 国間協力の可能性を模索するべきである。たとえば，代替エネルギー，環境保護，新素材開発，バイオテクノロジー，次世代型情報技術，先進的な製造機器，新世代の自動車，知識サービスなど，日中韓の関心が一致する新興分野が望ましい。

次に新興分野の標準規格と規制の共同作成が望ましい。日中韓で規制や標準規格を一致させることが望ましいが，これまでの経験によれば，既存のルールや規格についてそれを行うことはきわめて困難である。しかし，そうしたルールが十分に整備されていない上述の新興分野ならば，日中韓共通の規制・規格を共同で構築できる可能性がある。また，共同で採択した規制・規格が国際標準になるように，日中韓は協力するべきである。

最後に標準規格と規制の共同作成に対する支援策が求められる。規格や規制の日中韓統一を目的とした既存のメカニズムは，新興分野における規格・規制の日中韓共同作成という部分に焦点を絞るべきである。また，そうした共同作成を促すには，オープン・イノベーションを前提にした共同事業で生じうるリスクを軽減する必要があり，そのためにも知的財産権は日中韓で一様に守られるべきである。

（田中　清泰）

注

1）貿易データの出所はJETRO世界貿易マトリックス，国内総生産データの出所は世界銀行のWorld Development Indicatorである。
2）阿部一知・浦田秀次郎・NIRA編著（2008）を参照せよ。
3）本章の分析は鍋嶋・田中（2011a，b）に基づき，また，政策提言は日本貿易振興機構アジア経済研究所で実施された「2011年度日中韓共同研究事業」に基づいて，加筆修正を行った。
4）データの詳細はGoto and Motohashi（2007）を参照。データは知的財産研究所のホームページからダウンロードできる。

参考文献

阿部一知・浦田秀次郎・NIRA編著（2008）『日中韓FTA：その意義と課題』日本経済評論社。

鍋嶋郁・田中清泰（2011a）『日本の特許データから読む中国，日本，韓国の技術特化』アジ研ワールドトレンド7月号。

鍋嶋郁・田中清泰（2011b）『中国，日本，韓国の技術革新ネットワーク―特許引用パターンを中心に』アジ研ワールドトレンド8月号。

Goto, A. and Motohashi, K. (2007), "Construction of a Japanese Patent Database and a first look at Japanese Patenting Activities," *Research Policy* 36 (9), pp. 1431–1442.

Griliches, Zvi. (1990), "Patent Statistics as Economic Indicators: A Survey," *Journal of Economic Literature* 28 (4), pp. 1661–1707.

Hall, B., Jaffe, A. B. and Trajtenberg, M. (2001), "The NBER Patent Citations Data File: Lessons, Insights and Methodological Tools," NBER working paper, No. 8498.

索　引

カ行

サ行

タ行

執筆者紹介（執筆順）

吉野　文雄	拓殖大学国際学部教授	第 1 章
馬田　啓一	杏林大学総合政策学部教授	第 2 章
木村　福成	慶應義塾大学経済学部教授	第 3 章
前野　高章	日本大学経済学部助手	第 4 章
安藤　光代	慶應義塾大学商学部准教授	第 5 章
松浦　寿幸	慶應義塾大学産業研究所専任講師	第 6 章
遠藤　正寛	慶應義塾大学商学部教授	第 7 章
久野　　新	杏林大学総合政策学部専任講師	第 8 章
柴山　千里	小樽商科大学商学部教授	第 9 章
小森谷徳純	中央大学経済学部助教	第 10 章
川野　祐司	東洋大学経済学部専任講師	第 11 章
西　　　孝	杏林大学総合政策学部教授	第 12 章
中村　周史	九州大学大学院経済学研究院専任講師	第 13 章
吉竹　広次	共立女子大学国際学部教授	第 14 章
小野田欣也	杏林大学総合政策学部教授	第 15 章
田中　清泰	ジェトロ・アジア経済研究所研究員	第 16 章

編著者紹介

馬田　啓一（うまだ　けいいち）

1949年生まれ。慶應義塾大学大学院経済学研究科博士課程修了。現在，杏林大学総合政策学部／大学院国際協力研究科教授。国際貿易投資研究所客員研究員。主要著書に，『国際経済関係論』（共編著，文眞堂，2007年），『グローバリゼーションと日本経済』（共編著，文眞堂，2010年），『グローバル金融危機と世界経済の新秩序』（共編著，日本評論社，2010年），『通商政策の潮流と日本』（共編著，勁草書房，2012年）など。

木村　福成（きむら　ふくなり）

1958年生まれ。東京大学法学部卒業。ウィスコンシン大学経済学Ph.D.取得。現在，慶應義塾大学経済学部教授。ERIA（東アジア・ASEAN経済研究センター）チーフエコノミスト。公益財団法人東京経済研究センター（TCER）代表理事。主要著書に，『日本の新通商戦略』（共編著，文眞堂，2005年），『検証・東アジアの地域主義と日本』（共編著，文眞堂，2008年），『日本通商政策論』（共編著，文眞堂，2011年），『日本のTPP戦略』（共編著，文眞堂，2012年）など。

国際経済の論点

2012年10月20日　第1版第1刷発行　　検印省略

編著者　馬　田　啓　一
　　　　木　村　福　成
発行者　前　野　　　弘
発行所　株式会社　文　眞　堂
東京都新宿区早稲田鶴巻町533
電　話　03(3202)8480
FAX　03(3203)2638
http://www.bunshin-do.co.jp/
〒162-0041 振替00120-2-96437

印刷・モリモト印刷　製本・イマヰ製本
© 2012
定価はカバー裏に表示してあります
ISBN978-4-8309-4771-1 C3033